No Future!
Philosophie des Augenblicks

editorial

Siegfried Reusch 4

thema

Konrad Paul Liessmann
Die (Un-)Moral des Augenblicks 6

Horst Bredekamp
Die Erkenntniskraft der Plötzlichkeit. Der *coup d'oeil* in Kunst und Kriegsführung 12

Ernst Pöppel
Drei Sekunden Gegenwart. Viele Fragen – wenige Antworten 16

Andreas Luckner
Aufbruch zum Selbst. Oder: Wie man augenblicklich aus der Zeit aussteigt 22

Gerhard Seel
Das Erleben des Augenblicks 26

Gudrun Kühne-Bertram
Der Augenblick der Existenz. Otto Friedrich Bollnows und Karl Jaspers' Philosophie des Augenblicks 33

Dieter Mersch
Das „Zischen" des „Realen". Die unvollendbare Gegenwart 38

Ryosuke Ohashi
Der erfüllte Augenblick. Die Zeitlehre des Zen-Meisters Dôgen 42

Hans Ulrich Gumbrecht
Das Ende der Zukunft. Über eine neue Form der Zeit als Prämisse von Erfahrung 49

Gernot Böhme
Werd' ich zum Augenblicke sagen… Das Glück, da zu sein 54

Tilman Nagel
Die Schöpfung der Welt im *Nu* des Augenblicks 59

Erika Fischer-Lichte
Anwesend sein. Der Augenblick der Gegenwärtigkeit 65

Christian Jäger
Jeder Augenblick ist der richtige! Der „göttliche" Augenblick oder: vom revolutionären Akt 70

umfrage

Wie lange ist ein Augenblick? Was war der schönste Augenblick in Ihrem Leben? 74

kolumne

Friedrich Dieckmann
Die überraschende Wendung. Blitzschläge der Geschichte 76

essay

Heinrich Steinfest
Orgasmus – der kleine Tod 78

lexikon

Manfred Sommer: **Evidenz** 82

Dietrich Boschung: **Kairos** 83

Andreas Kuttner: **Punk** 85

Rüdiger Vaas: **Zeitpunkt** 87

unterhaltung

Stefan Baur
Bücherrätsel 90

Dr. B. Reiter 92

Stefan Reusch
Die Zukunft wird ein Spaß 94

Wolfgang Korfmacher
Der Philosophenkönig 95

portrait

Stefan Artmann
Wider den Augenblick! Henri Bergsons Suche nach dem letzten Grund des Bewusstseins 98

echo!

Presseschau, Leserbriefe 103

bücher

Rezensionen 104

impressum

Abonnement, Förderabonnement, Patenschaften, Bestellschein 113

No Future!

Philosophie des Augenblicks

Foto: Heinz Heiss

Der kürzeste und flüchtigste aller erlebbaren Zeiträume übt eine unwiderstehliche Anziehungskraft aus: Der Augenblick ist Entscheidung, ein Moment ohne Dauer, in dem alles anders wird als zuvor oder aber auch alles so bleibt, wie es ist. Auf der Schwelle zwischen Vergangenheit und Zukunft ist alles möglich, ist das Leben zu einem ausdehnungslosen Punkt verdichtet. Nur im Augenblick fallen Erwartung und Erfüllung in eins: Ein Mensch fällt ins Glück oder dem Unglück anheim. Der günstige Augenblick, altgriechisch *kairos*, muss ergriffen, muss beim Schopfe gepackt werden, er ist es, der einem Leben Glanz verleiht oder dieses gar zerstört. Der Augenblick ist die extremste Form der Gegenwart, der Moment der Tat und der Tatenlosigkeit, des Handelns und Duldens zugleich. Aufgehoben in Zeitlosigkeit erschöpft sich der Augenblick in sich selbst, ist er als Minimum an Zeit ein Maximum unmittelbaren Seins.

Weil aber Schuld und Reue, die Grundkategorien jeder Ethik, der Erinnerung und des Blicks voraus bedürfen, ist der Augenblick gegen die Zumutungen der Moral immun, ist er Synonym für den Schlaf der Vernunft. Mithin ist der Augenblick „das Geheimnis des Verführers und das Geheimnis des Augenblicks ist die Verführung ... jener Ausbruch sinnlichen Begehrens und Verlangens, der kein Davor und kein Danach" kennt, schreibt Konrad Paul Liessmann unter dem Titel *Die (Un-)Moral des Augenblicks*. Angesichts der Möglichkeit einer sinnlichen Begegnung wäre es moralisch zu fragen, ob man die Folgen wird tragen können. Sich ganz dem Lustversprechen des Augenblicks hinzugeben heißt, diese Frage erst gar nicht zuzulassen.

Allerdings ist der Mensch kein reines Sinnenwesen und nicht von ungefähr ist in Goethes *Faust* der Augenblick zentrales Element der Wette des Dr. Faust mit dem Teufel. Im Bewusstsein, alles ausgekostet zu haben, was das Leben bieten kann, glaubt Faust nicht, dass selbst der Teufel mit all seinen Zauberkräften ihm noch Lüste zu bescheren vermag, die auf Dauer zu stellen es verlohnen würde. So geht er gern den Pakt mit Mephisto ein: „Werd' ich zum Augenblicke sagen: / Verweile doch! Du bist so schön! / Dann magst Du mich in Fesseln schlagen, / Dann will ich gern zu Grunde gehn!" Eine solche Überhöhung und Vergeistigung des Augenblicks als von der Vergangenheit und Zukunft zum zeit- und ausdehnungslosen Punkt ausgezehrtes Jetzt, in dem gleichwohl alles Sein, alle Erfüllung versammelt ist, steht in Übereinstimmung mit den Vorstellungen der Mystiker. Während die europäische Mystik Erlösung von allem Sehnen und Trachten nur in der Flucht aus dem Verfallensein an die Lebenszusammenhänge und dem Verleugnen der Leiblichkeit verspricht – und sei es lediglich für einen Augenblick –, weist die asiatische Form der Mystik den entgegengesetzten Weg. Diese lehrt, nicht dem leiblich-sinnlichen Bereich zu entfliehen, um zur geistigen Schau aufzusteigen, sondern fordert ein „Hinabsteigen" zum leiblichen Spüren, wendet sich dem einzelnen, sinnlich gegebenen Gegenstand zu und nimmt die leibliche Präsenz des anderen Menschen ernst. Ziel entsprechender Bemühungen, so Gernot Böhme unter dem Titel *Das Glück, da zu sein*, „ist das lang anhaltende wache Sein bei etwas, das Verweilen, der gedehnte Augenblick".

Während Georg Wilhelm Friedrich Hegel nur das als „konkret" gelten lässt, was auf den Begriff gebracht wird, ist für Eihei Dôgen, den Begründer des japanischen Soto-Zenbuddhismus, das begriffliche Denken gerade nicht das letztgültige Element des Innewerdens einer Sache. Verbürgt werde das Konkrete vielmehr erst durch die Eindämmung der einen beständig wie aus dem Nichts überfallenden Gedankenflut in der buddhistischen Übungspraxis: in der Sitzmeditation und in der vollkommenen und ausschließlichen Konzentration auf die Tätigkeiten, die man im jeweiligen Augenblick ausübt. Hingabe an das Seiende und der Fluss der Zeit sind keine Gegensätze, Zeit und Sein nichts voneinander Verschiedenes, so Ryosuke Ohashi im Beitrag *Der erfüllte Augenblick*.

Als entschiedener Gegner der Philosophie des Augenblicks wendet sich Henri Bergson gegen jeden Versuch, die moderne Infragestellung aller herkömmlichen Lebensverhältnisse mittels einer intensivierten Augenblickserfahrung zu überwinden. Einen Moment, der soeben noch nicht war, jetzt ist und gleich nicht mehr sein wird, könne es nicht geben. Gegen das augenblicksfixierte Gegenwartsverständnis und den zeitlichen Provinzialismus der Moderne setzt er den Geist als eine Art Gedächtnis, dessen Erinnerungen nicht im Gehirn lokalisiert sind. Als Kontinuum, das Vergangenheit, Gegenwart und Zukunft untrennbar verknüpft, schaffe der Geist ohne einen ihm übergeordneten Zweck fortwährend etwas Neues. In der subjektiv erfahrenen Lebenszeit, der *durée*, fällt der Mensch seine Entscheidungen nicht durch den Verstand, sondern durch die Unmittelbarkeit der Intuition, schreibt Stefan Artmann im Portrait *Wider den Augenblick! Henri Bergsons Suche nach dem letzten Grund des Bewusstseins.*

Auch Horst Bredekamp bringt in seinem Beitrag die Intuition gegenüber der Kalkulation in Stellung. Mit Bezug auf Edmund Husserl und den preußischen General Carl von Clausewitz zeigt er auf, dass zum Beispiel nicht mechanisch-wissenschaftliches Denken über den Ausgang eines Kriegs entscheidet, sondern künstlerisches Vermögen: Militärische Aktionen müssten nicht mechanisch, sondern intuitiv gelenkt werden. „Es ist der göttliche, intuitive Blick, der keine Konstruktion benötigt, um auf einen Schlag alles in Vollendung zu übersehen; eine Form der Wahrnehmung, die das Empirische mit dem Intuitiven verbindet und so das Offene und Überraschende in das Kalkül aufzunehmen vermag", schreibt er unter dem Titel *Die Erkenntniskraft der Plötzlichkeit.* Im *coup d'oeil* – ein unübersetzbarer Begriff für das kurze, blitzartige Erfassen einer Situation – sieht er nicht nur die Bedingung von Herrschaft und Kriegsführung, sondern auch eine Voraussetzung der Kunst. Dem „Ich denke, also bin ich" des Descartes setzt er gleichsam ein „Ich sehe, also denke ich" entgegen.

Eine Möglichkeit der Hinwendung zur Sehform des *coup d'oeil*, die ein schlaglichthaftes Erkennen mit der souveränen Erfassung der Essenz verbindet, ist die Verlagerung der Konzentration weg von der Suche nach Sinn hin zu den Dingen. In der spürbaren Anwesenheit der Dinge, in deren Präsenz, sieht Hans Ulrich Gumbrecht eine existenzielle Dimension, die der bewussten Einordnung des Wahrgenommenen in Sinnzusammenhänge noch vorhergeht. Und in der Tat haben es die modernen elektronischen Kommunikationsmittel mit ihren virtuellen Welten vermocht, die realen Dinge und den Raum aus unserem Alltag zu verdrängen: Die reale Präsenz der Welt ist für viele nurmehr auf einen Computerbildschirm zusammengeschrumpft. „Die ganze Welt auf einen Blick", das Versprechen des Internetzeitalters, alles im Blick halten zu können, ist durch die Perfektion der elektronischen Gedächtnisse Wirklichkeit geworden: Weil immer schon alles in Echtzeit verfügbar ist, wir die Vergangenheiten nicht mehr vergessen und beliebig viele Zukünfte durch Simulation ins Hier und Jetzt geholt werden können, ist unsere Gegenwart eine breite geworden, in der alle herkömmlichen Zeitvorstellungen zu einer (All-)Gegenwart von Gleichzeitigkeiten verschwimmen, so Gumbrecht unter dem Titel *Das Ende der Zukunft.* Wir leben in einem überdehnten Nichts, das so viel Raum einnimmt, dass wir es gar nicht mehr überschauen können; selbstbestimmtes Handeln wird zur Unmöglichkeit.

Solchermaßen zu einer Sandbank im Fluss der Zeit gewordene Gegenwärtigkeit ist nicht mehr endlose Dauer, sondern vielmehr eine Form der Unzeitlichkeit. Denn gleichwohl es in Ludwig Wittgensteins *Tractatus* heißt, dass, wer beständig in der Gegenwart lebt, ewig lebt, so scheitert auf Dauer angelegte Gegenwart doch an der Leibgebundenheit des menschlichen Denkens und Wahrnehmens, bleibt letztlich der Tod doch immer Meister über jedwede Lebenszeit. Erst wenn sich der Mensch seines Lebens als eines Vorlaufens auf den Tod hin bewusst wird, so Martin Heidegger, ist die Zukunft nicht länger reines „Gewärtigen" dessen, was kommt. Indem wir unser Leben entschlossen auf den Tod hin entwerfen, erwächst aus der Gegenwart der Augenblick als Moment der existenziellen Entscheidung. In einem solchen Augenblick wird einem deutlich, dass die verfließende Zeit nichts anderes ist als Lebenszeit, Zeit, die an sich nicht verfließt oder zerrinnt, sondern zu einem gehört, schreibt Andreas Luckner unter dem Titel *Aufbruch zum Selbst.*

Ein solches Selbst ist Erika Fischer-Lichte zufolge jedoch nicht ohne den Leib und den Leib des Anderen zu haben: Präsenz als gesteigerte Form von bloßer Anwesenheit und Gegenwärtigkeit „ist eine Qualität, die ausschließlich an einem anderen Menschen gespürt werden kann, zugleich aber Rückwirkung auf das eigene Gefühl des In-der-Welt-Seins hat". Im gelungenen Spiel des Theaterschauspielers, in dem dieser eine Figur vermittels seiner körperlichen Präsenz – im „Material der eigenen Existenz" – zum Leben erweckt, könne sich der Zuschauer selbst als „verkörperter" und „verkörpernder Geist" (*embodied mind*) erfahren.

Gleichwohl die Physik nur eine quantitative Bestimmung der Zeit kennt, ist es weniger die absolute zeitliche Dauer, welche die Faszination des Augenblicks ausmacht, als vielmehr dessen qualitative Bestimmung. Entgegen Friedrich Nietzsches Überzeugung ist der Augenblick nicht „vorher ein Nichts" und auch nicht „nachher ein Nichts". Selbst wenn er in Nietzsches Worten „im Husch da, im Husch vorüber" ist, so hat er doch ebenso Geschichte, wie er Zukunft kennt. Karl Jaspers betont zwar mit Recht, dass allein die „Realität des Augenblicks" das unmittelbar Wirkliche ist, die jeweilige Gegenwart ist jedoch niemals reine Jetzt-Zeit. Vergangenes wirkt in ihr nach und Zukünftiges weist gestaltend in sie zurück, heißt es in Gudrun Kühne-Bertrams Beitrag *Der Augenblick der Existenz.*

Wer aber die Vergangenheit glorifiziert oder deren Fehler beständig zu vermeiden sucht, ist für die Gegenwart genauso verloren wie diejenigen, die alle Hoffnungen auf die Zukunft setzen oder von dieser nur das Schlimmste befürchten. Befreit von den Schatten der Vergangenheit sowie den Hoffnungen und Sorgen um die Zukunft ist das Verweilen im Augenblick in der Tat ein Stück Ewigkeit, wie Sören Kierkegaard lehrt. In seiner zeitlosen Leere entpuppt sich der Augenblick als Fülle des Lebens. Anwesenheit, Gegenwärtigkeit und Präsenz kennen als Zeithorizont immer nur den ausdehnungslosen Moment; uns und Welt können wir immer nur im Augenblick erleben, handeln immer nur im Jetzt. Doch die Erfahrung und Annahme der Dauer, der bewusste Umgang mit dem Vergangenen wie dem Kommenden, ist es, der uns in Form der Rückschau und des Vorausblicks eben nicht entrückt, sondern immer wieder zurechtrückt.

Dr. Siegfried Reusch, Chefredakteur

Konrad Paul Liessmann

Die (Un-)Moral des Augenblicks

Was ist ein Augenblick? Was heißt es, im Augenblick zu leben? Ist der Augenblick das Gegenwärtige, die Erfahrung von Präsenz, kurz bevor diese zur Vergangenheit wird? Kann ein Augenblick in Sekunden oder Millisekunden gemessen werden, oder handelt es sich um eine Erlebnisqualität, die sich gar nicht quantifizieren lässt? Besteht das Leben aus einer Aneinanderreihung von Augenblicken oder ist der Augenblick die Unterbrechung der Kontinuitäten oder Gewohnheiten des Alltags? Wohl kein Philosoph hat sich so sehr mit diesen Fragen beschäftigt wie Sören Kierkegaard.

Die Beschäftigung mit dem Augenblick durchzieht Kierkegaards Leben und Werk. Der im Jahre 1813 als Sohn eines vermögenden Kaufmanns in Kopenhagen geborene Philosoph und Theologe thematisiert in seinen oft unter Pseudonymen veröffentlichten Schriften nicht nur zentral die existenziellen Fragen des Menschen, sondern diese Schriften sind auch Verarbeitungen jener Erfahrungen und entscheidenden Augenblicke, die Kierkegaards Leben geprägt haben: Das „große Erdbeben" in jungen Jahren, eine seelische Erschütterung, die ihn glauben ließ, ein Fluch laste auf seiner Familie, dann die Zeit der unglückseligen Verlobung und Entlobung mit Regine Olsen, die Kierkegaard gerne als „Periode des Grauens" beschreibt, und schließlich sein Entschluss, der protestantischen Staatskirche Dänemarks das Christentum abzusprechen und gegen diese Kirche auch öffentlich zu Felde zu ziehen. In der philosophischen Reflexion dieser Lebensphasen geht es immer auch um die Frage nach dem richtigen Umgang mit der Zeit und um die Frage nach dem, was jenseits aller Zeitlichkeit liegen mag: die Ewigkeit oder eben – der Augenblick.

Die Bedeutung, die Kierkegaard dem Augenblick in diesen Texten gibt, ist allerdings nicht einheitlich. Es wäre aber verfehlt, Kierkegaard einen inkonsistenten oder widersprüchlichen Gebrauch des Begriffs „Augenblick" vorzuwerfen. Eher könnte man davon sprechen, dass in den Bedeutungsverschiebungen und den dadurch evozierten Differenzen wesentliche Aspekte einer Philosophie des Augenblicks aufleuchten, die unterschiedliche Aspekte und Dimensionen des Augenblicks zu erfassen suchen.

Entscheidende Reflexionen zu diesem Phänomen sowie zum Umgang des Menschen mit Zeit und Zeiterfahrungen überhaupt finden sich schon in einigen Abschnitten des 1843 veröffentlichten merkwürdigen philosophischen Romans *Entweder-Oder*, einer genialischen Mischung aus Poesie, Philosophie, Ästhetik, Erotik und Ethik, über weite Strecken ironisch, ja satirisch gehalten, aber immer wieder versetzt mit grundlegenden philosophischen Überlegungen, vor allem um die Kontroverse zwischen einer *ästhetischen* und einer *ethischen* Existenzform.

Kierkegaard lässt einen A genannten Ästheten unter anderem über Mozarts Oper *Don Giovanni* und über die Frage der richtigen Bewirtschaftung des Lebens mehr oder weniger tiefsinnige Überlegungen anstellen, die immer wieder auch das Phänomen eines unmittelbaren Zeiterlebens berühren. Wenn man weiß, dass Mozarts Don Giovanni für Kierkegaard der Inbegriff einer triumphalen Sinnlichkeit ist, wird auch deutlich, warum die Frage der Augenblickserfahrung hier eine so bedeutende Rolle spielt. Der Augenblick: Ist das nicht jene „sinnliche Gewissheit", mit der Georg Wilhelm Friedrich Hegel seine *Phänomenologie des Geistes* beginnen lässt, das Leben im Hier und Jetzt, in der reinen Unmittelbarkeit der Wahrnehmung und des Spürens, jenes Gefühl der Lebendigkeit, das ganz von dem erfüllt ist, was im Moment zu sehen, zu hören, zu riechen, zu fühlen ist? Mozarts Don Giovanni wird für Kierkegaard zu einer paradigmatischen Figur, weil dieser große Verführer seine Faszination aus eben dieser Augenblickshaftigkeit gewinnt. Dieser Don Juan ist nämlich ausschließlich durch sein Begehren bestimmt, er folgt allein den Imperativen der Sinnlichkeit, er denkt nicht, er spricht nicht, er strahlt nur Vitalität, Begehren, Erotik, Sexualität aus, und dies macht ihn schlechthin unwiderstehlich. Sein Begehren ist „wahr, sieghaft, triumphierend, unwiderstehlich und dämonisch."[1] Don Juan verkörpert die Sinnlichkeit als Prinzip, er ist ein Genie der Sinnlichkeit, er ist, wie der Ästhet A enthusiastisch schreibt „die Inkarnation (Einfleischung) des Fleisches oder die Begeisterung des Fleisches aus des Fleisches eigenem Geist."[1] Das aber bedeutet, dass seine „Liebe nicht seelisch (ist), sondern sinnlich, und sinnliche Liebe ist nach seinen Begriffen nicht treu sondern schlechthin treulos, sie liebt nicht eine sondern alle, will heißen, sie verführt alle. Sie ist nämlich allein im Augenblick da, aber der Augenblick ist, begrifflich gedacht, Summe von Augenblicken, und damit haben wir den Verführer."[1]

Dialektik
von altgriechisch *dialégesthai* für „sich unterhalten", „Rede und Gegenrede führen". Methode, die einer Sache innewohnende Gegensätzlichkeit in vermittelnder Weise zu fassen beziehungsweise durch Überwindung scheinbarer Gegensätze Erkenntnisse auf höherer Stufe zu erlangen.

der blaue reiter

Der Augenblick ist das Geheimnis des Verführers und das Geheimnis des Augenblicks ist die Verführung. Der „Augenblick“: Das ist jener Ausbruch sinnlichen Begehrens und Verlangens, der kein Davor und kein Danach, keine Erinnerung und keinen Ausblick auf die Zukunft kennt. Es sind jene Ekstasen, die sich nicht nur durch ihre Intensität, sondern auch dadurch auszeichnen, dass sie aus der Zeit herauszufallen scheinen. Es ist ein Sein in der Unmittelbarkeit oder unmittelbares Sein. In diesem Augenblick aber ist nicht nur das Zeitgefühl außer Kraft gesetzt, sondern auch die Moral. Denn jede Ethik muss in der Zeit sein, muss voraus- und zurückblicken. Vielleicht ist es noch immer zu wenig beachtet worden, dass Moralität ein starkes Zeitbewusstsein, das sich aus Erinnerungen und Erwartungen bildet, zur Voraussetzung hat. Moralisch wäre es, angesichts der Möglichkeit einer sinnlichen Begegnung zu fragen, ob man die Folgen wird tragen können. Sich dem Augenblick hinzugeben heißt, diese Frage erst gar nicht zuzulassen. Damit aber ist die Voraussetzung aller moralischen Kritik – eine beurteilbare Absicht – ebenso gefallen wie die Möglichkeiten eines später sich einstellenden Schuldgefühls und von Reue. Denn diese bedarf der Erinnerung.

Die verführende Kraft des Don Juan liegt genau im Überwältigenden des Augenblicks selbst – und dies ist das Geheimnis der Kraft von Sinnlichkeit überhaupt: Sie kennt kein Davor und kein Danach, und damit keine Rücksicht, aber auch keine Konsequenzen. Als Augenblick erleben wir deshalb das intensive Gefühl einer sinnlichen Präsenz, weil wir in diesem aufgehen wollen, ohne uns darum zu kümmern, was daraus werden kann. Kierkegaards These ist, dass die Faszination, die Don Juan auf die Frauen ausgeübt hat, genau in diesem Angebot seiner Sinne bestand: Mit mir kannst du für einen Moment reines Sinnenwesen sein, ohne Gedächtnis, ohne Moral, ohne Verantwortung, ohne Schuld, aber auch ohne Perspektive in der Zukunft. Wer, der noch bei Sinnen ist, möchte solch ein Angebot ausschlagen?

Der Augenblick kennt keine Moral.

Aber der Mensch ist kein Sinnenwesen. Der Geist, das Bewusstsein des Menschen lässt ein Leben im Augenblick nicht zu, sondern bettet die unmittelbaren Erfahrungen in das Kontinuum der Zeit. Aus der Innenperspektive bedeutet dies, dass alle unsere Handlungen und Erfahrungen begleitet sind von Erinnerungen und Erwartungen. In Hinblick auf unsere erinnerte Vergangenheit erscheint die bewusst erfahrene Gegenwart vielleicht als Resultat, Folge oder Konsequenz der Vergangenheit, vielleicht auch als ein Abweichen von dem, was wir eigentlich wollten, mindestens aber kann die Vergangenheit als normatives (wertsetzendes) Kriterium für aktuelle Absichten dienen, wenn wir etwa fordern, dass etwas, was geschehen ist, sich nicht wiederholen soll, oder wenn wir das Gefühl haben, in eine Situation zu schlittern, die wir schon einmal erlebt haben und eigentlich nicht noch einmal erleben wollen. Ähnliches gilt auch für positive Bewertungen gegenwärtiger Erfahrungen. Der Urlaubsort, der sich beim zweiten Besuch als Enttäuschung erweist, weil dort, wo vor einem Jahr noch ein unberührter Strand war, nun Baumaschinen stehen, kann nur deshalb als misslich erlebt werden, weil die Erinnerung einen Maßstab vorgibt. Im Positiven wie im Negativen kann die Vergangenheit die Gegenwart nahezu erdrücken. Wer die Vergangenheit glorifiziert, ist für die Gegenwart genauso verloren wie derjenige, der nur lebt, um die Fehler der Vergangenheit zu vermeiden. Für die Erwartung, also die Zukunft, gilt Ähnliches. Wer sich alles von der Zukunft „erhofft“, wird an der Gegenwart immer verzweifeln, wer alles von der Zukunft „befürchtet“, wird angsterfüllt auf diese starren, und die Gegenwart nur als das wahrnehmen, was gerade noch nicht zerstört worden ist.

Genau diese Fragen und wie mit ihnen umzugehen sei, bilden das Zentrum eines kleinen polemischen Einschubs, den Kierkegaard in *Entweder-Oder* unter dem Titel *Die Wechselwirtschaft* platziert hat. In diesem „Versuch einer sozialen Klugheitslehre“ schlägt der Ästhet A vor, alle Hoffnung fahren zu lassen, also gar nicht auf die Zukunft als Lösung unserer Probleme zu schielen: „Erst wenn man die Hoffnung über Bord geworfen hat, erst dann hebt man an, künstlerisch zu leben; solange man hofft, vermag man nicht, sich zu begrenzen.“[1] Entscheidend dafür ist allerdings die Kunst des Vergessens: „Vergessen – das möchten alle Menschen ... Aber vergessen ist eine Kunst, die im voraus eingeübt werden sollte. Vergessen hängt immer davon ab, auf welche Weise man sich erinnert; wie man sich aber erinnert, hängt wiederum davon ab, wie man die Wirklichkeit erlebt. Wer mit der Hoffnung voller Fahrt auf Grund gerät, wird sich so erinnern, daß er nicht zu vergessen vermag. Nichts anstaunen (*nil admirari*) ist daher die eigentliche Lebensweisheit. Kein einziges Lebensmoment darf für einen mehr Bedeutung haben, als daß man es jeden Augenblick, wo man will, vergessen kann; jedes einzelne Lebensmoment muß andererseits so viel Bedeutung für einen haben, daß man jeden Augenblick seiner sich erinnern kann.“[1]

Der Augenblick bekommt hier eine neue, zusätzliche Bedeutung. Er wird zum Kriterium eines gelungenen Umgangs mit der Erinnerung, die für Menschen nicht ausgeschaltet werden kann. Der Augenblick: Das ist nun der Erfahrungsraum, der *jederzeit* mit Erinnerungen gefüllt werden könnte; und gelungen ist ein Leben, wenn diese Erinnerungen so beschaffen sind, dass sie eben nicht verdrängt und vergessen werden müssen. Umgekehrt gilt: Was immer man tut, es soll so getan sein, dass man es jederzeit auch vergessen kann. Wer sich durch seine Handlungen unauslöschlich in ein individuelles oder kollektives Gedächtnis einschreiben will, wird entweder selbst unglücklich werden oder andere unglücklich machen. Die Brisanz dieser Reflexion ist unübersehbar in einer Zeit, die durch ihre unbegrenzten digitalen Speicher nichts mehr vergisst.

Es geht bei dieser Dialektik (siehe Erläuterung) von Vergessen und Erinnern um die Gewinnung einer

Souveränität über die Zeit, um ein Losgelöstsein von ihrem Diktat: „Um sich dergestalt erinnern zu können, muß man darauf achtgeben, wie man lebt, insbesondere wie man genießt. Genießt man frisch bis zur Neige, nimmt man immerfort das Höchste mit, welches der Genuß gewähren kann, so wird man weder imstande sein sich zu erinnern, noch zu vergessen ... Spürt man daher, daß der Genuß oder sonst ein Lebensmoment einen zu stark hinreißt, so halte man einen Augenblick inne und erinnere sich ... Hat man dergestalt in der Kunst zu vergessen und in der Kunst, sich zu erinnern geübt, sich vervollkommnet, so ist man imstande, Fangball zu spielen mit dem ganzen Dasein."[1] Und hier bekommt der Augenblick noch eine weitere Bedeutung. Einen Augenblick innezuhalten, um Distanz zu einem Lebensmoment zu gewinnen, das uns zu stark hinreißt: Der Augenblick wird hier gegen den Augenblick gesetzt. Wer einen Augenblick höchster Intensität erlebt, der womöglich nicht mehr vergessen werden kann, also endlos wird, möge einen Augenblick innehalten, um dem Vergessen eine Chance zu geben. Gerade weil der Mensch kein reines Sinnenwesen ist, kann er sich dem Augenblick nicht bedingungslos hingeben. Sein Gedächtnis wird diesem eine womöglich höchst prekäre Dauer verleihen. Das Heraustreten aus dem Kontinuum der Zeit kann nur durch eine andere Form der Sprengung dieses Kontinuums neutralisiert werden.

An einer anderen Stelle hat A denjenigen, der sich aus den Fängen der Zeit nicht befreien kann, der entweder in der Vergangenheit als Erinnerung oder in der Zukunft als Hoffnung lebt, gar den „Unglücklichsten" genannt. „Der Unglückliche ist nun einer, der auf die eine oder andere Weise sein Ideal, seines Lebens Inhalt, seines Bewußtseins Fülle, sein eigentliches Wesen außerhalb seiner selbst hat. Der Unglückliche ist allzeit abwesend von sich selbst, niemals sich selber gegenwärtig. Abwesend aber kann man offenbar sein entweder in der Vergangenheit oder in der Zukunft."[1] Diese Beobachtung ist aufschlussreich: psychologisch und existenziell. Wirklich gelebte Subjektivität tendiert dazu, die Vergangenheit durchzustreichen und die Zukunft nicht vorwegzunehmen. Umgekehrt können die Last der Vergangenheit und das Hoffen auf eine Zukunft – oder die Angst vor einer Zukunft – zu eben jener paralysierten Stimmung führen, die für A in Anlehnung an Hegel für ein unglückliches Bewusstsein kennzeichnend ist. Kulturen, so könnte man mit A etwas gewagt folgern, die prinzipiell einem Fortschrittsprinzip anhängen, also ihre Vergangenheit immer mit Blick auf die Zukunft überbieten müssen, sind genauso unglückliche Kulturen wie diejenigen, die ganz im Banne einer Vergangenheit stehen, die sie glauben immer von Neuem bewältigen zu müssen.

Der Augenblick ist das Geheimnis des Verführers.

Eine zentrale, anders nuancierte Bedeutung weist Kierkegaard dem Augenblick in der kleinen, aber gewichtigen Schrift *Philosophische Brocken* zu. In diesem, am 13. Juni 1844 unter dem Pseudonym Johannes Climacus veröffentlichten Buch thematisiert er unter anderem das Verhältnis von Zeit und Ewigkeit und entdeckt im Augenblick die dafür entscheidende Kategorie. Der Augenblick markiert den Einbruch des Ewigen in die Zeit der Menschen. Der Augenblick hat diese entscheidende Bedeutung in der Zeit, „weil das Ewige, das zuvor nicht war, in diesem Augenblick entstanden ist", und mit einem vielzitierten Bibelwort bestimmt Kierkegaard diesen Augenblick als „die Fülle der Zeit".[2] Gemeint ist mit dieser Formel, die Kierkegaard dem Brief des Apostels Paulus an die Galater entlehnt, der Augenblick der Geburt Jesu, jener Moment also, in dem nach christlicher Lehre das Ewige sich eine historische Gestalt gibt. Dieses Ereignis wird Kierkegaard zum Modell des Augenblicks als einer Erfahrung, die nicht als ein besonderes Ereignis in der Zeit, sondern als das Durchbrechen jeder Zeiterfahrung erlebt wird.

Es sind die entscheidenden Momente im Leben eines Menschen, die als „Bruch" erlebt werden, als überraschende Einsicht in sein eigenes Dasein, jene Momente, in denen man seiner selbst gewahr wird oder auch sich verliert, und damit alles, was war, also ein „voriger Zustand", nichtig wird, die Kierkegaard als Augenblicke kennzeichnet.[2] Wohl ist der Augenblick flüchtig, nach einem Lidschlag schon wieder vorbei, und doch kann er eine Intensität erreichen, die nicht von der Dauer gekennzeichnet ist, sondern gerade dadurch bestimmt ist, dass ein kurzer Moment, der selbst von keiner Dauer ist, einem Leben eine dauerhafte Wendung geben kann. Die entscheidenden Zäsuren, Weichenstellungen und Entscheidungen unseres Lebens sind Augenblicke. Kierkegaard meint damit allerdings nicht nur den antiken *kairós*, den richtigen Moment des Handelns, sondern auch alle jene Erfahrungen, die außerhalb aller bisherigen Erfahrungen zu stehen scheinen. Aus dieser Überlegung wird auch verständlich, warum der Augenblick für Kierkegaard ein Paradox sein muss, das den Verstand letztlich vor ein unlösbares Problem stellt: Die intensivste Erfahrung der Zeit ist die, in der jede Zeiterfahrung aufgehoben ist.

Nur vier Tage nach den *Philosophischen Brocken* publizierte Kierkegaard unter dem Pseudonym Vigilius Haufniensis die Abhandlung *Der Begriff Angst*. Die philosophische Reflexion des Augenblicks aus den *Brocken* wird in diesem Buch, das in einer vielleicht auch nur ironisch vorgetragenen strengen Systematik dem Problem des Zusammenhangs von Freiheit, Schuld und Sünde gewidmet ist, fortgesetzt, verdichtet und verschoben. Gegen die seit Platon und Hegel formulierte Konzeption, im Augenblick ein Phänomen des Übergangs zwischen Vergangenheit und Gegenwart zu sehen, versucht Kierkegaard hier den Augenblick auch systematisch zwischen Zeit und Ewigkeit anzusiedeln. Das Zeitliche, in dem der Mensch lebt, ist bestimmt durch das Vergangene und das Zukünftige. Das Gegenwärtige jedoch stellt nicht den Übergang zwischen diesen Dimensionen dar, sondern das „Ewige" als Ausdruck der Zeitlosigkeit: „Der Augenblick bezeichnet das Gegenwärtige als ein solches, das nichts Vergangenes und nichts Zukünftiges hat ... das Ewige bezeichnet ebenfalls das Gegenwärtige, das nichts Vergangenes und

Mit dem Erröten über sich selbst endet die erotische und beginnt die intellektuelle Biografie.

Glückliche Liebe macht aus dem Weisen einen Narren, unglückliche aus dem Narren einen Dichter.

„Erfahrung“ ist im Munde des Jugendlichen eine Prahlerei, im Munde des Greises eine Beschwörung.

Die einzige verpasste Gelegenheit, der ein Leben lang nachzutrauern lohnt, ist jene, die ein Leben lang bestand.

Jürgen Große

nichts Zukünftiges hat, und dies ist des Ewigen Vollkommenheit.“[3] Der Augenblick, so Kierkegaard mit einer poetischen Formulierung, ist deshalb „der Ewigkeit erster Widerschein in der Zeit, ihr erster Versuch, die Zeit gleichsam anzuhalten“, der Augenblick ist jenes „Zweideutige“, darin „Zeit und Ewigkeit einander berühren“.[3] Der Augenblick ist der Einbruch einer Dimension, die nicht dem Strom der Zeit entspricht, weshalb Kierkegaard den Augenblick in Erinnerung an Platon mit dem „Plötzlichen“ assoziieren kann,[3] um wenig später aber gleichermaßen überraschend wie apodiktisch (keinen Widerspruch duldend) festzuhalten: „Das Dämonische ist das Plötzliche.“[3]

Der Augenblick erscheint hier als Eröffnung einer existenziellen Dimension, die durchaus ambivalente Züge trägt. In seiner Schrift *Der Begriff Angst* versucht Kierkegaard ja, die Angst als Folge jener Freiheit zu sehen, die sich als Möglichkeit dem Menschen eröffnet, die allerdings auch die Möglichkeit zum Bösen, theologisch gesprochen: zur Sünde beinhaltet. Der Augenblick kann als jener Moment gedeutet werden, in dem nicht nur das Kontinuum der Zeit, sondern mit diesem auch das Kontinuum des Handelns aufgebrochen wird. „Plötzlich“ ergibt sich eine Möglichkeit, an die man bisher weder gedacht noch mit der man gerechnet hätte. Solche Optionen erscheinen nicht als Resultat von strategischer Planung, sie sind auch nicht Bestandteil zielorientierter Handlungsabläufe, sondern jene seltenen Momente, in denen man das Gefühl einer überraschenden, einmaligen, außergewöhnlichen Konstellation hat, in der sich etwas völlig Neues, aber deshalb auch etwas Unbekanntes abzeichnet. Eine entscheidende Begegnung mit einem Menschen, die Liebe auf den ersten Blick, mag ebenso zu diesen Erfahrungen des Augenblicks zählen wie die ungeplante Gelegenheit zu einer Handlung, an die man bislang vielleicht nicht einmal im Traume gedacht hat, weil dies vielleicht sowohl den Gesetzen als auch den eigenen moralischen Ansprüchen zu widersprechen schien. Aber nun ist die Gelegenheit da, und mit der Gelegenheit die Versuchung und die Versuchung ist der Augenblick.

Der Mensch ist kein reines Sinnenwesen.

Der Augenblick erscheint hier als eine überdehnte Gegenwärtigkeit, als Gefühl einer besonderen Präsenz, die bisherige Handlungsketten und damit verbundene Zeiterfahrungen aufzuheben scheint. Die unmittelbare Sinnlichkeit Don Giovannis enthält viel von der Kraft dieses Augenblicks, ihr mangelt es aber an dem Bewusstsein der damit verbundenen Freiheit, die diesen Augenblick auch zu einer Augenblickserfahrung macht. Nach einer solchen ist alles anders, während bei Don Giovanni alles weitergeht wie bisher, sich eben tatsächlich nur ein erotisierender Augenblick an den nächsten reiht. In der Sinnlichkeit fallen der Augenblick und die unmittelbare Gegenwart zusammen, im bewussten Leben, im Existieren, markiert der Augenblick jene Erfahrungen, die alles, was bisher geschah, dementieren. Wer sich in solch einem Augenblick Hals über Kopf verliebt, ist bereit, alles was bisher war – seine Ehe zum Beispiel – und alles, was kommen könnte – alle Pläne, die schon geschmiedet sind – über Bord zu werfen und einen neuen Anfang in der Zeit zu setzen. Dass in solchen Augenblicken auch alle Verpflichtungen und Verantwortungen außer Kraft gesetzt scheinen, macht die Dämonie, ja das moralisch zutiefst Prekäre dieser Momente aus. Vergeblich versuchen davon Betroffene die Linearität der Zeit gegen diese Dämonie in Stellung zu bringen: „Hast Du alles vergessen, was wir gemeinsam erlebt haben? Denkst Du gar nicht an die Kinder und unsere Zukunft?“ Nein, das Plötzliche ist gegen solche Zumutungen immun. Wenige Jahrzehnte nachdem Kierkegaard den *Begriff Angst* veröffentlicht hatte, konnte Friedrich Nietzsche deshalb auch das Plötzliche, und damit den Augenblick, zu den Grundkonfigurationen des Bösen zählen: „Was ist das Böse? Dreierlei: der Zufall, das Ungewisse, das Plötzliche.“[4] Indem das Plötzliche das Zeitkontinuum aufsprengt, sabotiert es auch jede Form von moralischer Besinnung und Verantwortung. Deshalb ist das, was in einem Augenblick als das Plötzliche über Menschen hereinbricht, immer auch als „Augenblick“ gegenwärtig, auch noch Jahre danach: Der Fall der Berliner Mauer, Tschernobyl, 9/11, die Naturkatastrophe, das unerwartete private Desaster. Die sozialpsychologische Theorie, die alle plötzlichen Ereignisse, alle privaten oder kollektiven Katastrophen auf eine kontinuierliche Kette von Ursachen zurückführen möchte, die das Plötzliche plausibel erscheinen lassen, ließe sich mit Kierkegaard als letztlich vergebliche Versuche deuten, das Dämonische des Augenblicks zu entschärfen.

Kierkegaard kennt aber auch, und das macht die Sache nicht einfacher, eine Deutung des Augenblicks, die diesem gerade eine besondere Form der Verantwortung zuerkennt und all seinen bisherigen Bestimmungen entgegengesetzt scheint. In der Kirche seiner Zeit vermisst Kierkegaard einen Glauben, der in einer radikalen Entscheidung des Einzelnen zum Ausdruck kommen und keiner institutionellen Absicherung bedürfen sollte. Gegenstand seiner Kritik ist das Oberhaupt der dänischen Staatskirche, J. P. Mynster. Als dieser 1854 stirbt und von seinem Nachfolger Martensen in einer Gedächtnisansprache ein „Wahrheitszeuge" genannt wird, geht Kierkegaard zum offenen tagespolitischen Angriff auf die Staatskirche über: Beamtete und vom Staat besoldete Pfarrer könnten prinzipiell keine Wahrheitszeugen sein. In einem Artikel in der Zeitschrift *Faedrelandet* (*Vaterland*) denunziert Kierkegaard Mynsters Christentum als unchristlich, und ab Mai 1855 setzt er diese Kritik an der Kirche in einer Flugschriftenreihe fort, der er ausgerechnet den Titel *Der Augenblick* gibt. In dieser Zeitung, deren einziger Autor er selbst ist, bezeichnet Kierkegaard die real existierende christliche Kirche als „die schauerlichste Art von Gotteslästerung".[5] Mitten in diesem Kampf, am 2. Oktober 1855 bricht Kierkegaard auf offener Straße zusammen. Er ist in jeder Hinsicht am Ende. Die zehnte Nummer des *Augenblick* hatte das väterliche Vermögen, von dem er bisher gelebt hatte, vollständig aufgezehrt. Es hatte, im wahrsten Sinn des Wortes, nur bis zu diesem „Augenblick" gereicht. Kierkegaard stirbt am 11. November.

Noch einmal also, und zum letzten Mal: *Der Augenblick*. Warum gab Kierkegaard seinem einsamen publizistischen Unternehmen den Namen *Der Augenblick*? Das hat wohl auch mit der großen Bedeutung zu tun, die diese Kategorie in Kierkegaards Denken und Leben gespielt hat. Und doch macht Kierkegaard sich und seinen Lesern klar, dass bei diesen Polemiken gerade nicht der Einbruch des Ewigen in die Zeit gemeint ist, sondern die Zeit selbst in ihrer vergänglichsten Form. Gegenwärtigkeit im banalsten Sinn: Das, was nur heute aktuell und von Bedeutung ist und morgen schon mit Recht vergessen sein wird. Es ist die Tragikomödie der Tageszeitung, die Kierkegaard nun mit der Kategorie des Augenblicks anvisiert: heute eine riesige Schlagzeile, morgen ohne Bedeutung. Mit diesen Flugschriften will Kierkegaard nur eines: „im Augenblick wirken". Und er setzt sofort hinzu: „Nichts ist meiner Seele mehr zuwider".[5] Kierkegaards Widerwille ist verständlich. Es geht um Tagespolitik, um Kritik an der dänischen Staatskirche und ihren Exponenten, um die Frage des Christseins, um die Rolle des Pfarrers und der Geistlichkeit; und es geht um Interventionen, Einsprüche, Kritiken, die nicht für die Ewigkeit gedacht sind, sondern jetzt, im Augenblick, wirken sollen.

Mit verbissener Selbstironie macht Kierkegaard sich und seinen Lesern klar, dass er alles andere lieber täte, als sich auf diese Art in seiner unmittelbaren kirchenpolitischen Wirklichkeit zu engagieren. Denn der Preis für dieses Engagement – wie für jedes Engagement – ist hoch: Er muss auf das verzichten, was er als Schriftsteller geliebt hat: nämlich die „Fernheit zum Augenblick",[5] also die Distanz zur Zeitgenossenschaft, die Ignoranz gegenüber dem flüchtigen Hier und Jetzt. Warum aber widmet er seine letzten geistigen und körperlichen Kräfte diesem nun verhassten Augenblick? „Ich will es, weil ich ewig bereuen müßte, es unterlassen zu haben."[5] Noch einmal, ein letztes Mal, spielt Kierkegaard mit dem Verhältnis von Augenblick und Ewigkeit, nun aber in einer durch und durch polemischen Absicht. Er sieht den Augenblick als eine, wenn auch nur widerwillig eingegangene Verpflichtung an, einen „Einspruch gegen das Bestehende" zu tun, um einer Wahrheit willen, die nicht anders zum Ausdruck gebracht werden kann als in Konfrontation mit einer schlechten Aktualität, an der nichts von Dauer sein wird. Der Augenblick ist nicht mehr der ekstatische Moment, der imstande ist, die Zeit für einen Moment aufzuheben, sondern die Banalität dessen, was eben gerade so ist. Sich dieser Wirklichkeit in diesem Augenblick zuzuwenden, stellt keine plötzliche, dämonische Erfahrung dar, die den Einzelnen zu einem Anderen werden lässt, sondern die Auseinandersetzung mit einer „Mitwelt", die man sich nicht ausgesucht hat. Diese ist eben auch eine Erscheinungsform des Augenblicks, ja, sie ist der Augenblick. Und dennoch: Auch mit diesen Interventionen will Kierkegaard nichts „Zeitbedingtes", sondern etwas „Ewiges", er will mit „Idealen gegen die Sinnestäuschung" ankämpfen,[5] hinter dem Schein der Tagespolitik die Wahrheit zum Vorschein bringen.

Anders formuliert: Im letzten, schlechten Augenblick will Kierkegaard jenen Augenblick der Wahrheit festhalten, der für alle Ewigkeit gelten soll. Und damit der Leser dieser Wahrheit teilhaftig werden kann, gelte es nun für ihn, den „Augenblick zu nutzen" und die Zeitschrift *Der Augenblick* zu abonnieren. Wohl könnte es sein, so Kierkegaard, dass der Leser diese Investition „zeitlich" bereuen könnte, nicht aber ewig. Sich dem Augenblick im wahrsten Sinn des Wortes zu verschreiben, kann also auch hier nur heißen: die Unzeit in der Zeit zu sehen. Angesichts der Tatsache, dass Kierkegaards letzte Flugschrift heute offenbar nur noch Biografen und Historiker interessiert, könnte man es sich leichtmachen und sagen, das auch Kierkegaards politischer Kampf tatsächlich nur im Augenblick seine lokale und längst überholte Bedeutung hatte. Man könnte aber auch sagen, dass Kierkegaards augenblickliche Einsicht, dass christlicher Glaube und staatlich sanktioniertes Christentum einander ausschließen, mehr denn je gültig ist: wenn nicht für alle Ewigkeit, dann doch für diesen Augenblick.

Konrad Paul Liessmann ist Professor für Philosophie an der Universität Wien.

Anmerkungen:

1. Kierkegaard, Sören: Entweder-Oder. I/1. Gesammelte Werke. Herausgegeben von Emanuel Hirsch. Gütersloh 1979, Seite 90f., 93f., 100, 312, 312f., 313, 236f.
2. Kierkegaard, Sören: Philosophische Brocken. Gesammelte Werke. Herausgegeben von Emanuel Hirsch und Hayo Gerdes. Gütersloh 1983, Seite 11, 19
3. Kierkegaard, Sören: Der Begriff Angst. Gesammelte Werke. Herausgegeben von Emanuel Hirsch und Hayo Gerdes. Gütersloh 1983, Seite 88, 90, 89, 134
4. Nietzsche, Friedrich: Nachgelassene Fragmente. Kritische Studienausgabe. München 1982, Band 12, Seite 466
5. Kierkegaard, Sören: Der Augenblick. Gesammelte Werke. Herausgegeben von Emanuel Hirsch und Hayo Gerdes. Gütersloh 1985, Seite 126, 95, 95, 96, 107

Horst Bredekamp

Die Erkenntniskraft der Plötzlichkeit

Der *coup d'oeil* in Kunst und Kriegsführung

Mit *coup d'oeil* wird die Fähigkeit bezeichnet eine „Szene“ intuitiv zu erfassen – sei es das Erkennen eines Bildinhalts, einer Theaterszene oder der Verlauf einer Schlacht. Im *coup d'oeil* ist das Vermögen konzentriert, Unvorhersehbares augenblicklich, ohne kalkulatorische Überlegungen zu durchdringen, die angemessenen Schlüsse zu ziehen und entsprechend zu handeln. Er ist der göttliche, intuitive Blick, der keine Konstruktion benötigt, um auf einen Schlag alles in Vollendung zu übersehen; eine Form der Wahrnehmung, die das Empirische mit dem Intuitiven verbindet und so das Offene und Überraschende in das Kalkül aufzunehmen vermag.

Die gegenständliche Wahrnehmung ist für Edmund Husserl stets eingebettet in einen „Hof von Hintergrundanschauungen“: „Vor mir liegt im Halbdunkel dieses weiße Papier. Ich sehe es, betaste es. Dieses wahrnehmende Sehen und Betasten des Papieres, als das volle konkrete Erlebnis von dem hier liegenden Papier, und zwar von dem genau in diesen Qualitäten gegebenen, genau in dieser relativen Unklarheit, dieser unvollkommenen Bestimmtheit, in dieser Orientierung zu mir erscheinenden – ist eine *cogitatio*, ein Bewusstseinserlebnis ... Rings um das Papier liegen Bücher, Stifte, Tintenfaß usw., in gewisser Weise auch ‚wahrgenommen‘, perzeptiv da, im Anschauungsfelde, aber während der Zuwendung zum Papier entbehrten sie jeder, auch nur sekundären Zuwendung und Erfassung. Sie erschienen und waren doch nicht herausgegriffen, für sich gesetzt.“[1] An Husserls Bestimmung dieses Ensembles als „Hof von Hintergrundanschauungen“ anknüpfend hat Wolfram Hogrebe den Blick, den Husserl auf seinen Schreibtisch wirft, als szenisches Verstehen gedeutet.

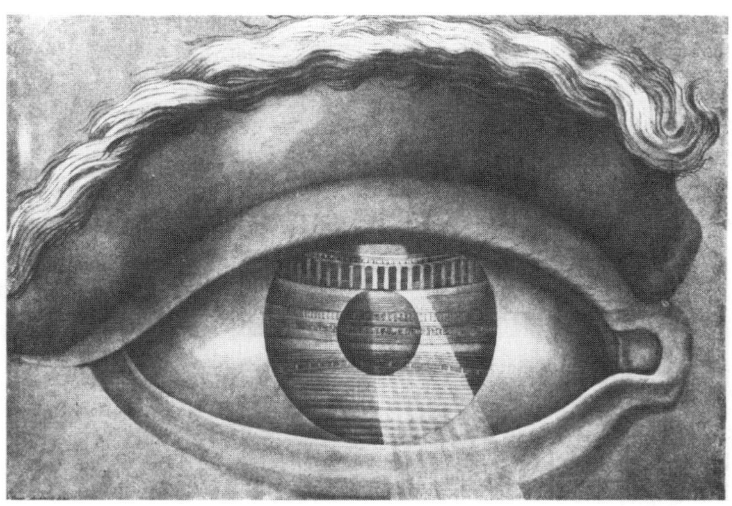

Da im Blick auf ein Objekt eine Vorstellung von dessen Einbindung in einen Bedeutungszusammenhang existieren müsse, sei mit dem erkennenden Sehen und Hören das Begriffliche bereits vorhanden, ohne dass es formuliert worden wäre. In diesem ursprünglichen Zusammenfall von Anschauung und der Präsenz von Hintergrundsanschauungen liege der Urstoff der Philosophie: „Geist ist zuerst das Szenische.“[2]

Um die Bedingung szenischer Erkenntnis erfüllen zu können, muss neben der räumlichen Dimension zudem eine zeitliche Komponente gegeben sein. Je kürzer die Betrachtung, desto unverstellter erfüllt sie die Verbindung von Anschauung und Begriff. Da Zeit benötigt wird, um die Begriffsarbeit auf den Akt des *cogito* und auf das Erkennen der „Szene“ einwirken zu lassen, wird das szenische Erkennen umso stärker, je kürzer das Moment seiner Entfaltung ist. Unter dieser Voraussetzung verdichtet sich die szenische Erkenntnis im unübersetzbaren *coup d'oeil* als Begriff des kurzen, blitzartig alles erfassenden Blicks. Darin, dass er in die zeitliche Kompression der szenischen Erkenntnis verdichtet ist, bildet er den Extremfall dieser Grundbestimmung der Philosophie. Im *coup d'oeil* ist die Geschwindigkeit des Lichts die absolute Grenze, bis zu der sich die Erkenntnis der Welt zusammenzuschnüren vermag.

Dem wie von einer Nadelspitze aus vollbrachten Panoramablick des *coup d'oeil* hat der Revolutionsarchitekt Claude-Nicolas Ledoux eine bildliche Definition in Form eines Kupferstiches gegeben, der seit jeher die Aufmerksamkeit und die Fantasie der Betrachter erregt hat. Der mit *coup d'oeil du théâtre de Besançon* übertitelte Stich zeigt ein Auge, in dessen Iris der Innenraum des von Ledoux zwischen 1775 bis 1784 errichteten Theaters von Besançon gespiegelt wird.[3] Indem das Auge keine organische Qualität, sondern eine steinerne Beschaffenheit aufweist, gehört es zu einem Bühnenakteur, der nicht als Mensch, sondern als Statue auftritt. Von der Bühne aus blickend, lässt das Auge

Metaphysik
lateinisch *metaphysica*, zu altgriechisch *tà metà tà physikà*: Das, was hinter der Natur steht. Philosophische Lehre von den ersten Prinzipien und Ursachen der Dinge.

den Zuschauerraum in seiner Iris spiegeln. Da sich die Szene nicht über deren Rund hinaus fortsetzt, entsteht der Eindruck eines lebendigen Sehorgans, das in seiner reflektierenden Qualität den steinernen Charakter verneint. Dieses Marmorauge sieht von der Bühne her mit der Kraft eines lebendigen Organs. Auf unheimliche Weise schlägt die Marmorstatue als Element einer Szene in das Subjekt eines selbstaktiven Blicks um. Da das Theater jedoch leer ist, hält das lebendige Auge der Statue zunächst Zwiesprache mit den Artefakten, die sich in ihm spiegeln. In der Leere des Zuschauerraums erfasst dieser Blick zugleich jeden Zuschauer als Möglichkeit.

Ausgestattet mit dem mächtigsten Sinnesorgan tritt die Bühnenszene dem Betrachter als unheimlich omnipotente Macht entgegen: alle potenziellen Beobachter beobachtend, alle nur möglichen Erkennenden erkennend. In dem steinernen, wiewohl lebendigen Auge schlägt das Szenische aus seiner Unmittelbarkeit in eine objektivierte und damit distanzierbare Ordnung um. Seine Doppelstruktur – steinern zu sein und doch alles sehen zu können – wird durch die Lichtstrahlen, die unter dem oberen Lid aus einer Öffnung des Bauwerks in den Innenraum zu fallen scheinen, verstärkt. Es handelt sich, wie Ledoux im erläuternden Text anführt, um einen „belebenden Strahl“, ohne den „alles in einer betrüblichen und lustlosen Dunkelheit“ wäre. Die Strahlen dieser Erleuchtung gehen einerseits ungebrochen durch alle Sphären der Darstellung, haben andererseits aber im Inneren des Auges ihren unsichtbaren Ausgangspunkt. Hierin erweist sich Ledoux' Auge als göttliche Kraft, das alle Objekte zu animieren versteht. Es lässt jene „göttlichen Einflüsse“ agieren, welche die Welt und alle Artefakte auf eine die Sinne entflammende Weise zurückspiegeln.[3]

In seiner göttlichen Form ist der Augenstrahl das Vorbild für den *coup d'oeil*. Für Ledoux ist diese Sehform, die ein schlaglichthaftes Erkennen mit der souveränen Erfassung der Essenz verbindet, die Bedingung der Kunst, der Herrschaft und der Kriegsführung. Mit dieser Koppelung zieht Ledoux im Lebenswerk seiner Reflexionen auch eine Summe der Bestimmungen des *coup d'oeil*: „Der *coup-d'oeil* des Architekten ist notwendiger als man sich vorstellen kann, um die Wirkungen zu konstatieren, welche die Nachwelt zu verwerfen nicht das Recht hat. Ein Souverän, der nicht über den *coup-d'oeil* verfügt, beeinträchtigt die Dauer des Reiches, und ein Heros verliert die Frucht seiner Eroberungen.“[3]

Durch diese Zusammenziehung verschiedener Erkenntnisfelder des *coup d'oeil* mit dem belebenden Strahl aller geschaffenen Dinge erweist sich Ledoux' Auge als ein raffiniertes Medium der szenischen Erkenntnistheorie. Wird der Begriff Gottes durch den intuitiv zu erfassenden Zusammenhang der Dinge, ihr kontextuell vorgegebener Bedeutungszusammenhang ersetzt, so erweist sich der *coup d'oeil von Besançon* als eine metaphysische Form des Zusammenschwingens der erkannten Objekte (siehe Erläuterung). In der Ausstattung des Befehlshabers, des Souveräns und des Künstlers mit dem *coup d'oeil* bekräftigt Ledoux die so notwendige wie „riskante Lebensnähe“ der szenischen Erkenntnis.[3]

Umso stärker drängt sich die Frage auf, auf welche Traditionen sich Ledoux hätte stützen können. Es zeigt sich, dass die von ihm zusammengezogenen Bereiche der Künste, des Militärs und der Herrschaft bereits je für sich eine teils über Generationen zurückreichende Geschichte aufwiesen. An ihrem gemeinsamen Ursprung steht, soweit die Quellen bisher bekannt sind, eine Äußerung Leonardo da Vincis.

Nicht mechanisch-wissenschaftliches Denken entscheidet über den Ausgang des Kriegs, sondern künstlerisches Vermögen.

Zumindest seinem Sinn nach geht der *coup d'oeil* in seinem Ursprung auf Leonardos Buch über die Malerei zurück. Im ersten, alles erfassenden Blick sah Leonardo das zentrale Element seiner Überzeugung, dass die Malerei die höchste aller Künste darstelle. Die Möglichkeit, im Blick komplexe Zusammenhänge in der extrem kurzen Zeit des *subito* erfassen zu können, begründete für ihn die Höherrangigkeit der bildenden Kunst über die Dichtung: „Die Malerei zeigt Dir augenblicklich (*in un subito*) ihre Essenz in der visiven Kraft – und mit eigenen Mitteln, sodass das Aufnahmevermögen die natürlichen Objekte sogar in derselben Zeit empfängt, in der sich die harmonische Proportionalität jener Teile komponiert, die das Ganze zusammensetzen, das den Sinn befriedigt.“[4] Mit dem Ganzen (*il tutto*), das in kürzester Zeit (*in un subito*) das harmonische Wesen des Gestalteten offenbart, bezeugt Leonardo die verlebendigende Kraft des Werks wie auch die Grandiosität seiner Wahrnehmung.

Abbildung linke Seite:
Coup d'oeil du théâtre de Besançon
Claude-Nicolas Ledoux, 1804;
Kupferstich

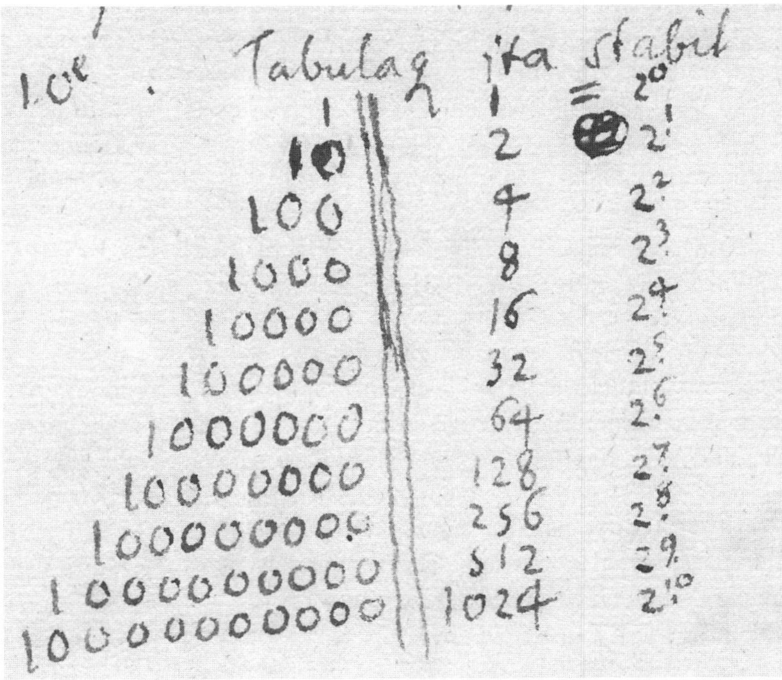

Abbildung:
Das binäre Zahlensystem
Gottfried Wilhelm Leibniz, 1697;
Ausschnitt aus dem Neujahrsbrief an Herzog Rudolf August von Wolfenbüttel

In Anlehnung an Leornado sah die französische Kunsttheorie den Charakter eines Gemäldes durch den *coup d'oeil* bestimmt, der in der Lage sei, Freude, Schrecken oder Traurigkeit auszulösen.[5] Der französische Hofmaler Antoine Coypel (1661–1722) war sich bewusst, dass die Einzelformen Zeit benötigen, um ihre eigene und oft auch eigenwillige Präsenz zur Entfaltung zu bringen. Als Grundsatz ging er aber davon aus, dass die „prälogische Wahrnehmung" des *coup d'oeil* für die Wahrnehmung eines Gemäldes entscheidend sei.[5]

Auf diesem Prinzip baute auch Gottfried Wilhelm Leibniz die Fülle seiner unentwegten Reflexionen über den Sinn- und Symbolgehalt von „Kunstwerken" auf, die immer wieder darauf zielten, komplexe Gegebenheiten auf einen Blick zu erfassen. So hat er im Herbst 1679 den Bildatlanten das Vermögen zuerkannt, die dargestellten Inhalte „gleichsam spielend und wie in einem Blick, ohne Umschweife der Worte" vermitteln zu können.[6] Über diesem Gedanken wölbt sich der gewaltige Gedankenkosmos, den Leibniz mit dem Blick verbunden hat. In ihm steckt jene vielleicht tiefgründigste Seite seines Denkens, die von der Philosophiegeschichte systematisch ausgeblendet worden ist, weil sie der Bestimmung von Leibniz' vorgeblich „fensterlosen" Monaden widersprach. Mit dem „wie in einem Blick" ist jener intuitiv agierende Blick gemeint, der auf einen Schlag das Gesamte bereits in Vollendung zu übersehen vermag.

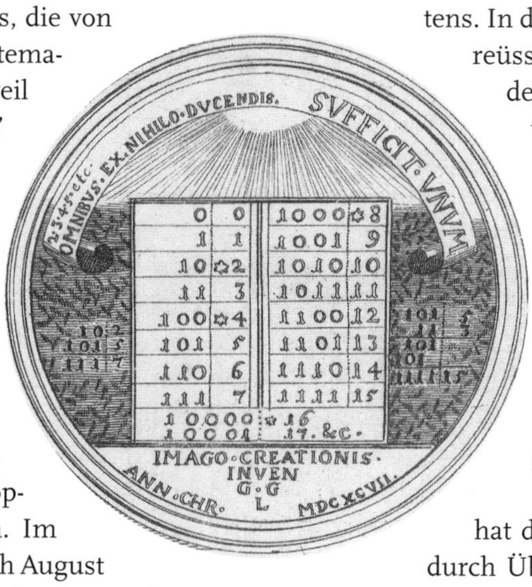

Leibniz hatte eine Blicktechnik im Auge, die es ermöglichen sollte, der Essenz der Schöpfung auf die Spur zu kommen. Im Jahre 1697 hat er Herzog Rudolph August zu Braunschweig und Lüneburg den Entwurf eines Bildsymbols der Dyadik (von altgriechisch *dyás, dyádos* für Zweiheit: Dualsystem) übereignet, das den Zusammenhang von Bild und Blick als höchste Erkenntnisform besiegeln sollte. Nicht besser, so Leibniz, könne die Allmacht der göttlichen Schöpfung dargestellt werden als durch den Ursprung der Zahlen von Null zu Eins: „daher (habe) ich ... auf die entworfene Medaille gesetzt: IMAGO CREATIONIS."[6] Da dieses Bild in seiner Schönheit auch die Güte der Schöpfung bekunde, müsse man es „mit Augen sehen".[6] Leibniz hat dem „Ich denke, also bin ich" des Descartes gleichsam ein „ich sehe, also denke ich" vorausgesetzt und immer wieder gefordert, „die Augen zu öffnen"[13]. „Die Herren Kartesianer sind von Ihren Hypothesen zu eingenommen", so bemerkt er später in einem an seinen Freund Christian Huygens gerichteten Brief vom Februar 1690: „Ich bevorzuge eher einen Leeuwenhoek, der mir sagt, was er sieht, als einen Kartesianer, der mir sagt, was er denkt."[14]

Abbildung:
Sinnbild der Dyadik
Rudolf August Nolte, 1734; Stich nach dem Entwurf von Gottfried Wilhelm Leibniz

Die Befähigung, dem Unvorhersehbaren standzuhalten, entscheidet die Schlacht.

So war Leibniz von der Überzeugung geleitet, dass Zahlen aus sich selbst heraus nicht zu verstehen seien, wohingegen das Bild ihres Systems auf den „innersten Grund und Urstand" blicken lasse, indem dieses als „wunderbar schöne Ordnung und Einstimmung" zu erkennen sei.[6] Indem er dem Bild in seiner unmittelbaren Zeigebereitschaft eine Fähigkeit zuerkannte, die den nur sukzessiv zu erschließenden Zahlen nicht zur Verfügung steht, setzte er auch in diesem Zusammenhang auf den *coup d'oeil*. Mit Blick auf eine geometrische Zeichnung hat er die Gewissheit geäußert, dass sein Briefpartner das dargestellte Problem der Mathematik in einem *coup d'oeil* erkennen könne.[6]

Im Jahre 1751 hat der Sohn von Antoine Coypel, Charles-Antoine, ebenfalls die Szene des Theaters mit dem *coup d'oeil* verbunden.[7] Die Blickform des *coup d'oeil* schien geeignet, gerade das Offene und Überraschende in das Kalkül zu nehmen und damit das Empirische mit dem Intuitiven zu verbinden. Im 18. Jahrhundert diente sie gleichsam als philosophischer Blitz gegen die Vorherrschaft geometrischen Wissens und Verhaltens. In dieser kämpferischen Bestimmung reüssierte der *coup d'oeil* auch auf Feldern jenseits der Kunst- und Theatertheorie sowie der leibnizschen Philosophie. Zu ihnen zählten etwa Medizin, Jagd, Geografie und Kartografie sowie auch die Zusammenfassung umfangreicher Daten in Diagrammen. Durch diese auf zahlreichen Gebieten favorisierte Fähigkeit zum *coup d'oeil* stieg dieser Begriff zum Inbegriff des Genies auf.

Auch im militärischen Bereich hat der *coup d'oeil* reüssiert. Die erste, durch Übung erlernbare Fähigkeit besteht Friedrich dem Großen zufolge darin, „auf der Stelle zu beurteilen, wie viele Truppen ein Gelände fassen kann".[8] Anders aber verhalte es sich mit Blick auf die qualitativen Vorteile, die ein Gelände für die Bewegungen des Heeres bieten könnten: „das andre weit höhere Talent besteht darin, beim ersten Blick alle Vorteile zu erkennen, die ein Gelände bieten kann".[8] Diese qualitative, die möglichen Ereignisse in einem Augenblick konzentrierende Form des „Feldherrnblicks" müsse von Geburt her gegeben sein, um durch Übung entwickelt werden zu können: „Dies Talent läßt sich erwerben und vervollkommnen, wofern man mit einer glücklichen Anlage zum Kriegsführen geboren ist."[8] Hier ist der *coup d'oeil* sowohl als quantitativ abschätzender, auf den Sinneseindruck bezogener Blick sowie als ein qualitativ wertendes Urteilsvermögen definiert, das die potenzielle Dynamis des Geländes zu erfassen und zur Grundlage der Entscheidung zu machen versteht.

In seiner Schrift *Vom Kriege* hat sich auch Carl von Clausewitz auf Friedrich den Großen bezogen, dessen

Ausführungen aber weit in den Schatten gestellt. Das Ungeheure seiner Schrift liegt in der Verneinung der Annahme, dass militärische Aktionen im Sinne mechanischer Gesetze planbar seien. Clausewitz zufolge entscheiden nicht Geometrie und Mechanik über Feldzüge und Schlachten, sondern die Befähigung des Geistes, dem Unvorhersehbaren standzuhalten und auf unwegsames Gelände, überraschende Feindstärken und Wetterunbilden so schnell wie treffend zu reagieren. Ihm geht es um die Frage, wie der Befehlshaber den beiden größten Herausforderungen begegnen könne: der Gefahr und dem Zufall. Während gegenüber der Gefahr der Mut genüge, um reagieren zu können,[9] seien im Herrschaftsbereich des Zufalls zwei Eigenschaften unentbehrlich: „Einmal ein Verstand, der auch in dieser gesteigerten Dunkelheit nicht ohne einige Spuren des inneren Lichtes ist, die ihn zur Wahrheit führen, und dann Mut, diesem schwachen Lichte zu folgen. Der Erstere ist lediglich mit dem französischen Ausdruck *coup d'oeil* bezeichnet worden, der andere ist die Entschlossenheit."[9]

Die erste der Möglichkeiten, auf die Friktionen des Krieges zu reagieren, der *coup d'oeil*, besteht für Clausewitz erneut aus zwei Elementen. Das erste liegt in der Wahrnehmung einer komplexen Raum- und Zeitsituation im Gefecht. Sie ist die Voraussetzung für das zweite Element, das Gesehene blitzartig mit einem inneren Auge zu betrachten und damit die sinnlich gebundene und zugleich intuitive Qualität des *coup d'oeil* zu entfalten. Der militärische *coup d'oeil* lässt das szenische Erkennen zu einer Frage von Leben und Tod, Sieg und Niederlage werden.

Bis heute spielt Clausewitz' *coup d'oeil* eine periodisch wiederkehrende Rolle in der Militärtheorie. So ist im Rahmen jüngerer Arbeiten zur militärischen Bedeutung des *coup d'oeil* vertreten worden, dass von Napoleon bis George S. Patton das militärische Genie darin gelegen habe, nicht geplant, sondern im Sinne einer intuitiven Strategie des *coup d'oeil* agiert zu haben. In der Trennung von Wissenschaft und Intuition liege folglich das Grundübel aller strategischen Ausbildung.[10] Dem Vertrauen in die Wissenschaft vom Kriege stellt der Autor die Überzeugung gegenüber, dass alle militärischen Aktionen in ihrer hochgradigen Zufälligkeit nicht mechanisch, sondern intuitiv gelenkt werden müssten. Über den Ausgang des Kriegs entscheide nicht etwa ein mechanisch-wissenschaftliches Denken, sondern ein künstlerisches Vermögen.[11] Dieses aber verdichte sich im *coup d'oeil*. In ihm sei die Fähigkeit konzentriert, Unvorhersehbares in größtmöglicher Geschwindigkeit zu erfassen und daraus die angemessenen Schlüsse zu ziehen.[12]

Das von Leonardo erörterte *subito* der Kunst, den seit Leibniz erfassten *coup d'oeil* der Philosophie und die in Clausewitz' Militärtheorie entfaltete Dialektik des *coup d'oeil* verweisen auf die Grenzen der Mathematisierbarkeit. Leibniz, ein Philosoph, der das rationale Kalkül zu einem Gebot geradezu der Menschlichkeit macht, begreift den Blick auf die *Sachen selbst* als Nachahmung einer göttlichen Sehform. Er immunisiert gegen die Theologen des Computers ebenso wie gegen die von der Welt des Digitalen enttäuschten Sinnsucher. Er ist darin zu Beginn des 21. Jahrhunderts von besonderer Aktualität, dass er die Alternative von Kalkülisierung und Intuition vermeidet.

Horst Bredekamp ist Professor für Kunstgeschichte an der Humboldt-Universität zu Berlin und Permanent Fellow des Wissenschaftskollegs.

Anmerkungen:

1. Husserl, Edmund: Ideen zu einer reinen Phänomenologie und phänomenologischen Philosophie. Allgemeine Einführung in die reine Phänomenologie. Tübingen 1993, Seite 61
2. Hogrebe, Wolfram: Riskante Lebensnähe. Die szenische Existenz des Menschen. Berlin 2009, Seite 94f.
3. Ledoux, Claude-Nicolas: L'architecture considerée sous le rapport de l'art, des moeurs et de la législation. Paris 1804. Reprint Paris 1997. Band I, Seite 217, 225
4. da Vinci, Leonardo: Trattato della pittura. Herausgegeben von Ettore Camesasca. Mailand 1995, Seite 19, 17
5. Coypel, Antoine: Discours prononcés dans les Conférences de l'Académie Royale de Peinture et de Sculpture. In: Conférences de l'Académie Royale de Peinture et de Sculpture. Herausgegeben von H. Jouin, Paris 1883, Seite 240, 301
6. Leibniz, Gottfried Wilhelm: Sämtliche Schriften und Briefe. Herausgegeben von der Preußischen, später Deutschen Akademie der Wissenschaften zu Berlin. Berlin 1923ff. AA, IV, Band 3, Nummer 116, Seite 785; AA, I, Band 13, Nummer 75, Seite 117; AA, III, Band 6, Nummer 163, Seite 505
7. Coypel, Charles-Antoine: Parallèle de l'èloquence et de la peinture. 1751. In: Oeuvres. Sammelreprint, Genf 1971, Seite 114
8. Friedrich der Große: Die Generalprinzipien des Krieges und ihre Anwendung auf die Taktik und Disziplin der preußischen Truppen. In: Die Werke Friedrichs des Großen. Band 6, herausgegeben von Gustav Berthold Volz, deutsch von Friedrich von Oppeln-Bronikowski. Berlin 1913, Seite 21f., 26
9. Clausewitz, Carl von: Vom Kriege. Frankfurt am Main/Berlin 1991, Seite 53. Zur philosophischen Dimension von Clausewitz' Kriegstheorie: Schössler, Dietmar: Das Wechselverhältnis von Theorie und Praxis bei Carl von Clausewitz. In: Archiv für Geschichte der Philosophie. Band 71, 1989
10. Duggan, William: Coup d'oeil: Strategic Intuition in Army Planning. Herausgegeben von: Strategic Studies Institute, New York 2005. Und: Napoleon's Glance. The secret of strategy. New York 2004, Seite 27
11. Ohne Jakob Burckhardt zu zitieren, nimmt der Autor damit dessen historische Definition des Kriegs als „Kunstwerk" auf (Burckhardt, Jakob: Die Kultur der Renaissance in Italien. Köln 1996, Seite 51).
12. Jobbágy, Zoltán: Scrutinising effect-based operations: On military genius, causality and friction in war. In: AARMS, Band 7, Nummer 1, 2008, Seite 169
13. Peuckert, W. E. (Hrsg.): Gottfried Wilhelm Leibniz: Protogaea. Stuttgart 1949
14. Gerhard, Immanuel Carl (Hrsg.): Der Briefwechsel von Gottfried Wilhelm Leibniz mit Mathematikern. Berlin 1899

Zur Vertiefung empfohlen:

– Bredekamp, Horst: Die Fenster der Monade. Gottfried Wilhelm Leibniz' Theater der Natur und der Kunst. Akademie Verlag, Berlin 2004
– Bredekamp, Horst: Theorie des Bildakts. Suhrkamp Verlag, Berlin 2010
– Bromand, Joachim; Kreis, Guido (Hrsg.): Festschrift zu Ehren Prof. Wolfram Hogrebe: Was sich nicht sagen lässt. Das Nicht-Begriffliche in Wissenschaft, Kunst und Religion. Akademie Verlag, Berlin 2010

Ernst Pöppel

Drei Sekunden Gegenwart

Viele Fragen – wenige Antworten

Bei der Analyse dessen, was man als Gegenwart, als Jetzt, als Moment, als den Augenblick bezeichnet, gibt es zwei sich ausschließende Grundpositionen. Eine lässt sich durch ein Zitat aus *Sein und Zeit* von Martin Heidegger kennzeichnen: „Jedes Jetzt ist auch schon ein Soeben beziehungsweise Sofort." Hier wird Gegenwart als ein ausdehnungsloser, ein zeitloser Schnitt verstanden, der Vergangenes von Zukünftigem trennt. Eine andere Position geht auf Augustinus zurück, der im Elften Buch seiner *Bekenntnisse* schreibt: „Soviel ist aber nun klar und deutlich: Weder die Vergangenheit noch die Zukunft ‚ist', und nicht eigentlich lässt sich sagen: Zeiten ‚sind' drei: Vergangenheit, Gegenwart und Zukunft; vielmehr sollte man, genau genommen, etwa sagen: Zeiten ‚sind' drei: eine Gegenwart von Vergangenem, eine Gegenwart von Gegenwärtigem, eine Gegenwart von Künftigem." Gegenwart so verstanden muss durch ein zeitliches Intervall gekennzeichnet sein, kann also keine zeitlose Grenze sein.

Was also ist Gegenwart? Ein Schnitt oder ein zeitlicher Rahmen? Wenn Gegenwart *eine* Bedeutung hat, dann kann nicht beides wahr sein. Hat Gegenwart aber möglicherweise viele Bedeutungen, und haben wir es bei dieser Frage, was Gegenwart sei, vielleicht (nur) mit einem sprachlichen Problem zu tun? Oder eher mit mehreren Problemen, wobei die Frage nach der Gegenwart in ihrem jeweiligen Rahmen etwas anderes bedeutet? Und schon sind wir mitten im Zoo zahlloser Zeit-Fragen:

Warum wird die Dauer gleicher Zeitabschnitte so häufig als verschieden lang erlebt? Eine Stunde wartend kann ewig währen, eine Stunde liebend zu schnell vergehen. Wie entsteht Langeweile, und was ist der Grund für die Atemlosigkeit der Zeit? Wir leiden unter Hektik – aber wie entsteht Hektik? Warum müssen Eindrücke eine bestimmte Dauer haben, um überhaupt bewusst zu werden? Und warum reagieren wir gereizt, wenn Eindrücke zu schnell oder zu langsam aufeinander folgen? Haben wir in uns einen Maßstab für den gemessenen Schritt der Zeit?

Wie ist es überhaupt möglich, dass wir Bewegungen erkennen, wenn wir etwas betrachten, und ein Gegenstand sich gegenüber dem Hintergrund zu bewegen beginnt, oder wenn wir etwas hören, und Bewegung in der Musik oder der Sprache hörbar wird?

Wie ist es möglich, verschiedene Ereignisse als gleichzeitig oder aber als aufeinanderfolgend zu empfinden? Was ist der Grund dafür, dass ein Gedanke den anderen ablöst, und wir nicht stets demselben Gedanken verhaftet bleiben? Und wenn ein Gedanke neu entsteht, was geschieht, damit dieser neue Gedanke einen sinnvollen Bezug zum vorausgegangenen Gedanken hat und sich nicht im Chaos verliert? Und manchmal geschieht genau dieses, dass unsere Gedanken keine Beziehung mehr miteinander haben.

Wie hängt die Aufeinanderfolge von Gedanken mit dem Gedanken der Aufeinanderfolge zusammen? Die Aufeinanderfolge von Gedanken ist notwendig für die Entstehung eines Konzepts, dass es so etwas wie Aufeinanderfolge gibt. Was muss hinzukommen, damit wir einen Begriff von zeitlicher Folge haben? Steht erlebte Abfolge von Ereignissen in einem Zusammenhang mit unserer Fähigkeit, zählen zu können? Woher kommen überhaupt Zahlen, sind sie Zeit-neutral oder sind sie nur deshalb denkmöglich, weil sie *in* der Zeit sind?

Warum teilen wir den Fluss der Zeit in drei Bereiche, in Vergangenheit, Gegenwart und Zukunft? Was heißt eigentlich vergangen oder zukünftig? Kann man sagen, das Vergangene sei wirklich (was geschehen ist, das ist nicht mehr auslöschbar); und das Zukünftige sei möglich (was geschehen wird, ist unbestimmt, da es noch nicht gewesen ist)? Könnten wir dann die Zeit nicht auch in nur zwei Bereiche einteilen, nämlich in das, was ist – das Gegenwärtige – und das, was war – das Vergangene –, denn diese Bereiche sind durch Wirklichkeit gekennzeichnet? Zukunft käme bei dieser Zweiteilung nicht vor. Allerdings: Wenn die Gegenwart als ausdehnungslose Grenze gedacht wird, dann gäbe es nur Vergangenheit, denn Gegenwart wäre dann nicht, und Zukunft noch nicht. Wenn wir vom „Ende der Zeiten" sprechen, dann meinen wir wohl dies, dass es Zukünftiges nicht mehr gibt, aber Vergangenes (und vielleicht Gegenwärtiges) gab und gibt. Doch Vergangenes gab es auch nicht immer; vor der Entstehung der Welt, vor dem Urknall, gab es keine Vergangenheit. Also ist diese Frage nach den Zeiten nur sinnvoll im Rahmen des bestehenden Universums.

Oder sollte man vielleicht nur von einer *Domäne* der Zeit sprechen, der Gegenwart, und Erinnerungen und Erwartungen in dem Sinne verstehen, dass sie Vergangenheit oder Zukunft repräsentierten? Ist es nicht wirklich so, wie Augustinus in seiner Schrift *Bekenntnisse* schreibt, dass nur die Gegenwart ist, und dass Vergangenheit und Zukunft aus der Gegenwart heraus konstruiert werden? Dann hätte Gegenwart wieder eine andere Bedeutung.

Wie entsteht in unserem Erleben der Eindruck einer Richtung der Zeit, dass also Zukünftiges gegenwärtig und in die Vergangenheit entlassen wird? Oder schiebt sich die Gegenwart voran und nimmt der Zukunft Zeit weg? Haben wir überhaupt ein unmittel-

Abbildung rechte Seite:
Ohne Titel
Michael Dohle,
1987; Fotografie

bares Gefühl von Zeitrichtung, oder ist dies nicht vielmehr eine gedankliche Rekonstruktion, der unmittelbaren Anschauung eher fremd? Hängt die Erfahrung von gerichteter Zeit mit physikalischen Gesetzen zusammen, wie etwa mit dem Zweiten Hauptsatz der Thermodynamik (in einem geschlossenen System wird ein Zustand maximaler Unordnung angestrebt), oder ergibt sich der Eindruck gerichteter Zeit aus der Weise unserer Welterfahrung, insbesondere aus der Tatsache, dass wir ein Gedächtnis haben?

Wie hängen Konstanten unseres Erlebens – das Sorgen hinein in die Zukunft, das Klagen über Vergangenes und das Verwobensein in Schuld, die Freude am Gegenwärtigen – mit unseren Zeiterfahrungen zusammen? Und wie ist unser Leben im Alltag in zeitliche Programme eingebettet, die uns von Natur aus vorgegeben sind, wie der Schlaf-Wach-Wechsel – oder *sind* sie dies gar nicht; sind Zeitprogramme menschengemacht?

Wie ist es möglich, dass sich Menschen treffen, sich miteinander synchronisieren? Setzt Beziehung zeitliches Miteinander voraus, und entstehen Beziehungsprobleme zwischen Menschen deshalb, weil sie ihr Miteinander nicht vergleichzeitigen können?

Wie entstehen Zeitbegriffe, die insbesondere in der Philosophie und der Physik das abendländische Denken über Zeit geprägt haben? Sind Zeitbegriffe – der klassischen Physik, der speziellen Relativitätstheorie, der Thermodynamik oder der Evolutionstheorie – unabhängig von der menschlichen Zeiterfahrung überhaupt denkbar?

Warum suchen wir nach *einem* Zeitbegriff, als gäbe es jene *eine* Zeit? Wie wirkt sich hier die Arbeitsweise unseres Gehirns, unserer Denkwerkzeuge auf den Umgang mit dem Problem Zeit aus? Versuchen wir vielleicht mit Gewalt etwas zu vereinfachen, was nicht einfach ist?

Gibt es denn nicht mindestens einen zweiten Zeithorizont, der etwas ganz anderes erblicken lässt als die Zeitbegriffe, die sich auf die Natur *um uns* beziehen, nämlich jene Zeitbegriffe, welche die Zeit des Menschen zu erfassen suchen, unsere gelebte und erlebte Zeit, die wir vergeuden oder nutzen? Ein Jegliches hat seine Zeit, wie der Prediger Salomo sagt.

Gibt es einen unmittelbaren Zusammenhang zwischen unserem ästhetischen Empfinden und unserem Zeiterleben? Was ist der Grund dafür, dass Meeresrauschen, Plätschern eines Brunnens, das bestimmte Tempo einer Musik für viele beruhigend oder beglückend wirkt, während ein falsches Tempo bei einem musikalischen Motiv dessen Sinn zerstört? Gibt es so etwas wie eine Ästhetik von Zeitabläufen, eine „zeitliche Ästhetik"?

Und eine weitere zutiefst beunruhigende Frage: Was veranlasst uns eigentlich zu sagen, die Zeit fließe regelmäßig, gleichsam mit konstanter Geschwindigkeit, wie es Isaac Newton in einer berühmten Aussage formulierte („Die absolute, wahre und mathematische Zeit fließt aus sich selbst heraus gleichförmig ohne Bezug zu etwas Äußerem")? Woher wissen wir dies, fließt die Zeit wirklich kontinuierlich? Könnte es nicht auch sein, dass selbst innerhalb eines physikalischen

Apriorische Anschauungsform
A priori: lateinisch für „vom Früheren her". Immanuel Kant zufolge sind zum Beispiel Raum und Zeit apriorische, das heißt der konkreten Erfahrung vorausliegende Formen der Anschauung, ohne die wir die Welt nicht wahrnehmen können.

Nicht mehr jung sein: eine Entdeckung, die für den Rest des Lebens in Atem hält.

Das Zweitbeste ist meist besser als das Erstbeste.

Die Jungen brauchen Illusionen übers Leben, die Alten über die Zeit danach.

Jeder Mensch, der sich unglücklich zu nennen wagt, trägt noch Jugend in sich.

Die Kränkungen des Lebens wären unerträglich, wenn sie zu etwas dienen müssten.

Jürgen Große

Bezugssystems Zeit ihr Tempo wechseln kann? Dass wir dies nicht annehmen, dass wir von einem gleichbleibenden Fluss der Zeit ausgehen, kennzeichnet unseren tiefen Glauben an die Gültigkeit physikalischer Gesetze.

Fließt die Zeit überhaupt; könnte sie nicht auch zersplittert sein und sich schrittweise in jene Domäne, die wir Zukunft nennen, hineinpressen? Kleinste Zeitstücke, Quanten, könnten aneinandergereiht sein und dann jene Illusion vermitteln, die wir als Kontinuität der Zeit ansprechen.

Und es stellt sich auch die Frage, ob diese einzelnen Fragen miteinander zusammenhängen. Gibt es überhaupt *ein* Thema, mit dem wir uns beschäftigen, wenn wir von Zeit sprechen, oder ist Zeit vielleicht gar kein Begriff, sondern nur ein Wort, das uns irreführt, sodass wir nur meinen, es mit *einem* Sachverhalt zu tun zu haben? Bei all diesen Fragen kann man an eine Definition der Zeit denken, die der Physiker Richard Feynman gegeben hat (eine Art von Definition), und die auf besonders klare Weise den Begriff von Zeit als apriorischer Anschauungsform (siehe Erläuterung) erfasst, wie er von Immanuel Kant in seiner *Kritik der reinen Vernunft* gekennzeichnet wurde: „Zeit ist, was passiert, wenn sonst nichts passiert."

So könnte man schlussfolgern, dass es zu schwierig ist, sich überhaupt auf Zeit als ein allgemeines und Gegenwart als ein besonderes Thema einzulassen, sollte das Ziel sein, eindeutige und klare Antworten zu erhalten. Jedes Denken, das sich an der Zeit versucht, kann nur beschränkt oder eingeschränkt sein, wenn dieses Denken auch noch so durchdringend ist (oder so erscheint). Jeder Beitrag bleibt eine bescheidene gedankliche Übung. Also – warum es dann nicht gleich bleiben lassen? Doch genau das ist das Merkwürdige an der Forschung: Man weiß, dass man letzten Endes die eigentlichen Fragen nicht beantworten kann, dass man nicht zum Kern kommt, und dennoch lässt man sich darauf ein, und dies sogar mit Begeisterung. Gleichwohl bleibt es bei Lichte besehen Hybris, weil man im Geheimen wohl meint, den endgültigen Durchbruch zu schaffen, jene einmalige Inspiration zu haben, um etwas Grundsätzliches zu erkennen. Dabei wird man leicht dadurch verführt, sich mit einer Antwort zu betäuben, eine zu frühe Antwort zu akzeptieren, indem man weitere Fragen nicht mehr zulässt. So ist vielleicht die folgende pragmatische Definition von „Gegenwart" ein solcher Ausdruck von Kompetenzsimulation.

Zwei bis drei Sekunden. Eine pragmatische Definition der Gegenwart

Geht man von einem biologischen Rahmen aus, dann orientiert man sich wie eingangs erwähnt an der Konzeption des Augustinus, und es stellt sich die Frage, ob man dieses Intervall, die Gegenwart also, auch objektiv bestimmen kann. Ich bin der Meinung, dass dies tatsächlich möglich ist. Hierzu fasse ich einige Beobachtungen zusammen, die auf empirischer Basis eine pragmatische Definition von Gegenwart erlauben. Hierbei wird gleichzeitig deutlich, dass Gegenwart als zeitliche Bühne eine notwendige Bedingung unseres Erlebens ist. Und es zeigt sich anhand experimenteller Befunde und empirischer Beobachtungen, dass die Dauer unserer Gegenwart etwa drei Sekunden beträgt, was, soviel sei hier nur nebenbei bemerkt, auch schon der spanische Philosoph José Ortega y Gasset (1883–1955) wusste: „Es war mir nicht wenig überraschend, daß nur ganze drei Sekunden nötig waren, um die mitfahrenden acht oder neun Damen ästhetisch einzuordnen und ein Urteil über sie parat zu haben."

Grundthese der folgenden Überlegungen ist: Elementare Ereignisse werden nicht für sich allein stehend erlebt oder wahrgenommen, sondern sie werden aufeinander bezogen, sodass aufeinanderfolgende Ereignisse oder Gedanken jeweils eine Wahrnehmungsgestalt, also eine Einheit, bilden. Dieses Bezugnehmen zwischen dem Aufeinanderfolgenden ist deshalb möglich, weil das Gehirn einen zeitlichen Integrationsmechanismus bereitstellt, der automatisch für einige Sekunden alles, was geschieht, zu einer Einheit zusammenfasst. Dieser Integrationsmechanismus zeigt sich in der gesamten Vielfalt unseres Erlebens.

Das folgende sehr einfache Beispiel für das Bilden von Einheiten aus sukzessiven Elementen in der Wahrnehmung kann jeder nachvollziehen, der ein Metronom hat, um das Tempo beim Musizieren zu kontrollieren: Lässt man das Metronom im Sekundentakt schlagen, so kann nahezu jeder eine subjektive Akzentuierung vornehmen; obwohl alle Metronomschläge objektiv gleich laut sind, können wir jedem zweiten Metronomschlag einen subjektiven Akzent geben, sodass wir den Eindruck haben, er sei etwas lauter als der dazwischen liegende Schlag. Es ist für Viele auch möglich, drei aufeinanderfolgende Schläge zu einer Gestalt zusammenzuschließen, indem wir jedem dritten Schlag ein stärkeres subjektives Gewicht geben, und man derart einen Walzertakt in die Schlagfolge hineinhört. Versuchen wir nun aber, vier oder gar fünf aufeinanderfolgende Schläge zu einer gehörten Gestalt, in eine Einheit also, zusammenzufassen, so fällt dies äußerst schwer, und für die meisten ist es unmöglich.

Dieser Versuch zeigt, dass die Integration aufeinanderfolgender Ereignisse zu Einheiten eine zeitliche Grenze hat, die bei wenigen Sekunden liegt. Nur wenn aufeinanderfolgende Ereignisse in einen zeitlichen Rahmen fallen, kann eine Beziehung zwischen ihnen hergestellt werden, und dies macht es möglich, eines der Ereignisse subjektiv hervorzuheben. Der Integrationsmechanismus unseres Gehirns ist auf Zeitintervalle von etwa zwei bis drei Sekunden begrenzt, und er kann willentlich nicht ausgedehnt werden, auch wenn wir uns noch so abmühen, eine unmittelbar empfundene Beziehung zwischen einzelnen Elementen zu erzeugen. Unser Gehirn ist von Natur aus so eingerichtet, dass wir anstrengungslos Einheiten bilden können, doch dies nur im begrenzten zeitlichen Rahmen.

Der Metronomversuch ist nur ein Beispiel, ein sehr einfaches Beispiel, für die Bedeutung eines einheitsstiftenden Programms unseres Gehirns. Eine große Zahl von Experimenten über die unterschiedlichsten Bereiche unseres Erlebens zeigt, dass etwa drei Sekunden die Grenze sind, über die hinaus wir Information nicht mehr zu Wahrnehmungsgestalten zusammenbinden können. Ein ganz anderer experimenteller Ansatz bestätigt diesen auf wenige Sekunden begrenzten Integrationsprozess; wenn man nämlich vorgegebene Zeitstrecken in ihrer Dauer reproduzieren soll. Ein typischer Befund ist, dass eine Versuchsperson einen Reiz nur bis zu etwa drei Sekunden recht genau reproduzieren kann, und dass längere Zeitstrecken zu ungenauen Wiederholungen führen. Dieses Ergebnis kann so gedeutet werden, dass ein Reiz nur innerhalb einer bestimmten Zeitstrecke als Ganzes überblickt und dann auch als Ganzes wiederholt werden kann. Wenn diese Zeitstrecke überschritten ist, findet gleichsam eine Stauchung der vorgegebenen Zeit im Gehirn statt, und es kommt zu einer kürzeren Reproduktion der Reizdauer; die Reproduktionen von länger dauernden Reizen sind auch dadurch gekennzeichnet, dass sich die Versuchsperson nicht mehr so sicher über ihre Schätzung ist, was sich in einer größeren Variationsbreite der Antworten zeigt.

Bemerkenswert ist, dass der auf etwa drei Sekunden begrenzte zeitliche Integrationsmechanismus nicht nur für die Wahrnehmung gilt, sondern auch andere Bereiche unseres Erlebens und Verhaltens steuert. Untersuchungen über die Dauer von geplanten oder intentionalen (zielgerichteten) Bewegungen haben ergeben, dass auch hier eine zeitliche Strukturierung vorliegt. Ein Beispiel für eine solche Bewegung ist etwa, zur Begrüßung jemandem die Hand zu reichen. Man stellt fest, dass solche ritualisierten Bewegungen bevorzugt in einem Zeitfenster bis zu etwa drei Sekunden ausgeführt werden. Wenn jemand die Hand des Begrüßten länger festhält, dann stellt sich automatisch eine emotionale Reaktion ein; die Handreichung mag positiv empfunden werden, weil damit Zuwendung ausgedrückt wird, auf die man sich gerne einlässt; oder sie mag als unangenehm und besitzergreifend empfunden werden; man weiß dann nicht, wie man wieder Herr über seine Hand wird, denn das Herauswinden der eigenen Hand ist peinlich. Diese emotionale Reaktion bei solchen Handreichungen ist ein Indikator dafür, dass die übliche Dauer der intentionalen Bewegung überschritten wurde. Eine emotionale Reaktion stellt sich manchmal auch dann ein, wenn die Handreichung zu kurz war, also die Hand zu schnell wieder zurückgezogen wird. Solche intentionalen Bewegungen, wobei die Handreichung bei der Begrüßung nur ein Beispiel ist, werden bevorzugt für drei Sekunden „programmiert". Interessanterweise hat ein Vergleich von ähnlichen Bewegungsweisen bei verschiedenen Kulturen ergeben, dass die Dauer dieser Bewegungen überall gleich ist; das spricht dafür, dass hier ein grundlegender Mechanismus des Gehirns am Werke ist, welcher der Planung und Ausführung von Bewegungen zugrunde liegt.

Gegenwart ist als zeitliche Bühne eine notwendige Bedingung unseres Erlebens.

Für die Wirksamkeit der zeitlichen Segmentierung und Rhythmisierung des mentalen Geschehens im Bereich von etwa drei Sekunden gibt es noch zahlreiche weitere Belege. Beispielsweise findet beim Sprechen eine zeitliche Gliederung statt, die unabhängig von der Sprache ist. Das kann man besonders gut beobachten, wenn man eine Sprache nicht versteht. Wenn ich in einem Land auf Reisen bin, dessen Sprache ich nicht verstehe, dann höre ich anderen zu, ohne zu verstehen, was sie sagen, und ich achte darauf, wie die Sprache rhythmisch strukturiert ist; mit der Stoppuhr messe ich dann, welche Dauer die einzelnen Aussageeinheiten haben, und ich stelle fest, dass sie in den zeitlichen Rahmen von etwa drei Sekunden hineinpassen. Wenn Kinder sprechen, dann ist ihre Sprechgeschwindigkeit geringer, die zeitliche Segmentierung bleibt aber die gleiche. In manchen Sprachen, wie dem Spanischen oder Italienischen, wird manchmal sehr schnell gesprochen, die zeitliche Grundstruktur ist aber dieselbe. Gelegentlich werden aufeinanderfolgende Zeitsegmente durch paralinguistische Vokalisationen überbrückt – sprich durch die „äh's" und „hm's" der Sprache, in denen offenbar die nächste Aussageeinheit von etwa drei Sekunden vorprogrammiert wird. Eigentlich sind dies die kreativen Momente des Sprechens. Wenn jemand viele solcher paralinguistischen Vokalisationen verwendet, dann macht er damit deutlich, dass er tatsächlich darüber nachdenkt, was er zu sagen hat, und dass es nicht einfach nur aus ihm herausredet.

Es sind also das Sprechen, das Bewegen, das Wiederholen und Vergleichen oder das Vorwegnehmen, welche die Gegenwartsbühne nutzen, und es ist auch das Entscheiden. Wie lange dauert es eigentlich, um jeweils eine Entscheidung zu treffen? Wenn man den typischen Fernsehzuschauer in seinem Entscheidungsverhalten untersucht, dann stellt man fest, dass beim Durchschalten durch die vielen Kanäle (beim *zapping*) in einem Zeitfenster bis zu drei Sekunden entschieden wird, ob man auf dem Kanal bleibt oder nicht. Ähnliches gilt für Leser einer Zeitschrift; beim Durchblättern wird auf der Gegenwartsbühne entschieden, ob man auf einer Seite bleibt oder nicht. Offenbar ist unser Gehirn in der Lage, in kürzester Zeit zu bewerten, ob etwas interessant ist oder nicht. Was im Fernsehen gezeigt oder was in einer Zeitschrift abgedruckt wird, muss in einen Rahmen persönlicher Erwartungen hineinpassen. Dieser Rahmen gibt Bedingungen vor, sodass sehr schnell, innerhalb weniger Sekunden, entschieden wird, ob die Aufmerksamkeit gebunden bleibt.

Die so bestimmte Gegenwart hat auch eine soziale Dimension. Wenn ich mit jemandem spreche, dann ist mein eigenes Reden zeitlich gegliedert; Bühnen der Gegenwart sind nebeneinander gestellt. Wer mir zuhört, ist zeitlich mit mir synchronisiert. Seine Gegenwartsbühnen entsprechen den meinen; damit teilen wir eine gemeinsame zeitliche Bühne; wir sind in einer Zeit miteinander verbunden. Nichts anderes ist das Gespräch, als Gemeinsamkeit des Zuhörens und Sprechens zu erzeugen, und damit ein verdoppeltes Bewusstsein zu gewinnen. Was es in mir denkt, das denkt es im andern. In dieser Vergleichzeitigung stellt sich zwischen uns Ich-Nähe her; der andere, die andere, wird zum Du. Dies kann er oder sie natürlich nur, wenn er oder sie für mich seine oder ihre Identität bewahrt. So mag es sein, dass wir unsere Gegenwart einer Ko-Evolution verdanken: Etwas, und manchmal ist dieses Etwas ein Jemand, muss seine Identität bewahren, damit wir in eine gemeinsame Gegenwart eintreten können.

Ernst Pöppel ist emeritierter Professor für Medizinische Psychologie der Ludwig-Maximilians-Universität München und zählt mit vielen grundlegenden Arbeiten zu den Wegbereitern der Hirnforschung in Deutschland.

Zur Vertiefung empfohlen:

- Pöppel, Ernst: Lust und Schmerz. Grundlagen menschlichen Erlebens und Verhaltens. Verlag Severin & Siedler, Berlin 1982
- Pöppel, Ernst: Grenzen des Bewußtseins. Über Wirklichkeit und Welterfahrung. Deutsche Verlags-Anstalt, Stuttgart 1985
- Pöppel, Ernst; Edingshaus, A.-L.: Geheimnisvoller Kosmos Gehirn. Verlag C. Bertelsmann, München 1994
- Pöppel, Ernst; Kerner, M. (Hrsg.): Zeit und Mensch. Thouet Verlag, Aachen 1996
- Pöppel, Ernst: Gefühle – der Klebstoff des Denkens. Ein Interview mit Ernst Pöppel. In: Gefühle. der blaue reiter – Journal für Philosophie, Nr. 20. Stuttgart, 2/2004, Seite 70
- Pöppel, Ernst: Der Rahmen: Ein Blick des Gehirns auf unser Ich. Deutscher Taschenbuch Verlag, München 2006
- Pöppel, Ernst: Zum Entscheiden geboren: Hirnforschung für Manager. Hanser Verlag, München 2008
- Pöppel, Ernst; Wagner, Beatrice: Je älter desto besser: Überraschende Erkenntnisse aus der Hirnforschung. Gräfe und Unzer, München 2010

Abbildung: **Ohne Titel**; Michael Dohle, 1990; Fotografie

Andreas Luckner

Aufbruch zum Selbst

Oder: Wie man augenblicklich aus der Zeit aussteigt

Es „lebt der ewig, der in der Gegenwart lebt" – so steht es in Ludwig Wittgensteins *Tractatus* geschrieben; „das Ewige ... ist das Gegenwärtige" können wir schon bei Kierkegaard lesen; und bei Goethe gar finden wir den schlichten wie erstaunlichen Satz: „Der Augenblick ist die Ewigkeit."[1]

Nichts scheint gegensätzlicher zu sein als einerseits Ewigkeit und flüchtiger Augenblick andererseits! Offenbar sollen sich hier Extreme berühren; aber es entsteht – soll man sagen: „augenblicklich"? – die Frage, wie wir denn in eins denken sollen, was sich doch gegenseitig ausschließt.

Zunächst: Was die zitierten Philosophen mit dem Wort „Augenblick" bezeichnen, ist kein datierbarer Zeitpunkt; sie sagen also nicht: Jetzt im Moment oder irgendwann anders ist die Ewigkeit, aber zum Beispiel vorhin war sie noch nicht. Denn das wäre ein unsinniger Satz. Was aber wird dann mit „Augenblick" bezeichnet? Es scheint doch so, dass mit diesem Edelwort die Vorstellung eines Moments in der Zeit verbunden ist, der sich gewissermaßen aus der Kette der Zeit mit ihrer Ordnung des „Früher" und „Später" losreißt. Ein Moment, in dem „auf einmal" alles da ist, worum es jemandem in seinem jeweiligen Handeln und Denken ging – ein Moment des Sieges, ein Moment der Erkenntnis, ein Moment der Gewissheit im Glauben, ein Moment der Erlösung, ein Moment der Macht... „Augenblick" soll offenbar den Moment bezeichnen, in dem wir sozusagen im *Nu* aus der Zeit und ihrem Fortgang aussteigen, weil sich in ihm vollendet, was gewesen ist, und erfüllt, was (mehr oder minder unbestimmt) erwartet wurde. Ein Ereignis also, an dem es kein „nicht mehr" und kein „noch nicht" gibt, eine – so gesehen – *absolute*, aus dem Zeitzusammenhang herausgelöste Präsenz, eine Gegenwart, die alles „Vor" in sich versammelt und kein „Nach" mehr kennt und eben damit „ewig" ist.

Aber – ist das nicht pure Schwärmerei? Man weiß doch, wenn man nur ein wenig nüchtern bleibt, dass solche Ereignisformen, wie sie mit dem Wort „Augenblick" bezeichnet sind – und seien sie noch so hoch über die alltäglichen Ereignisse erhaben – deswegen noch nicht dauerhaft sind. „Verweile doch!" sagt ja gerade der zum Augenblick, der schon sein Verschwinden bemerkt. Mit der „Ewigkeit" des Augenblicks scheint es daher nicht allzu weit her zu sein; nicht umsonst stellt Wittgenstein seinem Satz über die ewige Gegenwart voran, dass „unter Ewigkeit nicht unendliche Zeitdauer, sondern Unzeitlichkeit"[2] verstanden werden muss. Wenn überhaupt, dann steigen wir also aus der Zeit ähnlich aus, wie wir aus einem Fenster nach draußen sehen – das Fenster ist nicht selbst schon draußen! Was aber hat es dann mit der „Ewigkeit" als Unzeitlichkeit auf sich, welche der Augenblick angeblich selber sein oder die er doch zumindest eröffnen soll?

Um diese Frage besser beantworten zu können, ist es hilfreich, generell zwischen zwei Formen des „Augenblicks" zu unterscheiden.[3] Die eine Form möchte ich den *epiphanischen* Augenblick nennen (*epiphanie*: altgriechisch für unmittelbare, plötzliche Erscheinung, zum Beispiel einer Gottheit), wie er beispielhaft etwa in bestimmten ästhetischen Erlebnissen vorkommt oder in Momenten, wo uns ein Licht aufgeht, also in Evidenzerlebnissen im weitesten Sinne (von lateinisch *evidentia*: unmittelbare Einsicht). Die andere Form nenne ich den *existenzialen* Augenblick, wie er uns etwa durch Momente bekannt ist, in denen wir „entscheidende" Weichenstellungen für unseren Lebens(voll)zug vornehmen, etwa die Wahl eines Lebenspartners oder den Entschluss, auszuwandern oder das Einschlagen einer Berufslaufbahn – oder auch deren Abbruch: Denn auch und gerade die „existenziellen" Momente des Scheiterns, der Resignation und Existenzangst, in denen ebenfalls „augenblicklich" der kontinuierliche Verlauf unseres Lebens einen Riss erfährt und unser Handeln gefordert ist, sind Beispiele für den hier gemeinten existenzialen Augenblicksbegriff.

In beiden Fällen bleibt die Bedeutung des „Augenblicks" als einer außergewöhnlichen Zeitform beziehungsweise als Zeitform des Außergewöhnlichen gewahrt – die begriffliche Unterscheidung aber kann uns dabei helfen, besser zu verstehen, was damit gesagt wird, dass der Augenblick beziehungsweise die eigentliche Gegenwart die Ewigkeit sei. Wer den „Augenblick" in einem robusten *existenzialen* und nicht in einem abgehoben *epiphanischen* Sinne versteht, kann der Rede von der Gegenwart als Ewigkeit einen rechten Sinn abgewinnen.

Der epiphanische Augenblick

Das Modell aller epiphanischen Konzeptionen des Augenblicks ist die platonische Ideenschau als dem Gewahrwerden derjenigen reinen, ewigen und unveränderlichen Urbilder, von denen man normalerweise nur Abschattungen erkennen kann. Sicherlich ist es ein faszinierender Gedanke, den Platon in seinem Kampf gegen die relativierende und alles nivellierende Sophistik entdeckt hatte: Im Augenblick der Erkenntnis, in der Schau der Ideen und damit der Repräsentation des

Abbildung rechte Seite:
Past – Present – Future (Die drei Lebensaltersstufen)
Timm Ulrichs, 1970/77;
Fotos: Ferdinand Ullrich, Recklinghausen;
Lithografie: ArtnetworX
www.artnetworx.de

der blaue reiter

Ewigen liegt Befreiung von einem endlich-zeitlichen Standpunkt, wie er uns als Bewohner unseres Alltags mit seinen Gewohnheiten, Routinen und Stereotypen eigen ist. Im Dialog *Symposion* etwa lässt Platon den Sokrates schildern, wie man die Idee der Schönheit, die Schönheit-an-sich, augenblicklich (altgriechisch: *exaiphnes*) erfährt. Die Schönheit blitzt einen nach langem Erkenntnisweg plötzlich an, und sie scheint wie aus einer anderen Sphäre hinein ins Höhlendunkel unseres irdischen Daseins, entstammt also einer Sphäre, die zeitlich nicht in der Weise verfasst ist und sein kann, wie die Welt, in der wir tagtäglich leben. In solchen epiphanischen Augenblickserfahrungen, so scheint es, können wir aus der Zeit und ihrem Immer-So-Weiter herausschauen in eine Welt des Immer-Jetzt-Seins hinein. Das Ewige erscheint in der Zeit im Augenblick, plötzlich, eben im *Nu*; plötzlich ist alles auf einmal da. Natürlich ist das ein verführerischer Gedanke, gerade für diejenigen, die meinen, der Mensch müsse aus seiner Endlichkeit und Zeitlichkeit erlöst werden.

Heute wird nicht mehr so gerne von der Ewigkeit gesprochen, diesem Donnerwort, aber dafür umso lieber vom Augenblick, als der Ewigkeit *light*. Man schaue hierfür nur einmal in die Schlüsselromane der Moderne, etwa in Marcel Prousts *A la Recherche du Temps perdu* (*Auf der Suche nach der verlorenen Zeit*, ab 1913), in James Joyces *Ulysses* (ab 1918), in Thomas Manns *Zauberberg* (1924) oder in Robert Musils *Mann ohne Eigenschaften* (ab 1930): allenthalben wird dort literarisch mit dem Augenblick im Sinne einer Erlösung von der Zeit operiert. Plötzlich findet sich die gesamte verlorene Zeit der Jugend im Duft eines in Tee getauchten französischen Kleinkuchens (des Madeleines), Stephen Dedalus' und Leopold Blooms Leben zerfällt in lauter Momentaufnahmen, in denen der Weltzusammenhang schlagartig durch die aus den tieferen Gründen des Bewusstseins auftauchenden Wort-Assoziationen belichtet wird, Hans Castorp löffelt im „Stehenden Jetzt", dem *nunc stans* des hochalpinen Schwindsuchtsanatoriums mit den anderen Todgeweihten seine „Ewigkeitssuppe", und schließlich steigt Ulrich, der Mann ohne Eigenschaften, immer wieder aus dem trägen Fluss des „Seinesgleichen Geschieht" im Kakanien (Kunstwort Musils für die österreichische „k. und k."-Monarchie) der Vorweltkriegszeit aus, ausgelöst durch verschiedene, mehr oder weniger außergewöhnliche Begebenheiten, anlässlich derer er in einen (augenblicklichen) „anderen Zustand" gerät.[4] Das epiphanische Verständnis des Augenblicks, wie es durch die Protagonisten der genannten Romane an den Tag gelegt wird, steht regelmäßig mit deren Realitätsflucht und Ausstiegsfantasmen in Beziehung; es scheint, dass sich die gesellschaftlich überforderten Individuen mit diesen Augenblicksfantasien ihr Dasein gedanklich erträglich zu machen versuchen, anstatt daran zu gehen, diese Realität zu verändern.

Zumindest bei Musil wird dieser epiphanische Augenblicksgedanke – um nicht zu sagen: diese Augenblicksideologie – selbst noch einmal thematisiert, was uns auch zu einem anderen Verständnis, zu einem anderen Modell des Augenblicks führt. Musil macht schon gleich zu Beginn des Romans, dessen Erzählung an einem „schönen Augusttag des Jahres 1913" ihren Anfang nimmt, deutlich, dass das eine Jahr „Urlaub vom Leben", das Ulrich, der Mann ohne Eigenschaften, genommen hat, mit dem Ausbruch des Ersten Weltkriegs enden wird. Die epiphanischen Augenblicke, wie sie die Hauptfigur des Romans immer wieder erfährt, sucht und reflektiert, können nicht halten, was sie versprechen. Aus ihnen folgt nichts, was zeitlichen Bestand hätte. Ulrich wird in den Krieg ziehen, letztlich wird dies seine Erlösung vom trägen Fluss der Ereignisse sein, wie für viele Intellektuelle dieser Zeit (inklusive Musil). Es wird der Ausbruch des Krieges zugleich die gemeinsame Idee ersetzen, welche die österreichische „Parallelaktion" (eine Vereinigung zur Findung eines passenden „Geburtstagsgeschenks" für den Kaiser), deren Sekretär Ulrich ist, vergeblich suchte. Die Genieblitze müssen den Geschützblitzen das Feld räumen – das ist die bittere Wahrheit, die Musil in seinem Roman in vielen Variationen ausbreitet. Der epiphanische Augenblick der Erscheinung erweist sich als nicht tragfähig für das Ergreifen der eigenen individuellen wie kollektiven

Existenz; zur Identität von Selbst und Welt taugt, wenn überhaupt, allein der existenziale Augenblick der Entscheidung. Umgekehrt und rückblickend auf das schwärmerische Augenblicksdenken: Selbst Kriege brechen nicht aus oder über uns herein, sie werden geführt und beruhen auf Entscheidungen.

Der existenziale Augenblick

Das Grundmodell des existenzialen Augenblicks ist der *kairos*, das heißt die günstige Entscheidungssituation, der Moment, auf den alles ankommt (siehe den Lexikonbeitrag *Kairos* in dieser Ausgabe). Obwohl auch der *kairos* nur ein Moment in der Zeit ist und von daher keine (allzu lange) Dauer besitzt, fällt er aus dem Kontinuum der Zeit heraus; aber dem *kairos* fehlt gerade die wie von außen hereinbrechende Plötzlichkeit, wie sie für den epiphanischen Augenblick so charakteristisch ist. Er ist eher flüchtig, entzieht sich der Präsenz, ja, muss in gewisser, noch zu klärender Weise erst (her-)gestellt werden. Die Griechen der Antike stellten sich den *kairos* als ein göttliches Wesen mit einer Stirnlocke, aber glatt rasiertem Hinterkopf vor: Die günstige Gelegenheit musste man also von vorne „am Schopfe packen", und wer zu spät kam, rutschte an der Glatze des Augenblicksgottes ab. Wer ein Gespür für die günstige Gelegenheit und die Entscheidungserfordernisse besitzt, kann „*augenblicklich* sein für seine Zeit"[5], wie Martin Heidegger schreibt. Heidegger war es dann auch, der wie kein anderer den existenzialen Entscheidungsaugenblick in seiner komplexen Zeitlichkeit analysiert hat; er schließt dabei eng an Kierkegaards Ausführungen zum Augenblick in dessen Schrift *Der Begriff Angst*[6] an, einer Hauptschrift in Bezug auf das existenzial-ethische Augenblicksverständnis.

In *Sein und Zeit*[7] legt Heidegger dar, dass wir in unserem Denken und Handeln notwendigerweise auf unsere (jeweils eigene) Zukunft bezogen sind. Selbst wenn wir unser eigenes Tun in der Gegenwart verstehen wollen, können wir dies immer nur im Lichte der Projekte tun, aus denen die einzelnen Handlungen allererst ihren Sinn und Zweck beziehen. Das umfassendste Projekt unseres Lebens aber ist dieses Leben selbst, das individuelle Leben als Ganzes, dessen vollendete Gestalt wir vorwegnehmen, indem wir uns zu unserem eigenen Nicht-Sein-Können, unserem Tod verhalten. Primär ist uns dieses „Sein zum Ende" in der Grundbefindlichkeit der Angst gegeben, weshalb wir diesbezüglich eine starke Tendenz zum Ausweichen, Verdrängen, Sich-Beruhigen in Bezug auf unseren eigenen Tod haben. Wir können aber unser Leben nur dann in die Hand nehmen, das heißt für unsere Existenz Verantwortung übernehmen, wenn und insofern wir unser Dasein als ein endliches begreifen, also entschlossen uns auf unseren eigenen Tod „entwerfen" und also gewahr werden, dass wir nicht ewig Zeit haben. Solange wir uns vor dieser Verantwortung drücken und uns gewissermaßen alle Optionen offen halten wollen, sind wir nicht richtig „da", existieren nach Heidegger nur auf uneigentliche Weise; wir leben nicht, sondern, wie man heute gerne sagt: wir werden gelebt. Das sieht man deutlich daran, wie sich eine Person, die im uneigentlichen Modus existiert, auf ihre Zukunft bezieht: es handelt sich dabei um ein bloßes *Gewärtigen* dessen, was sich für Möglichkeiten ergeben werden, ein Gewärtigen dessen, was als nächstes zu tun und zu lassen ist. Die eigene Gegenwart ist in diesem Lichte bloßes *Gegenwärtigen* dessen, was sich ergibt und die Vergangenheit ist lediglich eine Sache des Erinnerns als *Behalten* oder aber des *Vergessens*.[8]

Anders verhält es sich dagegen im Existenzmodus der Eigentlichkeit, das heißt wenn sich eine Person dazu entschließt, ihr Leben in der Tat in die Hand zu nehmen. Der Bezug zur eigenen Zukunft ist hierbei nicht länger ein bloßes Gewärtigen, sondern vielmehr ein *Vorlaufen* in den Tod, weniger dramatisch gesprochen: ein Vorlaufen in das Dasein als einem ganzen, endlichen. Aus der Gegenwart wird dadurch der *Augenblick* der Entscheidung; aus dem, was mit einem und der Welt gewesen ist, wird die Möglichkeit der *Wiederholung* und Überlieferung, oder aber auch die Möglichkeit des Brechens mit Traditionen und Verhaltensstereotypen.

Nun darf man sich das nicht so vorstellen, als stünde man jemals vor einer Entscheidung, eigentlich oder uneigentlich zu sein (und könnte dann nehmen, was einem lieber ist). Vielmehr sind wir immer schon an die Welt und ihre Optionen und Schemata verfallen, verhalten uns so, wie *man* sich eben verhält; in bestimmten Momenten aber, eben den sprichwörtlichen Augenblicken, können wir aufwachen und „auf einmal" den Blick auf unser Leben als einem Ganzen gewinnen. Für diese Momente des Seins kann man Aufmerksamkeit entwickeln; eine Person lebt dann „augenblicklich", wenn sie sich darüber im Klaren ist, dass sie sich mit der Authentifizierung beziehungsweise Aneignung einer bestimmten Handlungsweise, sprich: der Wahl eines Lebenswegs – Paradebeispiele hierfür sind Berufs- und Partnerwahl – verendlicht. Diese Wahl, die sogenannte existenzielle Wahl, die schon Kierkegaard beschreibt, ist nicht eine zwischen zwei irgendwie offenstehenden Optionen, sondern sie ist eine, die Entschlusscharakter hat.[9] Entschlüsse für oder gegen etwas fasst man oder lässt es sein. Das Nicht-Fassen eines Entschlusses aber ist eben nicht das Wählen einer Option, sondern, existenzial gesehen, Unentschlossenheit. Unentschlossenheit aber ist eines, wenn nicht *das* Hauptcharakteristikum uneigentlichen Existierens.

Der Augenblick ist die Ewigkeit in der Gegenwart.

Bei diesen berüchtigten „existenziellen Entscheidungen" haben wir es also nicht mit Entscheidungen zwischen Möglichkeiten zu tun, sondern vielmehr mit der das Selbst einer Person allererst konstituierenden Wahl, der Wahl des eigenen Selbst, der Selbstwahl. „Eigentlich existieren" ist so, wie wenn man zu sich kommt beziehungsweise aufwacht – auch da würde man ja nicht sagen, dass man gewählt hätte zwischen Weiterschlafen und Aufwachen. Dieses Selbst nun kann man verfehlen, aber man kann es auch gewinnen, dann nämlich, wenn man seinem Leben in solchen selbstbindenden Entscheidungen eine Form gibt, für die man die Verantwortung übernimmt. Im Augenblick der existenziellen Entscheidung konzentriert sich die eigene Herkunft und die eigene Zukunft derart, dass er als eigentliche Gegenwart aus dem Kontinuum der Zeit, in dem man sich alltäglich bewegt, herausspringt. In einem solchen Augenblick wird einer Person deutlich, dass die verfließende Zeit nichts anderes als ihre Lebenszeit ist, die an sich nicht verfließt oder zerrinnt, sondern zu ihr gehört. Dies ist der Grund, warum wir sagen können, hier, im Augenblick, im *Nu* der eigentlichen Existenz treten wir aus dem bloßen Ablauf der Zeit heraus – und wer mag, kann mit Kierkegaard und Wittgenstein sagen, dass er in der Ewigkeit, nämlich in Souveränität über die Zeit (und damit unzeitlich) lebt. Im Augenblick vollzieht sich der Aufbruch zum eigenen Selbst.

Wir halten fest: Zukunft im Normalbetriebsleben bedeutet Gewärtigen, im Augenblick eigentlichen Existierens dagegen haben wir es mit dem Vorlaufen in das eigene Ende zu tun. Dies gibt es nur in Augenblicken, niemand kann auf Dauer eigentlich existieren, und zwar, wie wir hier sehen können, aus begrifflichen Gründen. In diesem Vorlaufen holen wir unsere eigentlichen Existenzmöglichkeiten wieder aus dem Fluss der Zeit heraus. Der Augenblick, die eigentliche Gegenwart also, ist, so Heidegger, die „in der Entschlossenheit *gehaltene* Entrückung des Daseins".[5] Der Augenblick der Entscheidung ist nicht selbst Teil der Zeit, sondern er *zeitigt*, das heißt aus ihm fließt allererst die Zeit – unsere Lebenszeit nämlich. Der Augenblick ist also nicht etwas, was selbst *in der Zeit* ist, sondern er ist die Zeitlichkeit selbst, deren „Entrückungsformen" oder „Ekstasen" nach Heidegger die Gewesenheit, die Gegenwart und die Zukunft sind. Augenblicklich sein – in der Gegenwart „ewig" leben – hieße dann nicht mehr, aber auch nicht weniger als dies: Für den Moment und immer wieder (mal) unterschreiben können, dass mein Leben herkunftsgeprägt und zukunftsentschlossen hier und jetzt stattfindet und nicht irgendwann anders.

Andreas Luckner ist Professor für Philosophie an der Universität Stuttgart.

Anmerkungen:

1. Wittgenstein, Ludwig: Tractatus logico-philosophicus. Satz 6.4311; Kierkegaard, Sören: Der Begriff der Angst. Caput III, im Voraus zu § 1; Goethe, Johann Wolfgang von: Vermächtnis. Ein spätes Gedicht von 1829
2. Wittgenstein, siehe Anmerkung 1
3. Diese Unterscheidung ist inspiriert von Thomas Wägenbaur bzw. seinem Buch *The Moment. A History, Typology and Theory of the Moment in Philosophy and Literature*. Frankfurt am Main 1993, in dem er eine durchaus ähnliche, allerdings differenziertere Unterscheidung als die hier gewählte vorschlägt.
4. Zum epiphanischen Augenblick in der Literatur vergleiche Bohrer, Karl Heinz: Plötzlichkeit. Zum Augenblick des ästhetischen Scheins. Frankfurt am Main 1981; Hillebrand, Bruno: Ästhetik des Augenblicks. Der Dichter als Überwinder der Zeit – von Goethe bis heute. Göttingen 1999. In Bezug auf Musil weist Hillebrand darauf hin, dass schon der *Törless* von 1906 ein „Buch der Epiphanien" (Seite 91) ist. Auch schon in Hoffmannsthals *Chandos-Brief* von 1902 ist das Thema „Augenblick" in seiner epiphanischen Form präsent.
5. Heidegger, Martin: Sein und Zeit. Seite 385, 338
6. Vergleiche hierzu Kierkegaard, Sören: Der Begriff der Angst, Anfang des dritten Kapitels
7. Vergleiche hierzu Heidegger, Martin: Sein und Zeit, vor allem die §§ 68 ff. Zur Vertiefung hierzu siehe Luckner, Andreas: Martin Heidegger: „Sein und Zeit". Ein einführender Kommentar. Paderborn 2001, Seite 142 ff.
8. „Vergangenheit" ist bei Heidegger der Name nur für die uneigentliche Form dessen, was er umfassender „Gewesenheit" nennt. Die eigentliche Form der Gewesenheit dagegen ist die „Geschichtlichkeit".
9. Näheres hierzu siehe in Luckner, Andreas; Kuhl, Julius: Freies Selbstsein. Authentizität und Regression. Göttingen 2007

Gerhard Seel

Das Erleben des Augenblicks

Warum sind wir so sicher, dass wir das, was wir gerade jetzt erleben, gerade jetzt erleben?

Sie hören einem Kind zu, das auf der Geige die Tonleiter (*Do, Re, Mi, Fa, So, La, Ti, Do*) übt. Sie hören gerade jetzt einen völlig verunglückten Ton an Stelle des erwarteten *Ti*. Sie sind sicher, dass Sie vor diesem falschen Ton ein korrektes *La* und vor dem *La* ein korrektes *So* und vor diesem ein *Fa* gehört haben. Aber davor hat das Kind den verunglückten Ton schon einmal produziert und zwar anstatt des an dritter Stelle erwarteten *Mi*. Sie sind sich ganz sicher, dass Sie jetzt gerade denselben unerträglichen falschen Ton hören und sie befürchten, dass dieser weiter ertönen wird. Aber woher wissen Sie so genau, dass Sie den falschen Ton gerade jetzt hören, und dass Sie das *La* und das *So* und das *Fa* jetzt gerade nicht mehr hören, sondern nur gehört haben? Und woher nehmen Sie die Gewissheit, dass Sie jetzt zum zweiten Mal diesen schrecklichen falschen Ton hören?

„Was sind denn das für Fragen?" wird sich der mit der Philosophie noch nicht so sehr vertraute Leser fragen und selbst der mit philosophischen Fragen vertraute wird sie höchst seltsam finden. Was ist denn daran verwunderlich – Philosophie fängt bekanntlich mit dem Sich-Wundern an –, dass wir immer genau wissen, was wir gerade jetzt erleben und dies ohne Schwierigkeiten, von dem, was wir vorher erlebt haben, und dem, was wir eventuell als nächstes erleben werden, unterscheiden können? Wir leben ja typischerweise „in der Zeit". Das heißt nicht nur, dass wir gerade jetzt leben, vorher gelebt haben und in Zukunft – so das Leben andauert – leben werden, sondern insbesondere auch, dass wir ein Bewusstsein davon haben, dass wir gerade jetzt leben, indem wir gerade jetzt etwas erleben, und vorher gelebt haben, indem wir vorher etwas erlebt haben, und danach leben werden, indem wir etwas Neues erleben werden. Hätten wir dieses Bewusstsein nicht, so würden wir also gar nicht leben. Was ist selbstverständlicher als dies?

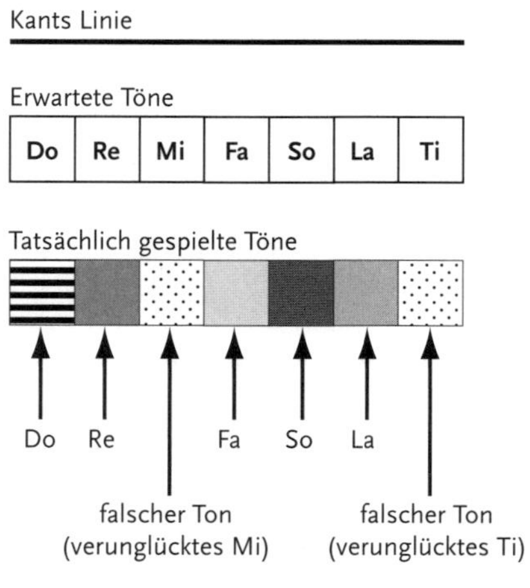

Abbildung 1

der blaue reiter

Aber gerade diese Selbstverständlichkeit *muss* uns verwundern. Wie stellen wir es eigentlich an, dass wir vergangene, gegenwärtige und zukünftige Erlebnisse unterscheiden? Wie kommt es, dass wir das *La* klarerweise für den Ton ansehen, den wir vor dem schrecklichen falschen Ton gehört haben, und nicht etwa umgekehrt, und wie kommt es, dass wir das gegenwärtige Hören des schrecklichen falschen Tons nicht mit dem vergangenen Hörerlebnis verwechseln, in welchem wir diesen Ton schon einmal gehört haben? Was haftet den Hörerlebnissen denn so Charakteristisches an, das sie für unser Bewusstsein zu gegenwärtigen, vergangenen oder zukünftigen Hörerlebnissen macht? Es muss etwas sein, das vorübergeht, wechselt, verschwindet. Denn das gegenwärtige Hören des falschen Tons wird ja hoffentlich bald in die Gruppe derjenigen Erlebnisse wechseln, die wir erlebt haben, und ein anderes Erlebnis – hoffentlich ein angenehmeres – wird an seine Stelle treten.

Der gesunde Menschenverstand wird freilich solche Fragen als Spitzfindigkeiten und Haarspaltereien ansehen und diejenigen Philosophen, die den gesunden Menschenverstand zum Prinzip ihres Philosophierens erhoben haben, werden sich weigern, sie ernst zu nehmen. Gleichwohl ist es Aufgabe der Philosophie, Fragen zu stellen, die der gesunde Menschenverstand sich nie stellen würde, ungesunde, weil radikale Fragen.[1] So hat Immanuel Kant gefragt, wie es kommt, dass wir Häuser und Bäume, also Dinge sehen, während doch auf unserer Netzhaut nur nacheinander und gleichzeitig Lichtrezeptoren gereizt werden. Unser Verstand muss – ohne dass wir diese Arbeit bemerken – aus den Lichtreizen erst Bilder und dann Dinge gemacht haben. Und es ist eine echte philosophische Frage, wie er das anstellt. Genauso selbstverständlich wie unser Sehen von Dingen scheint uns unser Erleben von zeitlich aufeinander folgenden Ereignissen. Wie die Gewissheit, dass wir ein Haus und nicht eine Ansammlung von Lichtpunkten vor uns haben, ist auch das Bewusstsein der zeitlichen Reihenfolge unserer Seh- oder Hörakte etwas, das unser Verstand, ohne dass wir seine Arbeit bemerken, aus dem Seh- und Hörmaterial, das unsere Netzhaut und unser Trommelfell trifft, gemacht haben muss. Wie er das macht, wird vielleicht eines Tages die Hirnforschung aufklären. Aber solange sie dazu noch nicht in der Lage ist, müssen wir wie Kant versuchen, ein Modell zu entwickeln, das zeigt, wie so etwas gehen kann. Das heißt, wir müssen die Instrumente herausfinden, die es dem Verstand erlauben, dies zu leisten. Schauen wir also dem Verstand in die Werkstatt.

Die Werkstatt des Verstands

Wenn man in eine Werkstatt schaut – nehmen wir die eines Schusters – so entdeckt man zweierlei für die Produktion eines Schuhs notwendige Dinge: zum Einen das Material, aus dem der Schuh gemacht wird (Leder, Nägel, Leim ...) und zum Anderen die Werkzeuge, mittels derer der Schuh gemacht wird (Leisten, Hammer, Lichtkugel ...). Diese beiden Arten von Ausstattung dürfen wir auch für die Werkstatt des Verstands erwarten. Aus historischen, aber auch aus sachlichen Gründen empfiehlt es sich, bei unserer Inspektion der Werkstatt des Verstands von der kantischen Theorie auszugehen. Denn seine Theorie vom Zeitbewusstsein hat die ganze nachfolgende Diskussion bis auf unsere Tage geprägt.

Immanuel Kant ist der Auffassung, dass zeitlich geordnet ursprünglich nicht die Töne selbst, sondern die Hörerlebnisse sind. Er meint, dass es für die Erfahrung unserer Erlebnisse, also auch unserer Seh-, Hör- und sogar Denkakte einen eigenen Sinn gebe, den er den „inneren Sinn" nennt. Edmund Husserl und seine Schüler sind ihm darin gefolgt, ohne freilich den Ausdruck „innerer Sinn" zu gebrauchen. Das Material, aus dem unser Bewusstsein von zeitlichen Folgen aufgebaut ist, sind also nach Kant die durch den inneren Sinn uns bewusst gemachten eigenen Erlebnisse. Nun wäre das ganze Unterfangen hoffnungslos, wenn das Gegebene nicht irgendwie aufbewahrt oder abgespeichert würde. Dies muss aber in einer gewissen Ordnung geschehen, die der zeitlichen Reihenfolge entspricht, in der die Erlebnisse aufgetreten sind. Kant meint nun, unsere Erlebnisse würden ganz ursprünglich in einer zeitlichen Ordnung gespeichert und sagt dementsprechend, dass die Zeit die Form des inneren Sinnes sei. Aber das kann nicht so sein. Denn die Zeit ist eine zum Speichern von Daten völlig ungeeignete Form. Man kann sich das am Beispiel des Filmens klarmachen. Hier werden auch die einzelnen Bilder in einer zeitlichen Reihenfolge aufgenommen, aber auf dem Zelluloidstreifen – oder irgendeinem anderen Träger, den man sich vorstellen mag – sind sie räumlich geordnet. Es bedarf dann einer Projektionsmaschine, um aus dieser räumlichen Ordnung wieder eine zeitliche zu machen. Wenn ich sage, dass unsere Erlebnisse in einer räumlichen Ordnung abgespeichert werden müssen, um vom Verstand be- und verarbeitet werden zu können, dann meine ich damit natürlich nicht den äußeren Raum, in welchem sich die äußeren Gegenstände unserer Erlebnisse befinden, sondern einen inneren „Quasi-Raum", in welchem sich uns unsere vergangenen Erlebnisse

Zeitliches muss räumlich gespeichert werden.

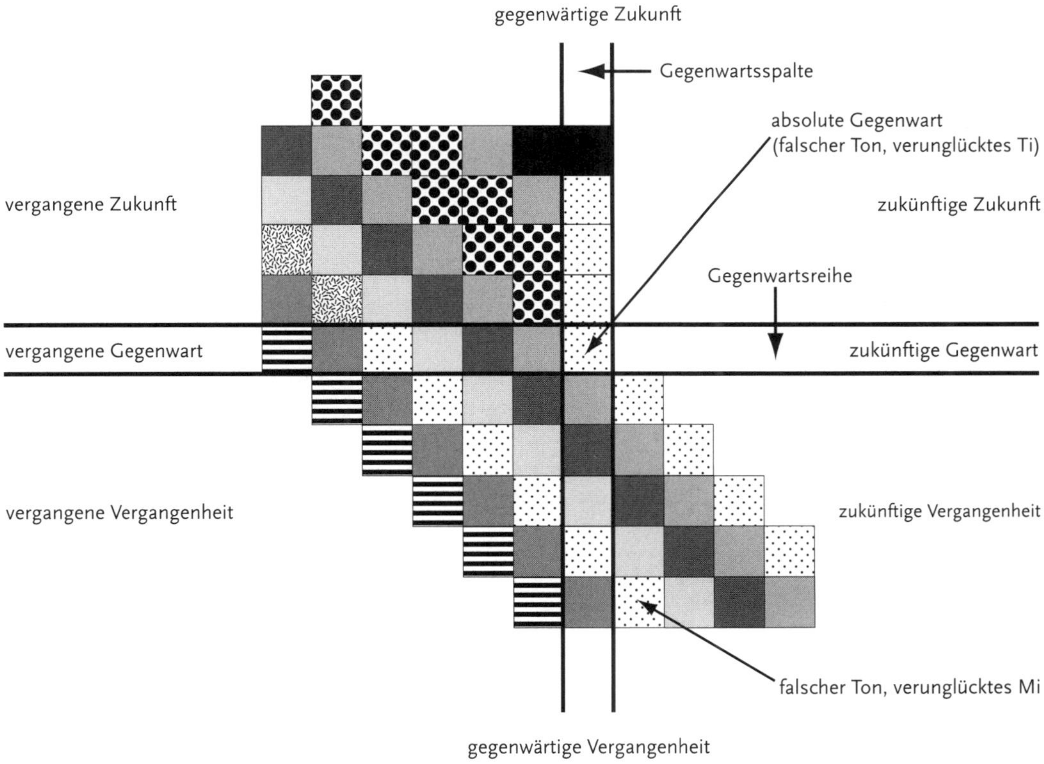

Abbildung 2: Die unterschiedlichen Schraffuren entsprechen den unterschiedlichen Hörerlebnissen gemäß den jeweils gehörten Tönen. Deutlich markiert sind darin die Gegenwartsspalte (gegenwärtige Zukunft – gegenwärtige Vergangenheit) und die Gegenwartsreihe (vergangene Gegenwart – zukünftige Gegenwart). In ihrem Schnittpunkt steht das gegenwärtige Erlebnis (das Hören des falschen Tons) und darüber (in der Gegenwartsspalte) die gegenwärtig erwarteten zukünftigen Erlebnisse (das dreimalige erneute Hören des falschen Tons und danach das Hören des nächsthöheren Do). Die Gegenwartsreihe enthält außer dem absolut gegenwärtigen Erlebnis noch die vergangenen Erlebnisse (das Hören von Do, Re, des falschen Tons, Fa, So, La). Oberhalb finden sich die jeweils damit einhergehenden Protentionen und unterhalb die Retentionen.

gleichzeitig, aber in einer Vorläufer-Nachfolger-Ordnung, also in einer räumlichen Ordnung präsentieren. Nur dies erlaubt es dem Verstand, die gespeicherten Daten – wie Kant sagt – zu „durchlaufen und zusammenzunehmen“.[2]

Aber selbst wenn man, gegen Kant, annimmt, das Ausgangsmaterial für unser Zeitbewusstsein sei quasi-räumlich in einer Vorläufer-Nachfolger-Ordnung gespeichert, ist man noch nicht aus den Problemen heraus. Denn nun stellt sich die Frage, woran der Verstand erkennen können soll, welches Datum auf welches ursprünglich gefolgt ist. Das wird sehr schön an Abbildung 1 deutlich, die der kantischen These von der Eindimensionalität der Zeitordnung entspricht.[3] Woher soll ich wissen, ob die obere Linie der Abbildung von links nach rechts oder von rechts nach links gezogen worden ist? Sie könnte sogar dadurch entstanden sein, dass jemand in der Mitte angefangen und dann abwechselnd nach links und rechts Teilstriche gezogen hat. Entsprechendes gilt für die Abfolge der Töne der Tonleiter und die Abfolge der in Abbildung 1 den Tönen zugeordneten Symbole. Das Fazit, das wir aus dieser Überlegung ziehen müssen, ist, dass eine eindimensionale Anordnung der gespeicherten Daten dem Verstand keine ausreichende Grundlage geben würde, um Bewusstsein von der zeitlichen Folge dieser Daten zu produzieren. Dies nicht gesehen zu haben, ist der zweite Fehler Kants.

Angesichts der aufgezeigten Schwierigkeiten der kantischen Theorie bedeutet die husserlsche einen gewaltigen Fortschritt. Zunächst einmal versucht Husserl, den Vorgang des Speicherns unserer Erlebnisse genauer zu bestimmen.[4] Nehmen wir das Beispiel des Hörens der Tonleiter wieder auf. Das *Fa* verklingt und ich höre jetzt das *So*. Während ich das *So* höre, bin ich mir bewusst, dass ich gerade jetzt das *So* höre. Der Akt, in welchem ich das *Fa* gehört habe, ist vorbei. Aber da ich mir auch dieses Akts bewusst war, während er erfolgte, kann ich ihn im Akt des Hörens des *So* quasi „behalten“ – Husserl spricht von „Retention“. Ich habe also zugleich mit dem Bewusstsein des *So* und dem Bewusstsein des Hörens des *So* ein Bewusstsein des vergangenen Hörens des *Fa*. Alle diese verschiedenen Gegenstände unseres Bewusstseins (Töne und Hörakte) würden eine heillose Verwirrung anrichten, könnten wir nicht einen Teil derselben aus dem Feld unserer Aufmerksamkeit ausblenden. Wir richten unsere Aufmerksamkeit nur auf die Töne selbst, von den Akten des Hörens der Töne haben wir hingegen nur ein begleitendes, unaufmerksames Bewusstsein, so, wie wir oft beim Lesen der Zeitung die Musik, die gleichzeitig im Radio gespielt wird, unaufmerksam mithören, aber eben doch hören, sonst könnten wir später nicht sagen, was gespielt wurde. Husserl nennt das aufmerkende Bewusstsein „setzend“ und das nicht aufmerkende „nicht-setzend“.

Nach Husserls Auffassung steckt also in jedem gegenwärtigen Akt des Selbstbewusstseins der unmittelbar vorangegangene Akt als „behalten“ mit drin und da dies auch bei den vergangenen Akten so war, entsteht ein ganzer „Kometenschweif“ von in nicht-setzender Weise bewusster vergangener Akte. Neben den „behaltenen“ Bewusstseinsakten kennt Husserl auch noch „antizipierte“ (wörtlich: vorweggenommene) Bewusstseinsakte. Während ich das *So* der Tonleiter höre, erwarte ich ja, dass ich als nächstes ein *La* hören werde.

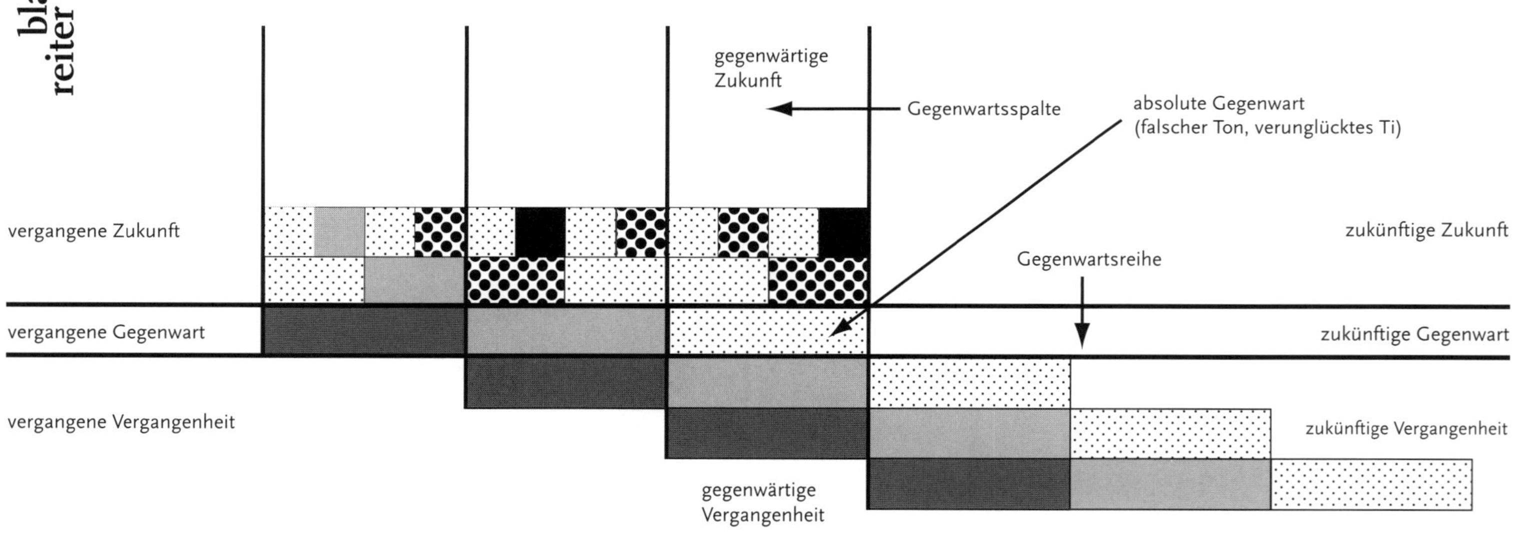

Abbildung 3 unterscheidet sich von Abbildung 2 nur hinsichtlich des linken oberen Felds. Hier befinden sich oberhalb jeder Schraffur – statt nur einer wie in Abbildung 2 – jeweils zwei Schraffuren. Diese geben die alternativen erwarteten zukünftigen Erlebnisse wieder. So erwartete ich, während ich das So hörte, als nächstes entweder ein korrektes La oder aber erneut den falschen Ton zu hören. Weiter stellte ich mir vor, dass, falls das Kind ein korrektes La spielen würde, als nächstes entweder das korrekte Ti oder aber erneut der falsche Ton ertönen würde; falls es aber den falschen Ton spielen würde, als nächstes dann endlich das überfällige La oder aber, dass erneut der falsche Ton ertönen würde. Diese gestaffelten alternativen gedanklichen Vorwegnahmen von Hörerlebnissen mögen sich aus meiner Erfahrung mit den meist verunglückten Tonleiterversuchen des Kindes erklären.

Diese – wiederum nicht-setzenden – Antizipationen von zukünftigen Bewusstseinsakten nennt Husserl „Protentionen“.

In den sogenannten *Bernauer Manuskripten*[5] kommt Husserl darauf, dass wir nicht nur Antizipationen zukünftiger Bewusstseinsakte haben, sondern auch erleben, dass diese Erwartungen erfüllt oder auch enttäuscht werden. Wir erwarten, nach dem *La* als nächstes ein *Ti* zu hören, aber das Kind ist ungeschickt und spielt einen falschen Ton. Unsere Ewartung wird enttäuscht. Aber um eine Enttäuschung zu erleben, muss ich gegenwärtig ein Bewusstsein von meiner vergangenen Erwartung haben und diese mit dem gegenwärtigen Hörerlebnis vergleichen. Es müssen also nicht nur die vergangenen Hörakte, sondern auch die sie begleitenden Retentionen und Protentionen „behalten“ worden sein. Das verkompliziert nun die Anordnung der Daten des Zeitbewusstseins gewaltig. In der Werkstatt des Verstands ist das Material – wie in einem Schrank – horizontal und vertikal geordnet. Wir können die zweidimensionale Anordnung der im Bewusstsein gespeicherten und dem Bewusstsein zu einem bestimmten Zeitpunkt in nicht-setzender Weise gegebenen Hörerlebnisse durch Abbildung 2 wiedergeben. Auch Husserl gibt seine neue Einsicht in mehreren Graphen wieder.[6] Er kommt allerdings zu dem Schluss, dass wir antizipieren können, was wir in Zukunft antizipieren werden. Das ist aber nach meiner Auffassung nicht möglich, und dementsprechend sind in meinen Abbildungen 2 und 3 die Flächen oben rechts leer.

Husserls Graphen geben gut wieder, was beim Hören einer Melodie oder dem Verfolgen eines Sekundenzeigers auf der Uhr geschieht. Hier kann es nur Erfüllen oder Enttäuschen einer Erwartung geben. Betrachte ich aber zum Beispiel ein Fußballspiel, so kann es vorkommen, dass ich zu einem bestimmten Zeitpunkt gespannt bin, ob der Spieler den Ball flankt oder selbst einen Torschuss versucht. Es handelt sich hier also nicht um eine eindeutige Antizipation, sondern um das Bewusstsein alternativer zukünftiger Erlebnisse, von denen aber nur eines eintreten wird. Um diesem Phänomen Rechnung zu tragen, müssen wir unsere grafische Darstellung (Abbildung 2) in einem wesentlichen Punkt ändern. Die antizipierten Erlebnisse müssen in Form von alternativen Qualitäten dargestellt werden, wie in Abbildung 3. Hier finden sich also im linken oberen Feld über jeder Qualität zwei alternative antiziperte Qualitäten – anstatt nur einer wie in Abbildung 2.

Husserl war der Überzeugung, mit der Entdeckung der zweidimensionalen Anordnung der Erlebnisse, derer wir uns in nicht-aufmerksamer Weise bewusst sind, im Prinzip das Rätsel des Zeitbewusstseins gelöst zu haben. Dabei hat er sich aber in die eigene Tasche gelogen. Denn auch wenn die Erlebnisse nun in zwei Dimensionen geordnet sind, so bleibt diese Ordnung gleichwohl eine räumliche Ordnung. Wir haben in den Abbildungen 2 und 3 den verschiedenen Feldern zeitliche Bezeichnungen gegeben. Aber dies haben wir nur getan, um dem Leser das Verständnis der Figuren zu

Aphorismenschneise • Aphorism

Fühllose Seelen erwarten vom Gefühl alles.

Wer seinen Launen die Treue hält,
hat keine Reue zu fürchten.

Unglückliche Menschen kann nur eines trösten:
dass man sie für unglücklich hält.

Die wenigen Gefühle, die mit uns alt werden,
verwirren uns umso stärker.

Die Verzögerung des Endes ist die
betriebsamste Form der Endgültigkeit.

Jürgen Große

erleichtern. Wir müssen uns jedoch klarmachen, dass für das sinnliche Bewusstsein diese zeitlichen Konnotationen zunächst noch gar nicht existieren. Diese werden erst dadurch erzeugt, dass der Verstand die zweidimensional angeordneten gespeicherten Erlebnisse in einer zeitlichen Weise interpretiert.

Die Erkenntnis, dass die Daten unserer zeitlich aufeinanderfolgenden Erlebnisse, um überhaupt dem Verstand zum Zwecke der Bearbeitung zur Verfügung zu stehen, in einer quasi-räumlichen Ordnung – und eben nicht in einer zeitlichen Ordnung – gespeichert sein müssen, stellt die ganze bisherige Denkweise auf den Kopf und ist eine ungeheure Herausfordung an die Philosophie des Zeitbewusstseins. Sie muss erklären, wie der Verstand aus Unzeitlichem, oder sagen wir aus „Protozeitlichem" (von altgriechisch: *protos*, für: erstes, ursprünglich), Zeitliches machen kann oder anders gesagt, wie er aus Daten, die bewegungslos neben- und übereinander stehen, ein Bewusstsein von zeitlichem Fließen erzeugen kann. Diese Aufgabe ist so ungeheuerlich, dass sich ihr die Philosophen noch nie ernsthaft gestellt haben, sei es, weil sie sie für unlösbar, sei es, weil sie sie für unsinnig hielten.

Die Grundidee der Lösung des Problems[7] ist, dass der Verstand in der Lage sein muss, durch Operationen, die ihm eigen sind, die Frage nach der zeitlichen Stelle (Vergangenheit, Gegenwart oder Zukunft) der ihm in quasi-räumlicher Ordnung gegebenen Daten methodisch zu entscheiden. Wir müssen also die Ausstattung der Werkstatt deutlich erweitern. Sie muss nicht nur in einer strengen Ordnung gespeichertes Material, sondern auch Instrumente zur Bearbeitung dieses Materials enthalten. Wir erinnern uns, dass Kant solche Instrumente für das Sehen von Dingen postuliert, er nennt sie „reine Verstandesbegriffe" oder „Kategorien" und er beschreibt, wie sie auf das sinnlich gegebene Material mittels eines Schematismus angewendet werden.[8] Wir werden das gleiche Modell für die Erklärung des Zeitbewusstseins in Ansatz bringen. Die Begriffe des Vergangenen, des Gegenwärtigen und des Zukünftigen müssen reine Verstandesbegriffe im Sinne Kants sein und es muss einen Schematismus geben, der es dem Verstand erlaubt, diese Begriffe auf das gespeicherte Material anzuwenden und auf diese Weise ein untrügliches Bewusstsein von der Zeitlichkeit und dem Fließen dieses Materials zu erzeugen. Dazu braucht er sogar weitere reine Verstandesbegriffe, nämlich die Modalbegriffe (von lateinisch *modus* für: Art und Weise) „möglich", „wirklich", „notwendig" und den Begriff des (empirischen) Ich.

Wie der Verstand das Zeitbewusstsein erzeugt

Das erste, was der Verstand tun muss, ist, das gegebene Material „zu durchlaufen" – wie Kant sagt – und dabei durch Vergleichen und Positionieren der Daten Urteile über ihre qualitativen Unterschiede und ihre zweidimensionale Anordnung zu fällen. Mit anderen Worten, der Verstand muss sich in „Wahrnehmungsurteilen"[9] dessen vergewissern, was in den Abbildungen 2 oder 3 qualitativ und quasi-räumlich vorliegt. Der nächste Schritt besteht darin, Urteile darüber zu fällen, welche räumliche Konstellation von Erlebnisdaten welches Schema erfüllt. In einem letzten Arbeitsgang wird er dann das Datum, welches das Gegenwartsschema erfüllt, als gegenwärtig, die Daten, die das Vergangenheitsschema erfüllen, als vergangen und die Daten, die das Zukunftsschema erfüllen, als zukünftig interpretieren und somit ein objektives Urteil über ihre zeitliche Position und ihr zeitliches Fließen fällen. Aber sehen wir uns dies im Einzelnen an.

Das wichtigste und zugleich schwierigste Problem ist die Bestimmung desjenigen Datums, welches absolut gegenwärtig ist. Es ist dasjenige Erlebnis, das sich auf der Kreuzung der Gegenwartsspalte mit der Gegenwartsreihe befindet (gegenwärtige Gegenwart). Woran erkennt der Verstand diese privilegierte Position? Oder anders gefragt, woran erkennt der Verstand die Gegenwartsreihe und die Gegenwartsspalte?

Es kann ihm in seinen Wahrnehmungsurteilen nicht entgehen, dass unterhalb einer bestimmten Reihe die Daten derselben sich nach rechts diagonal versetzt in strenger Regelmäßigkeit wiederfinden, während dies von den Daten der Reihen oberhalb nicht gilt. Die Daten oberhalb kehren vielmehr auf dieser Reihe und unterhalb von ihr nur unregelmäßig wieder. Dieser Unterschied kennzeichnet das Schema der Gegenwartsreihe. Der Verstand interpretiert die Erlebnisse, die sich auf dieser Reihe befinden, als die vergangenen Erlebnisse, welche Erfüllungen oder Enttäuschungen der jeweils vorangehenden Erwartungen waren, und er interpretiert die unterhalb dieser Reihe stehenden Erlebnisse so, dass das Erlebnis, welches jeweils das nächste rechts unterhalb zu einem auf der Gegenwartsreihe stehenden Erlebnisses ist, die Retention des ersteren ist, sprich das, was zukünftig als vergangen erinnert werden wird. Auf diese Weise ist der Verstand auch in der Lage, die objektive Reihenfolge seiner vergangenen Erlebnisse zu bestimmen. Ein Erlebnis liegt umso weiter in der Vergangenheit, je tiefer es in der Reihe der absolut gegenwärtigen Retentionen steht. Denn das einmal behaltene Erlebnis bleibt ja aufbewahrt, wenn das zugehörige auf der Gegenwartsreihe stehende Erlebnis selbst nach rechts unten rückt. Auf diese Weise erkennt der Verstand auch, dass sich nicht alle vergangenen Protentionen erfüllt haben und dass einmal zurückgehaltene Daten sich nicht mehr verändern können, sondern lediglich weiter in die Vergangenheit absinken. Der Verstand kann sich also, was die Position der Gegenwartsreihe im Datenfeld betrifft, nicht irren. Er kann sich auch mit Bezug auf das absolut gegenwärtige Erlebnis nicht irren, denn dieses muss den Abschluss der Gegenwartsreihe bilden.

Wie bestimmt der Verstand nun die Gegenwartsspalte? Sie ist dadurch charakterisiert, dass es zu keiner der vertikal über der absoluten Gegenwart stehenden Daten ein entsprechendes Datum im rechts von ihr liegenden Feld gibt. Dies ist also als das Charakteristikum der Gegenwartsspalte anzusehen. Es entspricht dem Umstand, dass der Verstand von keiner der Protentionen, die mit dem gegenwärtigen Erlebnis einhergehen, sagen kann, ob sie erfüllt oder enttäuscht werden wird, oder – im anderen Falle – welche der alternativen Erwartungen eintreten wird. Damit geht natürlich die Erwartung der zukünftigen Entscheidung dieser offenen Frage und somit des Weiterfließens der Zeit einher. Der Verstand kann allerdings sicher sein, dass das gegenwärtige Erlebnis behalten werden wird. Dies erklärt zusätzlich, warum unser Verstand sich mit Bezug auf die Frage, was wir gerade jetzt erleben, nicht irren kann. Es gibt nur ein einziges Feld in unserer Erlebnisfläche, dessen Qualität einerseits diagonal nach unten wiederkehrt, zu dem es aber andererseits keine rechts davon stehende Qualität gibt, die mit einer oberhalb stehenden Qualität identisch oder nicht-identisch wäre. Das Erlebnis, das sich in dieser Fläche befindet, muss also das absolut gegenwärtige sein.

Der Verstand interpretiert die zweidimensionale Erlebnisfläche zusätzlich mit Hilfe der Modalbegriffe, die gleichfalls reine Verstandesbegriffe sind. Das gegenwärtige Erlebnis ist dasjenige, das gerade wirklich ist, es ist aber auch notwendig, weil es sich nicht mehr verändern kann. Alle Erlebnisse, die auf der Gegenwartsreihe oder darunter liegen, waren notwendig, sind notwendig, und werden notwendig bleiben. Denn, wenn sie einmal auf der Gegenwartsreihe erscheinen, kehren sie unweigerlich in diagonaler Anordnung auf den darunter stehenden Reihen wieder. Die Erlebnisse oberhalb der Gegenwartsreihe sind hingegen als bloß möglich zu bestimmen. Denn es war in der Vergangenheit offen, ob sie wirklich geworden sein werden, und von anderen ist es in der Gegenwart offen, ob sie wirklich werden.

Zeit ist nicht nur etwas vom Bewusstsein Produziertes.

Aber der Verstand macht noch einen weiteren Interpretationsschritt. Wir wissen ja nicht nur um die Folge unserer Erlebnisse, wir wissen auch, dass sie ganz ursprünglich *unsere* Erlebnisse sind. Der Verstand deutet also die in der typischen zweidimensionalen Anordnung gegebenen Erlebnisdaten als *meine* Erlebnisse und ihre ganze Folge als das Leben der eigenen Person. Dies kann er nur, weil er über einen weiteren reinen Verstandesbegriff, den Begriff des (empirischen) Ich verfügt. Auch in diesem Punkt haben wir also Anlass, über Kant und Husserl hinauszugehen. Ich weiß untrüglich, was ich gerade jetzt erlebe und dass ich es bin, der das erlebt, dank reiner Verstandesbegriffe, die der Verstand mittels eines Schematismus auf die ihm gegebenen Daten des inneren Sinns anwendet. In der Kategorientafel Kants wird man diese reinen Verstandesbegriffe freilich vergeblich suchen.

Um seine Arbeit auszuführen, braucht der Verstand natürlich Zeit. Diese Zeit und das, was in ihr geschieht, wird aber nicht noch einmal bewusst gemacht. Andernfalls würde man in einen infiniten Regress geraten. Das beweist, dass Zeit nicht nur etwas vom Bewusstsein Produziertes ist. Zeit und auch unsere Gegenwart in ihr muss objektiv sein. Das Weltall weist gerade jetzt die Eigenschaften auf, die wir gerade jetzt beobachten können, und nur deshalb sind wir uns dessen bewusst, dass wir sie gerade jetzt beobachten. Wir können also sicher sein, dass der Augenblick, in welchem wir unser gegenwärtiges Erlebnis erleben, auch die Gegenwart der Welt ist.

Gerhard Seel ist emeritierter Professor für Philosophie an der Universität Bern.

Anmerkungen:

1. Vergleiche Seel, Gerhard: Wozu Philosophie? In: Hügli, A.; Chiesa, C.: Was ist Philosophie? Qu'est-ce que la philosophie? Studia Philosophica, Band 66. Schwabe Verlag, Basel 2007, Seite 29–45
2. Kant, Immanuel: Kritik der reinen Vernunft. A 99
3. Kant spricht von der Linie als der „äußerlich figürlichen Vorstellung der Zeit". Kritik der reinen Vernunft. B 154
4. Husserl, Edmund: Vorlesungen zum inneren Zeitbewusstsein. Herausgegeben von Martin Heidegger. In: Jahrbuch für Philosophie und phänomenologische Forschung IX, 1928, Seite 367–498
5. Husserl, Edmund: Die Bernauer Manuskripte über das Zeitbewusstsein. (1917/18), (Hua XXXIII) Herausgegeben von Rudolf Bernet und Dieter Lohmar, Dordrecht 2001
6. Erläuterungen dazu in Seel, Gerhard: Husserls Probleme mit dem Zeitbewusstsein und warum er sie nicht löste. In: Frank, Manfred; Weidtmann, Niels (Hrsg.): Husserl und die Philosophie des Geistes. Suhrkamp 2010, Seite 43–88
7. Vergleiche Seel, Gerhard: Wie ist Bewusstsein von Zeitlichem möglich? In: Grundmann, Thomas u. a. (Hrsg.): Anatomie der Subjektivität. Bewußtsein, Selbstbewußtsein und Selbstgefühl. Suhrkamp 2005, Seite 169–210
8. Nähere Erläuterungen dazu in: Seel, Gerhard: Die Einleitung in die Analytik der Grundsätze, der Schematismus und die obersten Grundsätze. (A 130/B 169 – A 158/B 197). In: Mohr, Georg; Willaschek, Marcus (Hrsg.): Immanuel Kant. Kritik der reinen Vernunft. Akademie Verlag, Berlin 1998, Seite 217–246
9. Vergleiche Kant, Immanuel: Prolegomena zu einer jeden künftigen Metaphysik, die als Wissenschaft wird auftreten können. Gesammelte Schriften, Band IV, AA, Berlin 1911, Seite 298

Abbildung: **Ohne Titel**; Michael Dohle, 1978; Fotografie

Gudrun Kühne-Bertram

Der Augenblick der Existenz

Otto Friedrich Bollnows und Karl Jaspers' Philosophie des Augenblicks

Das menschliche Leben oder, existenzphilosophisch gesprochen, unser Dasein vollzieht sich in der Gegenwart. Im Unterschied zur Vergangenheit und zur Zukunft ist die Gegenwart diejenige Zeit, in der wir wirklich da sind und in der wir denkend, fühlend, wollend und handelnd unser Leben gestalten. Sie ist das „schlechthin Wirkliche" (NL, 102). Die einzelnen Augenblicke, die unsere Gegenwart ausmachen, sind keine isolierten Zeitatome, sondern kleinste inhaltsgefüllte Einheiten unseres Lebens, die untereinander verwoben sind und als Ganzes unsere Lebenszeit ausmachen. Eine herausragende Stellung haben die Augenblicke des Glücks und die „existentiellen Augenblicke".

Vergessen zu können und ganz im Augenblick aufzugehen bedeutet für Friedrich Nietzsche das höchste Glück. Doch eine solche Zeitvergessenheit oder, wie Otto Friedrich Bollnow schreibt, „Zeitenthobenheit des Glücks" ist dem Menschen nur schwer möglich. Im Unterschied zum Tier, das, ohne an Vergangenes oder Zukünftiges zu denken, ganz in der Gegenwart lebt, kann der Mensch nur in seltenen Augenblicken voll und ganz im Jetzt sein. Menschliches Dasein ist für Nietzsche vielmehr ein „ununterbrochenes Gewesensein", ein nie zu vollendendes „Imperfektum" (N, 212). Bollnow bezeichnet dies als eine Wesensbestimmung des menschlichen Lebens. Der Mensch ist ein geschichtliches Wesen. Er hat nicht nur eine Geschichte, sondern er *ist* Geschichte. Sein Gewordensein, das ihm zum Teil nicht bewusst, zum Teil in Form von Erinnerungen in seinem Gedächtnis bewahrt ist, bestimmt sein gegenwärtiges Leben immer mit. Er kann von seiner Vergangenheit nicht absehen. Sie ist in jedem Augenblick seiner Gegenwart enthalten.

Doch der Mensch ist deshalb nicht ein für allemal festgelegt und programmiert. Seine Herkunft, seine soziale Umwelt und so weiter haben ihn zwar geprägt, aber sein Leben ist deshalb nicht schicksalhaft vorherbestimmt. Durch veränderte Umstände zum Beispiel können sich neue, ungeahnte Lebensmöglichkeiten auftun. Diese können aber auch willentlich durch eigenes Engagement und zielstrebiges Handeln geschaffen beziehungsweise ergriffen werden. Denn der Mensch ist auch immer schon auf die Zukunft hin ausgerichtet, indem er zum Beispiel danach strebt, sich Wünsche zu erfüllen, Pläne schmiedet, Projekte ausarbeitet, Hoffnungen hegt, sich gute Vorsätze macht oder bestimmte Lebensziele verfolgt. So vollzieht sich das menschliche Leben zwar aktuell in der Gegenwart, doch diese enthält immer schon den Bezug sowohl zur Vergangenheit als auch zur Zukunft. Dem Menschen kommt daher neben der *Geschichtlichkeit* als zweite wesentliche Bestimmung die *Zeitlichkeit* zu.

Weil der Mensch immer in seiner Vergangenheit verwurzelt ist und immer einen Bezug auf seine Zukunft hat, ist die jeweilige Gegenwart niemals *reine* Jetzt-Zeit. Vergangenes wirkt in ihr nach und Zukünftiges weist gestaltend in sie zurück. Zeit ist im gegenwärtigen Dasein immer bestimmt „durch Bezogenheit auf Zukunft und verwurzelt in Vergangenheit" (vergleiche NL, 106). Die konkrete „gelebte" Zeit des Lebensverlaufs ist, wie Bollnow es ausdrückt, ein „einsinniges" Kontinuum. Unser individuelles Leben, das mit der Geburt beginnt und mit dem Tod endet, erstreckt sich von der Vergangenheit über die Gegenwart in die Zukunft. Während die mathematisch-physikalische Zeit rein quantitativer Natur ist, in beliebige Einheiten aufgeteilt werden kann und, weil sie keine qualitative Bestimmung kennt, beliebig wiederholbar ist (zum Beispiel im physikalischen Experiment), ist unsere Lebenszeit unaufhaltsam fortschreitend. Wir können nicht in unsere Vergangenheit zurückkehren, nicht unser „Lebensexperiment" noch einmal wagen, und wir können auch nicht in eine zukünftige Zeit springen.

Existieren heißt, im vollen Bewusstsein der eigenen Endlichkeit zu leben.

Im alltäglichen Sprachgebrauch bedeutet der Augenblick eine bloße Schnittstelle zwischen Vorher und Nachher, zwischen Vergangenheit und Zukunft, dem selbst keine zeitliche Dauer und Ausdehnung zukommt. Er ist, wie Nietzsche schreibt, „im Husch da, im Husch vorüber, vorher ein Nichts, nachher ein Nichts" (N, 211). Bollnow macht deutlich, dass sowohl im lebens- als auch im existenzphilosophischen Verständnis (siehe Erläuterung) der Augenblick, als Augenblick der inneren erlebten Zeit, „in sich selber eine reiche zeitliche Struktur" hat (E, 226). In ihm sind

Existenzphilosophie
Kennzeichnend für die zum Teil sehr unterschiedlichen unter dem Begriff Existenzphilosophie zusammengefassten philosophischen Richtungen ist die Deutung menschlicher Existenz als letztes, unhintergehbares Sein (zum Beispiel von Søren Kierkegaard, Karl Jaspers, Martin Heidegger und Jean-Paul Sartre). Dieses wird bestimmt durch seine Faktizität, seine Endlichkeit, seine Geschichtlichkeit und seine Freiheit.

Leidenschaft und Gewohnheit überwinden alles.

Den ersten Begierden setzt die Ethik,
den letzten die Ästhetik eine Grenze.

Sinn fürs Lächerliche lässt den Geist reifen
und das Gefühl welken.

Was geliebt wird, verliert oft die Fehler,
die es liebenswert machten.

Unsterblich ist nur die Scham über Schandtaten,
von denen niemand weiter weiß.

Die Weitsicht des Alters beschränkt sich auf die Vergangenheit.

Langeweile verleitet die Jugend zu bösen
und das Alter zu guten Taten.

Jürgen Große

Vergangenheit, Gegenwart und Zukunft immer aufeinander bezogen und miteinander vermittelt. Als „gelebter", „erfüllter" Augenblick bezeichnet er die unmittelbare Wirklichkeit und konkrete Gegenwart unseres *Daseins*; als „existentieller", „hoher" oder „eigentlicher Augenblick" wird er in der Existenzphilosophie verstanden als Ausdruck unseres eigentlichen Seins, unserer *Existenz*. Der existenzielle Augenblick, so formuliert es Jaspers, ist die Erscheinung und der Ausdruck unserer Existenz. Als solcher ist er zeitlich und zeitlos zugleich. Im existenziellen Augenblick berühren sich deshalb, wie Bollnow mit Bezug auf Søren Kierkegaard schreibt, Zeit und Ewigkeit. Denn in ihm drängt der Mensch „die ganze Kraft seines Daseins" zusammen und verleiht damit dem Augenblick einen „absoluten Charakter" (VZ, 33).

Lebensphilosophie
Sammelbezeichnung für philosophische Richtungen, deren Vertreter sich auf das (praktische) „Leben" als umfassendes und sinnstiftendes Grundprinzip berufen, wie zum Beispiel Epikur. Im engeren Sinne eine Richtung der Philosophie Ende des 19. und Anfang des 20. Jahrhunderts, deren Vertreter, wie zum Beispiel Wilhelm Dilthey und Henri Bergson, sich gegen einseitig rationale, mechanistische Seinsbegriffe ebenso wehren wie gegen systematisch nur aus dem Geist beziehungsweise aus Begriffen abgeleitete. Charakteristisch sind die Betonung der Intuition (gegenüber der Verstandeserkenntnis), des Werdens (gegenüber dem statischen Sein) und der ganzheitlichen Sicht des Menschen (gegenüber einer technisch-wissenschaftlichen Perspektive).

Während in der abstrakten Zeit die Gegenwart nur eine Trennlinie markiert, welche die unendlich fließende Zeit teilt, ist in der konkreten Lebenszeit gerade die Gegenwart das Wesentliche. Denn in ihr leben wir faktisch, sie ist das zeitliche Zentrum unseres konkreten Daseins und der uns möglichen eigentlichen Existenz. Die gelebte Gegenwart aber ist kein statischer, gleichbleibender Zustand. Permanent ändert sie sich. Was eben noch gegenwärtig war, wird zu Vergangenem, und was zukünftig war, wird eben schon Gegenwart.

Die Situationen, in denen der Mensch lebt, wechseln ständig, und zwar sowohl die äußeren Situationen, Umgebungen und Lebensumstände als auch die inneren, wie zum Beispiel die körperliche und seelische Verfassung mit einer sich ändernden Gestimmtheit. Immer lebt der Mensch faktisch in einer bestimmten Situation. In jedem Augenblick seines Lebens findet er sich „schon immer in eine Situation gestellt" (E, 184), die er zum geringsten Teil frei wählen und selbst bestimmen kann. Dieser ständige Wechsel der Situationen macht uns, wenn wir uns dessen vergegenwärtigen, die Flüchtigkeit und Vergänglichkeit unseres Lebens bewusst. Er führt uns zum Beispiel vor Augen, dass manches, was war, unwiederbringlich der Vergangenheit angehört.

Die Tatsache, dass wir immer in Situationen sind – indem wir handeln, denken und fühlen, indem wir traurig, verzweifelt oder froh und guten Mutes sind –, ist ein Wesensmerkmal des menschlichen Lebens. Diese prinzipielle Situationsgebundenheit ist unaufhebbar. Dasein ist immer ein Sein in Situationen: Ich kann „niemals aus der Situation heraus, ohne in eine andere einzutreten" (E, 185). Manche Situationen können wir herbeiführen oder verhindern, in andere können wir eingreifen und sie verändern, wir können sie beeinflussen und meistern oder ihnen aus dem Wege gehen. Es gibt aber auch Situationen, in die wir hineingeraten oder denen wir ausgeliefert sind. Denn neben unserem aktiven Handeln wird unser Leben durch Zufälle und Schicksalsschläge bestimmt, auf die wir keinerlei Einfluss haben, wie zum Beispiel den Tod eines geliebten Menschen. Sie erzeugen ein Gefühl der Ohnmacht und machen uns die Schranken unserer Denk- und Handlungsmöglichkeiten schmerzlich bewusst.

Zufall und Tod charakterisiert Jaspers als „Grenzsituationen". Sie bezeichnen keine äußeren zeitlichen Grenzen, sondern es handelt sich bei ihnen um Strukturen, die jedem Dasein zukommen. Diese Gegebenheiten bestimmen und prägen das menschliche Leben im Innersten, weil sie unausweichlich zum Dasein gehören und jederzeit eintreten können. In ihnen erkennt der Mensch die Endlichkeit seines eigenen Wesens. Die „letzte und unbedingte Grenzsituation", in der unser Dasein steht, ist der eigene Tod (E, 219). Er bedeutet nicht einfach das Ende des Lebens, so als würde dessen Faden irgendwann zu einem zukünftigen

Zeitpunkt abgeschnitten werden. Vielmehr wird für den, der die unabänderliche Tatsache, irgendwann sterben zu müssen, nicht beiseite schiebt oder gar verdrängt, sondern sich dessen bewusst ist, dieses Wissen sein Dasein begleiten und sein gegenwärtiges Leben mitbestimmen.

Ein menschliches Dasein, das den Grenzsituationen, wie insbesondere dem Tod, bewusst ins Auge sieht und sie in seine Lebensgestaltung einbezieht, bezeichnen Bollnow und Jaspers als „Existenz". (Diesen Begriff, der in seiner Philosophie zentral ist, übernimmt Jaspers im Jahre 1916 nach eigener Aussage von dem dänischen Denker Søren Kierkegaard, PhA, 127.) Existieren heißt im Unterschied zum bloßen Dasein: um Grenzsituationen wissen und im vollen Bewusstsein der eigenen Endlichkeit zu leben. Darin ist die Aufforderung enthalten, nicht gedankenlos in den Tag hinein zu leben und sich im Alltagsbetrieb zu verlieren, sondern „die Bedrohung des Todes mit voller rückhaltloser Entschiedenheit" auf sich zu nehmen (VZ, 32). Dass der Zeitpunkt unseres Todes aber ungewiss ist, erzeugt Angst. Doch gerade diese Existenzangst, am nächsten Tag, ja in der nächsten Stunde möglicherweise nicht mehr da zu sein, muss angenommen werden. Ist dies der Fall, kann sie zu einer produktiven, gestaltenden Lebenskraft werden. Denn es ergibt sich aus dieser Lebenshaltung die Konsequenz und Forderung, die Realisierung von Plänen, Vorhaben und Wünschen nicht in eine fernere Zukunft zu schieben, sondern vielmehr in der Gegenwart, das heißt in jedem Augenblick bewusst zu leben, ihn sinnvoll gemäß den eigenen Lebenszielen und Wünschen zu gestalten. Die Anerkenntnis des Wissens um den eigenen Tod und das Aushalten der Existenzangst zwingen den Menschen so zu einer „Erfüllung des Augenblicks" und machen ihn frei für die „Aufgaben seiner eigentlichen Existenz" (E, 222 f.). Zugleich wird die Angst vor dem irgendwann eintretenden Tod gemildert, wenn jeder einzelne Augenblick, als ein die Gegenwart mit Sinn erfüllender und sowohl die Vergangenheit als auch die Zukunft umgreifender, bewusst gelebt wird, und zwar so, als könnte es der letzte sein. Menschliches Dasein soll erfüllte Gegenwart sein. Wir dürfen nicht so leben, appelliert Jaspers an uns, „als ob dort, am Ende, Leben und Erfüllung sei, unter Preisgabe der Gegenwart". Wir betrügen uns selbst, „wenn wir leben, als ob es noch käme, das Eigentliche ganz und gar noch bevorstände, oder als ob es schon gewesen wäre" (W, 907). Denn die wahre, erfüllte Wirklichkeit ist nur als „Wirklichkeit des Augenblicks" (NL, 106).

Der Mensch hat nicht nur eine Geschichte, er ist Geschichte.

So ist für Jaspers allein die „Realität des Augenblicks" das unmittelbar Wirkliche (PW, 108). Als bewusst gelebter und gefüllter Augenblick ist er konkret und in sich wertvoll. In Augenblicken vollzieht sich das Leben. „Gegenwart ist der Augenblick." (NL, 113) Dies bedeutet aber nicht, dass das augenblickliche Erleben selbstgenügsam wäre, abgekoppelt von gesetzten Lebenswerten und Zielen. Der Augenblick soll und darf im existenzphilosophischen Verständnis nicht in sich abgeschlossen sein. Als „existentieller" darf er nicht, in epikuräischer Manier oder ästhetisch schwelgender Einstellung, im bloßen Genießen und Nicht-an-Morgen-Denken bestehen.

Vielmehr ist im existenziellen Augenblick immer sowohl der Bezug auf das eigene Gewordensein als auch auf die in die Zukunft gerichteten Möglichkeiten des Menschen enthalten, er selbst zu werden, sein eigentliches Wesen, seine je eigene Existenz zu realisieren. So sind im existenzphilosophischen Verständnis Jaspers' die „eigentlichen" oder „hohen Augenblicke" Höhepunkte in der Selbstwerdung der Existenz. Der existenzielle Augenblick hat damit immer einen die Gegenwart überschreitenden Zug. In ihm wird der Durchbruch in die Sphäre des zeitlosen Seins vollzogen. Er bedeutet eine Verwirklichung des eigentlichen individuellen Seins, das in ihm zu konkretem, gegenwärtigem Ausdruck kommt, denn beim „eigentlichen Augenblick" handelt es sich um „eine letzte Angespanntheit des menschlichen Daseins, in dem sich dieses aus dem Zustand eines bloßen Dahindämmerns und Sich-treiben-lassens herausreißt und seine ganze Kraft in einer einheitlichen Spitze zusammenfasst" (VZ, 32). Die eigene Existenz wird ergriffen und damit konkret und gegenwärtig.

Abbildung: **Ohne Titel**; Michael Dohle, 1978; Fotografie

Die Existenz, das Wesen des menschlichen Daseins, verwirklicht sich so in der Zeit, nämlich in der „geschichtlichen Folge der Augenblicke in ihrem Zueinander“ (PhII, 127). Sie wird realisiert im praktischen Umsetzen von je eigenen Zielen und Zwecken durch entschlossenes Handeln und die Bereitschaft, verantwortlich die Konsequenzen des eigenen Tuns zu tragen. Die „existentielle Wahl“ ist damit nicht die Wahl zwischen mehreren gleichwertigen Möglichkeiten, sondern sie ist mein Entschluss, ich selbst zu sein und in jedem Augenblick mich selbst zu verwirklichen, indem ich gemäß meinem Wesen und getreu meinen Idealen und Zielen lebe. Das Ganze der existenziellen Entscheidungen macht dann die geschichtliche Existenz aus.

Dasein heißt, immer in Situationen befindlich zu sein, in denen sich der Mensch oft treiben lässt oder getrieben wird und in denen er sich leicht verliert. Existenz dagegen bedeutet ein Leben im Wissen darum, in bestimmten unaufhebbaren Gegebenheiten (Grenzsituationen), wie dem Zufall oder dem Bevorstehen des eigenen Todes, leben zu müssen und dieses Wissen in seine Lebensführung und -planung einzubinden. Enthalten ist darin die Aufforderung zu entschlossenem, engagiertem Handeln und authentischem Verhalten. „Authentisch sein heißt sein *In-Situation-sein* voll verwirklichen“ und damit „die Situation und die menschliche Realität zu voller Existenz“ zu bringen, wie Jean-Paul Sartre es formuliert (S, 81f.). Bollnow versucht, diesen „Appell an die im Menschen zu entzündende Existenz“ (EP, 20) auch in der Pädagogik fruchtbar zu machen. In seinem Buch *Existenzphilosophie und Pädagogik. Versuch über unstetige Formen der Erziehung* beschreibt er „existentielle Ereignisse“, wie zum Beispiel die Begegnung, das Wagnis oder die Krise, die zum entschlossenen Selbstsein und zum Ergreifen der je eigenen Existenz aufrufen (was für den Erzieher wie für den zu Erziehenden gilt). Die Behandlung dieser existenziellen Phänomene erschließt nach Meinung Bollnows ein neues Verständnis des Erziehungsgeschehens im Ganzen und komplettiert die pädagogische Theorie.

Dasein ist prinzipiell *mögliche* Existenz. Aber erst durch einen entschlossenen „Sprung“, dem eine reflexive Wendung vorausgeht, *wird* es zur Existenz als eigentliches Selbstsein. Jaspers appelliert daher an uns, diesen Sprung zu tun und das „Wagnis der Existenz“ anzunehmen. Seine Existenzphilosophie will dazu beitragen, dass „der Mensch er selbst werden möchte“ (PhA, 47).

Dr. phil. Gudrun Kühne-Bertram M.A. ist wissenschaftliche Mitarbeiterin in der Dilthey-Forschungsstelle im Institut für Philosophie I der Ruhr-Universität Bochum.

Zur Vertiefung empfohlen:

- Bollnow, Otto Friedrich: Lebensphilosophie und Existenzphilosophie. In: Otto Friedrich Bollnow: Schriften. (siehe: Literatur) Band IV, Würzburg 2009 sowie: Neue Geborgenheit. Das Problem einer Überwindung des Existentialismus. Band V, Würzburg 2011
- Bollnow, Otto Friedrich: Deutsche Existenzphilosophie und französischer Existentialismus. In: Zeitschrift für philosophische Forschung 2/1947, Seite 231–243

Literatur:

- Bollnow, Otto Friedrich: Existenzphilosophie. In: Otto Friedrich Bollnow: Schriften. Studienausgabe in 12 Bänden. Band IV: Lebensphilosophie und Existenzphilosophie. Herausgegeben von Ursula Boelhauve, Gudrun Kühne-Bertram, Hans-Ulrich Lessing, Frithjof Rodi. Würzburg 2009, Seite 135–255 **(E)**
- Bollnow, Otto Friedrich: Existenzphilosophie und Pädagogik. Versuch über unstetige Formen der Erziehung. Stuttgart 1968 (erscheint demnächst in Band VIII der Studienausgabe in 12 Bänden) **(EP)**
- Bollnow, Otto Friedrich: Das Verhältnis zur Zeit. Ein Beitrag zur pädagogischen Anthropologie. Heidelberg 1972 (erscheint demnächst in Band IX der Studienausgabe in 12 Bänden) **(VZ)**
- Jaspers, Karl: Nachlass zur philosophischen Logik. Herausgegeben von Hans Saner und Marc Hänggi. München 1991 **(NL)**
- Jaspers, Karl: Philosophische Autobiographie. München 1977 **(PhA)**
- Jaspers, Karl: Philosophie II: Existenzerhellung. Berlin 1973 **(PhII)**
- Jaspers, Karl: Psychologie der Weltanschauungen. München 1971 **(PW)**
- Jaspers, Karl: Philosophische Logik. Erster Band: Von der Wahrheit. München 1958 **(W)**
- Nietzsche, Friedrich: Unzeitgemäße Betrachtungen. Zweites Stück: Vom Nutzen und Nachteil der Historie für das Leben. In: Werke in drei Bänden. Herausgegeben von Karl Schlechta. Band I, München 1966, Seite 209–285 **(N)**
- Sartre, Jean-Paul: Tagebücher November 1939 – März 1940. Aus dem Französischen von Eva Moldenhauer. Reinbek bei Hamburg 1984 **(S)**

Dieter Mersch

Das „Zischen" des „Realen"

Die unvollendbare Gegenwart

Im Einbruch des Zufalls in die Welt zeigt sich ein nicht einschließbarer Rest, der sich jeglichem menschlichen Zugriff, jeglicher Interpretation und jeglicher Sinnzuschreibung entzieht. Dieser nirgends zu beherbergende Überschuss gibt den Blick frei auf das *Reale*, sprich auf das Ereignis jener Gegenwart, die übrig bleibt, wenn wir alle Interpretationen abziehen.

Eine Erzählung Franz Kafkas aus seinen letzten Lebensjahren 1923/24 führt die trügerische Perfektion der menschlichen Kultur selbst vor. Betitelt ist das Fragment mit *Der Bau.*[1] Der Text, der ursprünglich zwar vollendet wurde, aber insofern ein Torso geblieben ist, als sein Schluss verloren ging, ist verschiedentlich interpretiert worden: Prominent unter anderem von Gilles Deleuze und Félix Guattari in ihrem Buch unter dem Titel *Für eine kleine Literatur,* worin sie zugleich zur Chiffre des kafkaschen Gesamtwerkes avanciert.[2]

Die Kehrseite des Unvollendeten, ja Unvollendbaren ist der Einbruch des Zufälligen, sprich die Kontingenz. Diese bildet die nirgends einzuholende Seite des „Ge-Gebenen", das in seiner Untilgbarkeit, seiner widerständigen Präsenz alle unsere Bemühungen um Abschluss und Ausgleich vereitelt, sodass geradezu vom Glücksfall des verlorengegangenen Schlusses gesprochen werden kann, der auf paradoxe Weise die Unabschließbarkeit der Erzählung vollendet.

Die Erzählung Kafkas handelt dabei von einem nicht näher gekennzeichneten Tier, das sich besonders klug in seinem nahezu perfekten unterirdischen Bau eingerichtet hat, der aus einem großen Burgplatz und einem Gewirr von Gängen besteht, die in die unterschiedlichen Richtungen abzweigen, um sich schließlich in der Endlosigkeit des Erdreichs zu verlieren. Eine Finte lenkt vom eigentlichen Eingang ab, der unentdeckbar mit Moos geschützt ist; zur Seite des inneren Bodens hin erstreckt sich ein Labyrinth aus Wegen und Seitenarmen, einem unübersichtlich verzweigten Wurzelgeflecht gleich, das jeden Feind irritieren und sein Ansinnen aufgeben lassen soll. Tatsächlich gleicht das vermeintlich ideale Bauwerk einem gegen jeden Angriff geborgenen Refugium, ein mit äußerster Präzision geplantes und ausgeführtes Bauwerk, dessen Konstruktion mathematisch exakt alle Eventualitäten bedacht und alle möglichen Ereignisse mit einbezogen zu haben glaubt. Eine vollständige Übersicht und Vermessung des „Lebens", eine Topografie seiner Hindernisse, eine Vorwegnahme seiner hereinbrechenden Zukünftigkeiten und eine Austarierung aller erdenklichen Ausbrüche und Fluchtwege gestatten die Befriedung der Gedanken.[3] Das, was das Tier daher als höchste Vollkommenheit seines Baus empfindet, erweist sich ebenfalls als das, was ihm daran als „das schönste" gilt: „die Stille".[1] Die Ruhe, das Schweigen, das Aufhören der Bewegung ist das Quietiv (von lateinisch *quies* für „Ruhe") der Mühsal des Baumeisters, das heißt das, was den Willen des Baumeisters, in seinen Bemühungen fortzufahren, erlahmen lässt: Ein Versinken ins Ideal sorgloser Kontemplation.

Das Reale ist das Ereignis jener Gegenwart, die übrig bleibt, wenn wir alle Interpretationen abziehen.

Dennoch bleibt der Bewohner, trotz aller Sicherheiten, unruhig. Unablässig antizipiert er gefahrvolle Momente, stellt sich die Verletzlichkeit seines Baus dadurch vor, dass er sich plötzlich, abgeschnitten von seinen Vorräten, zur Flucht genötigt sieht, ohne Ausweg, verurteilt, in seinem eigenen Gehäuse zu verhungern. Er ersinnt darum die verschiedensten fiktiven Lösungen – mal werden die Vorräte getrennt und im Bau verteilt, mal wird deren optimale Verteilung errechnet, dann wieder alle diese Rechnungen verworfen, um erneut zur alten Ordnung zurückzukehren. Ersichtlich zeichnet Kafka das Bild des „menschlichen" Kulturbaus. Gewiss lässt sich die Erzählung mit Blick auf die damalige politische Situation, als Vorwegnahme des Nationalsozialismus und als Reflexion auf die Moderne lesen: „Künder der kommenden Welt", wie Deleuze und Guattari lapidar bemerken.[2] Stattdessen kommt es uns weit eher auf das Schicksal der Idee der *perfectio* an, die, gerade für die europäischen Kulturen, zu allen Zeiten eine besondere Attraktivität besaß und das Innere ihrer Anstrengungen ausmachte. Historisch führte sie zu den unterschiedlichsten Entwürfen, die allesamt *imperfekt* blieben, zum Teil, weil sie nirgends das Ganze, den vollständigen Katalog ihrer Möglichkeiten mit einzubeziehen und das anvisierte „Gebäude" zu schließen vermochten, teils aber auch, weil in ihren Konstruktionen notorisch eines ausblieb: Das, was diese bedingte, ihre Materialität, die Gesamtheit ihrer Konditionen, das *Reale* in seiner Unberechenbarkeit selbst. Wir haben es folglich mit der Untilgbarkeit einer Differenz zu tun, einer, mit Adornos Worten gesprochen, nirgends „aufzuhebenden" oder zu „versöhnenden" Widersprüchlichkeit, deren „Auflösung" zugleich ein erneutes Scheitern enthält. Anders ausgedrückt: Das Absolute ist keine menschliche Figur; sie hat in der Geschichte der Kulturen keinen Platz, und die kafkasche Erzählung ließe sich von dort her als eine

Allegorie (ein Sinnbild) auf die vergebliche Sehnsucht nach einem Haltepunkt, einer Erfüllung lesen, die, scheinbar erreicht, stets wieder revidiert werden muss, um gleichermaßen in Verfehlung, Unzufriedenheit und Kritik zu münden, weil die Kontingenz nicht zu beherbergen ist und das *Reale*, wie es Jacques Lacan in seinen Seminaren ausgedrückt hat, dasjenige bezeichnet, „zu dem wir stets gerufen sind, das sich jedoch entzieht“.[4]

Der „Zischer“

Allerdings begnügt sich Kafka nicht allein mit diesem Bild, das sich – philosophisch – dem durchaus noch traditionell zu nennenden Motiv der Unmöglichkeit einer „wahren“ beziehungsweise vollständigen Repräsentation verdankt. Denn eines Tages gewahrt das Tier, nach einem sehr langen Schlaf, ein „an sich kaum hörbares Zischen“, das es weckt.[1] Es versteht sofort: Es ist das Geräusch des Luftstroms, der sich irgendwo zwischen den Gängen verfängt, ein subtiles Rauschen, das vielleicht immer da war, das nur jetzt, nach einer ungewöhnlichen Schärfung der Sinne, vernehmbar wird. Selbst die Theorien des Immateriellen, die Informationstheorien, kennen die Grundbedingung des „weißen Rauschens“ als den unbestimmten Ton des Kanals selbst, der die Übertragung ebenso grundiert wie austrägt; ähnliches gilt für die Kybernetik (Wissenschaft des Verhaltens komplexer Systeme), etwa für Jay Foresters „World-Model“,[5] das seine Verbindung zur Welt, dort, wo das Netzwerk der Wechselwirkungen mit dem *Realen* verknüpft ist, in „Wolken“ auslaufen lässt, die das Amorphe oder Nichtsignifikante markieren, oder für die Theorien des Technischen, die dasselbe als „Restrisiko“, als Verschmutzung oder Katastrophe kennen. Dennoch wird das Tier bereits im nächsten Moment wieder vom Zweifeln gepackt, ob das, was es hört, nicht doch eine „Ursache“ habe, weil das Geräusch gleichbleibend überall zu hören ist und sich wie Systole und Diastole (Geräusche der Austreibungs- und Erschlaffungsphase des Herzens) rhythmisch wiederholt. Probegrabungen in Richtung des Geräuschs führen zu keinem Resultat, sodass die Hypothese aufgestellt wird, es handele sich um „irgendwelche nichtigen Tiere ..., die die Zeit meiner Abwesenheit (vom Bau) in infamer Weise ausgenützt haben“, um sich auszubreiten und in die an sich perfekte Architektur Spuren des Ruins und der Verwesung einzutragen. Sie sind, so die Feststellung, nicht bösartig; ihnen liege „eine gegen mich gerichtete Absicht fern, sie sind nur mit ihrem Werk beschäftigt“,[1] gleichwohl verrichten sie ganz offensichtlich die Arbeit des Verfalls. Weitere Experimente lassen das Tier von dieser Hypothese wieder abkommen; die Beunruhigung wächst und beginnt paranoide Züge auszubilden: „Ich horche jetzt die Wände des Burgplatzes ab, und wo ich horche, hoch und tief, an den Wänden oder am Boden, an den Eingängen oder im Innern, überall, überall das gleiche ... pausenweise Geräusch.“[1] Bislang kann es nicht überhört worden sein, sodass der Schluss naheliegt, es sei neu – denn, wie es mit scheinbar logischer Spitzfindigkeit weiter heißt, „es würde allen Erfahrungen widersprechen; was ich nie gehört habe, obwohl es immer vorhanden war, kann ich doch nicht plötzlich zu hören anfangen“. Allerdings hat die Logik, wie man weiß, das Vertrackte an sich, dass alle Schlüsse korrekt gezogen sein mögen, das Ganze dennoch absurd und das Produkt einer Einbildung, einer fiktiven Mutmaßung darstellt, die ihre Plausibilität einzig daraus gewinnt, dass ihre Prämissen zusammenzustimmen scheinen – denn die Rationalität kann sich, gerade weil sie allein auf Syntax (Satzlehre) beruht, in ihren eigenen Käfig einmauern, worin sie Opfer ihrer Halluzinationen wird. Mit vermeintlicher Folgerichtigkeit gelangt deshalb das Tier zu der unabweisbaren Konsequenz, dass es sich offenbar doch um ein anderes Tier handeln müsse, „das ich noch nicht kenne“.[1] Aus einem undifferenzierten Rauschen ohne Grund wird ein Subjekt, ein heimtückischer „Störenfried“, der jenem imaginären Feind entspricht, gegen den sich von Anfang an die Konstruiertheit des Baus zur Wehr setzte, um darin vor allem die eigenen Gedanken und Projektionen zu materialisieren. Der vermeintliche Eindringling wird in der Folge nur noch „der Zischer“ genannt werden, der zugleich als großes und feindseliges Tier vorgestellt wird, das die anfängliche Perfektion der Anlage mit einem tödlichen Fatum überzieht. So wird der Erzähler durch das Geräusch – das *Reale*, wie wir sagen können –, das er sich nicht erklären kann, ebenso sehr gejagt wie er selbst versucht, es zu verjagen, um dadurch nur noch eindringlicher in die Unerbittlichkeit seines Wahnsinns hineingezwungen zu werden. Diese Verfolgung ist, wie der Zweifel und die Verzweiflung, untrennbar mit der Logik der Rationalität wie auch der Idealisierung, der Idee der Perfektion verbunden, sodass das Tier zuletzt, wie Deleuze und Guattari treffend beschreiben, „zur Maschine seines Baus" wird und in Raserei verfällt.[2] Entsprechend endet die Erzählung (soweit sie bekannt ist) damit, dass es beschließt, den verbissenen Kampf gegen den Feind bis zum letztendlichen Sieg oder eigenen Untergang anzutreten.

Untilgbarer Rest und Überschuss

Es ist müßig, darüber zu spekulieren, wie Kafka die Geschichte zu ihrem Abschluss gebracht haben könnte, ob das Tier auf der Suche nach seinem fiktiven Feind seinen Bau schließlich selbst zerstört oder, dem Wahnsinn verfallen, sich ruiniert – wie immer man jedoch das Geschehen zu Ende denkt, lässt das Fehlen seines Endes alle Möglichkeiten offen und trägt damit jenen Extremen Rechnung, nach denen die entworfene Paradoxie unweigerlich strebt. Die Totalisierung und das Ideal der *perfectio* misslingen nicht so sehr, weil die menschliche Produktivität und Endlichkeit sie nicht zulässt und die Repräsentation ohne die Repräsentation der Repräsentation, das Symbolische ohne das Metasymbol und die Medien der Konstruktion ohne universelles Medium bleiben, vielmehr beruhen diese strukturell auf etwas, was ihre Erfüllbarkeit auf immer versagt. Im ersten Falle sind wir mit einem sich fortschreibenden Mangel konfrontiert, dem Verlangen nach Identität. Diese unendliche Maschine der Selbstinklusion (hier: Selbstvergewisserung) bringt nurmehr die Überwachung oder Kontrolle sowie die Kontrolle der Überwachung und die Überwachung der Kontrolle hervor, wie sie sich heute in den Exzessen elektronischer Datensammlung abzeichnet. Im zweiten Fall erzeugen die kulturellen Praktiken, deren Kulturtechniken und Darstellungsmittel, ihre eigene Differenz oder Spaltung, die sowenig zu lösen wie aufzuheben ist, weil jede Lösung oder Aufhebung wie auch Praktik ihrer Überwindung oder Befriedung sie nur noch umso intensiver erzeugte und weiter verlängerte.

In Kafkas Erzählung geschieht dies durch den plötzlichen Einbruch einer winzigen Störung, einer scheinbaren Nichtigkeit, die ganz augenscheinlich die Idealität der „Stille" unterbricht und durch das Gebäude selber, seine Materialität und Umgebung, die Art des Baus und sein Verhältnis zur Außenwelt zum Vorschein kommt. Was gibt es Flüchtigeres als einen Luftzug, einen Hauch? Gleichwohl wird er zur *augenblicklichen* Ursache eines nagenden Zweifels, der schließlich „alles" aufsaugt und infrage stellt. Was immer jedoch die Realursache sein mochte – das Faktische interessiert hier nicht und ist bestenfalls Gegenstand der gleichen Spekulation, an der das unglückliche Tier, das wir selbst sind, schließlich zugrunde geht –, entscheidend ist vielmehr, dass wir es mit einer Metapher für jene Momente eines Unabgegoltenen oder Unbeherrschbaren zu tun bekommen, welche den Verfahren der kulturellen Produktion schlechthin eingeschrieben sind, soweit sie auf Bedingungen fußen, über die sie nicht verfügen. Solche Bedingungen – als ihr buchstäblich „Unverfügbares" – bestehen in der Existenz der Mittel, mit denen sie operieren, insbesondere das, was man die Stoffe oder besser: das „Gegebene" nennen könnte, von dem Aristoteles sagt, dass es die Voraussetzung der *techné*, der „Kunst der Hervorbringung" bildet, nicht aber von ihr selbst wieder hervorgebracht werden kann. Zusammen mit der Zeit und dem Vollzug des Anfangs, der den künftigen Linien der Entwicklung ihre Richtungen vorschreibt, tragen sie in die Säulen des „menschlichen Baus" Spuren und Risse einer Imperfektibilität ein, die weniger im Sinne eines Fehlers, eines technisch behebbaren Mangels zu verstehen sind, als vielmehr als ein nicht einschließbarer Rest oder nirgends zu beherbergender Überschuss. Ihre Chiffre ist in Kafkas Erzählung das „Zischen", das Zeugnis gibt von etwas, was eigentlich nicht zu bezeugen ist, weil es immer schon „da" ist und den „Grund" des Gebäudes, gleichsam seine „Bodenbeschaffenheit" ausmacht. Stets präsent, und doch nicht anwesend, erscheint es nur als Einbruch, als Augenblick einer „Unfüglichkeit". Buchstäblich greift es als das Unberechenbare in die Konstruktionspläne, Bauvorhaben und Ziele ein, ohne von ihnen miteinbezogen werden zu können: Mitgängigkeiten, die jeden Versuch ihrer Einbeziehung oder Ausräumung dadurch vereiteln, dass sie sich in jede weitere Bemühung immer schon eingeschrieben haben werden. Konsequent sperren sie sich darum jeglichen Zugriffs. Entsprechend bricht der Bericht Kafkas trotz des verzweifelten Kampfs mit den Worten ab: „Aber alles blieb unverändert."[1]

Das *Reale*, das nicht an seinem „Platz" ist

Die Überlegungen werfen die Frage auf, wie das so markierte *Reale* als Widerständigkeit oder Grenze des Kulturellen näherhin zu charakterisieren ist. Was Lacan auf dunkle Weise mit dem Ausdruck „das Reale" bezeichnet hat, gibt dabei gerade im Unterschied zur „Realität" und den „Objekten" der Wirklichkeit den entscheidenden Wink.[6] Sein Merkmal ist seine durchgängige Negativität. Lacan hat sie mit seiner ihm eigenen Drastik anhand des Freudschen Traums von „Irmas Injektion" kenntlich gemacht: „Es gibt da eine schreckliche Entdeckung, die des Fleisches, das man niemals sieht, den Grund der Dinge, die Kehrseite des Gesichts, des Antlitzes, die Sekreta (das Geheimnis) par excellence, das Fleisch, aus dem alles hervorgeht, aus der tiefsten Tiefe selbst des Geheimnisses, das Fleisch, insofern es leidend ist, insofern es unförmig ist, insofern seine Form durch sich selbst etwas ist, das Angst hervorruft."[6] Körperlich zeigt es sich somit als Wunde, als Schmerz oder Verletzung der Haut, des Weiteren durch Alter, Tod, Ausscheidung oder

Erschöpfung sowie besonders in Fäulnisprozessen, die den Stoff, diese diffuse Ansammlung des Materiellen, in eine begrifflich nicht mehr zu fassende Formlosigkeit verwandeln. Darüber hinaus wären alle Phänomene von Verfall, des Übrigbleibenden oder Nichtabbaubaren anzuführen, wie sie sich bei Katastrophen melden oder anhand der nicht zu bewältigenden Abfall- und Abraumberge, gewissermaßen das Verdrängte der technisch-ökonomischen Kultur, die sich als nicht zu heilende Einschnitte in der Natur oder Unorte offenbaren und deren Unheilsboten sich gleich Wiedergängern in regelmäßigen Abständen ankündigen. Unerwartet tauchen sie auf, um ihre Anwesenheit sofort wieder durchzustreichen, wie Schatten, die da sind, aber sich nicht auffinden lassen. Doch ist ihnen auf keine Weise zu entgehen, denn es gibt keine Arbeit ohne Verbrauch, keine Materialität ohne Untergang, keinen Diskurs ohne das Nichteinholbare oder Undarstellbare, keine Technik ohne Versagen sowie kein Denken ohne die Widersetzlichkeit der Dinge. Wiewohl in ihrer Veranschaulichung ausschließlich negativ, ja sogar „unheimlich", sind sie in ihrer Erscheinung dennoch nicht negierbar – und es ist diese eigentümliche Duplizität eines nicht negierbaren Negativen, wie sie Kafka im kaum vernehmlichen „Zischen" des Baus dramatisiert, die hier von Interesse ist und dem nahekommt, was man jenseits der Gegenstände der Wirklichkeit den „Augenblick des Realen" nennen könnte. Der von Martin Heidegger geborgte Ausdruck der „Augen-blicklichkeit" markiert dabei in seiner Spaltung, gleichsam als Abstand zwischen zwei Blicken, die Erfahrung einer Differenz. Sie ist konstitutiv für das, was sich als „negative Präsenz" apostrophieren lässt.

Das Reale *ist unberechenbar.*

Nach Lacan verweigert allerdings das Reale, wie das Monströse, jegliche Lokalität. Insbesondere wird es im *Seminar XI* als dasjenige bezeichnet, „zu dem wir stets gerufen sind, das sich jedoch entzieht". Weiter heißt es: „Das Reale ist jenseits ... der Wiederkehr, des Wiedererscheinens, des Insistierens der Zeichen ... (Es) liegt hinter dem Automaton", dem „Netz der Signifikanten", dem die *Tyche*, der „Zu-Fall" oder Augenblick als Einbruch oder „Begegnung mit dem Realen" entgegensteht.[4] Nirgends anders als durch eine Signifikation erfahrbar, bleibt es dennoch ein Heteronomes: Ausdrücklich unterscheidet Lacan das *Reale* von einer Substanz, welche lediglich den Platz bezeichnet, den „der Mensch ... dem Realen gegeben hat", nämlich als etwas, „das man immer am selben Platz wieder findet, ob man nicht dagewesen ist oder ob man dagewesen ist".[6] Dass das *Reale* sich „immer am selben Platz" befindet, dass man es „wie gerufen wiederfindet",[6] legt seine Bestimmtheit als Kontinuität, als Dauer, als Identität nahe, mithin auch als etwas, das feststeht und sich stets treu bleibt – jene klassischen Eigenschaften, welche die Metaphysik seit Aristoteles dem „Sein" zuschreibt, um es den Wissenschaften zu unterziehen und ihm seine Gesetze und Geheimnisse zu entlocken: denn „(v)on jeher hat der Mensch das Reale und das Spiel der Symbole miteinander zu verbinden gesucht".[6] Dann jedoch bekommen wir es ausschließlich mit einem Realen als Realen zu tun, welches durch das „als" gedoppelt und mit einem Rahmen versehen ist, um ihm einen Sinn zu erteilen, „wir (haben) kein anderes Mittel ... dieses Reale aufzufassen ... als durch Vermittlung des Symbolischen".[6]

Das Reale *entzieht sich.*

Und dennoch fällt es nicht mit ihm zusammen, es ist vielmehr stets „anders-als" das Symbolische sowie „anderes" als das „als" überhaupt: „(Es) ist absolut ohne Riss."[6] Das bedeutet auch, dass es „immer an der Grenze unserer begrifflichen Ausarbeitungen liegt, etwas, an das man immer denkt, von dem mitunter die Rede ist und das wir eigentlich nicht erfassen können, und das gleichwohl da ist, vergessen Sie nicht – ich spreche Ihnen vom Symbolischen, vom Imaginären, aber da ist auch noch das Reale."[6] Das lässt sich auch so ausdrücken: Das *Reale* bezeichnet nichts, dem wir auf eine positive Weise ein „Sein" oder eine „Bestimmung" abgewinnen können; vielmehr erweist es sich als das Ereignis jener Gegenwart, die übrig bleibt, wenn wir alle Interpretationen subtrahiert haben – die, anders ausgedrückt, immer schon und immer noch „da" ist als etwas Nichtabziehbares, die aber allein aufzutauchen vermag, wo eine Differenz, eine „Ruptur" geschieht. Sie markiert die Plötzlichkeit einer Existenzerfahrung. Ausdrücklich vermerkt Lacan: „Dass da ein Reales ist, ist über jeden Zweifel erhaben";[4] und weiter: „Eben da ist das Reale, das mehr als alles andere unsere Aktivitäten regiert."[4]

Dieter Mersch ist Professor für Medientheorie und Medienwissenschaften an der Universität Potsdam.

Anmerkungen:

1. Kafka, Franz: Der Bau. In: Kafka, Franz: Gesammelte Erzählungen. Frankfurt am Main 1970, Seite 359–388, 361, 374, 376, 378, 378, 388
2. Deleuze, Gilles; Guattari, Félix: Kafka. Für eine kleine Literatur. Frankfurt am Main 1976 (insbesondere die Seiten 7, 11, 20, 53, 57, 63), Seite 58, 13
3. Nach Deleuze und Guattari geht es Kafka nicht um Freiheit, sondern überhaupt um die Suche nach „Auswegen" und „Fluchtlinien", vergleiche Seite 49f. (siehe Anmerkung 2)
4. Lacan, Jacques: Das Seminar Buch XI. Die vier Grundbegriffe der Psychoanalyse. Weinheim/Berlin 1996, 4. Auflage, Seite 66, 58–60 und weitere, 195 (Hervorhebung von mir)
5. Vergleiche Forrester, Jay: Der teuflische Regelkreis. Stuttgart 1972, Seite 15ff.
6. Besonders Lacan, Jacques: Das Seminar Buch II. Das Ich in der Theorie Freuds und in der Technik der Psychoanalyse. Weinheim/Berlin 1991, Seite 123ff., 199f., 376, 377, 381, 128, 128, 127

Ryosuke Ohashi

Der erfüllte Augenblick

Die Zeitlehre des Zen-Meisters Dôgen

In der allgemeinen Zeitvorstellung ist der Augenblick als das Jetzt ein kurzer Abschnitt, im Extremfall ein Punkt, auf einem ansonsten als Gerade darstellbaren, gleichmäßig verlaufenden, unendlichen Zeitstrahl. Das unwiderrufliche Vergehen der Zeit, die Erfahrung der Zeitlichkeit, sollte aber in einem wahren „Hier und Jetzt", im *erfüllten* Augenblick, begriffen werden. „Beisichsein" im Sinne von Selbstgegenwart und „Außersichsein" als ein „Hingegebensein" an das Seiende sind keine Gegensätze, Zeit und Sein nichts voneinander Verschiedenes.

Was die Zeit ist, scheint uns irgendwie bekannt. Was uns aber bekannt ist, ist nicht immer auch erkannt. Eihei Dôgen Kigen Zenji, Begründer des sogenannten Sôtô-Zen (1200–1253, siehe Erläuterung), schreibt in seinem Buch *Sein-Zeit*: „Weil die Spuren von Vergehen und Herkommen der ... Tageszeiten offenbar sind, bezweifelt man sie nicht. Obgleich man nicht daran zweifelt, werden die Tageszeiten dennoch nicht gewusst." Sofort fühlt man sich an Augustinus erinnert, der bezüglich der Zeit in seinen *Confessiones* genau dieselbe Verlegenheit ausspricht: „Wenn niemand mich danach fragt, weiß ich es; wenn ich es einem Fragenden erklären will, weiß ich es nicht."[1]

Das Konkrete muss erst *begriffen* werden, um von der Form der Vorstellung befreit zu werden. Für Georg Wilhelm Friedrich Hegel gilt nur das als konkret, was in Form des Begriffs begriffen wird. Der Begriff im Hegelschen Sinne ist immer das konkrete Allgemeine, und nur dieses ist in der Wirklichkeit da (siehe Erläuterung). Bei Dôgen verhält es sich aber etwas anders als bei Hegel. Für Dôgen ist das letztgültige Element des Innewerdens einer Sache nicht das begriffliche „Denken", sondern das „Leib-Herz", wie die direkte Übersetzung des chinesischen Worts *shin-jin* ins Deutsche lautet, das heißt eine bestimmte Form der Übungspraxis (siehe Erläuterung). Schließlich besteht seine Schrift *Shôbôgenzô*, ein Grundtext des japanischen Buddhismus, zu einem großen Teil aus praktischen Anweisungen zur Übung, die den theoretischen Erörterungen keinesfalls untergeordnet sind. Dass Philosophie als Lebenslehre jedoch durchaus komplexe theoretische Fundamente einschließen kann, wird gerade bei Dôgen besonders deutlich.

Den Unterschied zwischen dem Leib-Herz und dem begrifflichen Denken verdeutlicht das folgende Zitat aus dem *Shôbôgenzô*: „Den Buddha-Weg erlernen heißt, sich selbst erlernen. Sich selbst erlernen heißt, sich selbst vergessen. Sich selbst vergessen heißt, durch die zehntausend *dharma* (siehe Erläuterung) erwiesen werden. Durch die zehntausend *dharma* erwiesen werden heißt, Leib-Herz meiner selbst sowie Leib-Herz des Anderen abfallen zu lassen."

Den Buddha-Weg erlernen würde heißen, diesen Weg nicht in der Weise zu gehen, dass er am Ende im Wissen des Geistes um sich selbst beziehungsweise dem „absoluten" Wissen begriffen wird. Dôgen zufolge soll am Ende des Weges auch das im Denken Begriffene vergessen werden, was in der Weise des Abfallens und Lassens des „Leib-Herzens" geschieht. Den Buddha-Weg zu erlernen zielt also auf die Einübung einer Selbstgegenwart im „Leib-Herz", die zugleich auf schwierig zu verstehende Weise mit einem Selbstvergessen verbunden ist: das heißt der Weg des Buddha zielt auf eine Verschränkung von Dasein und Zeit, Beisichsein und Sichverlieren im Strom der Zeitmomente.

Sein und Zeit

Der originale Titel des *Shôbôgenzô*, *uji*, besteht aus zwei Schriftzeichen: *u* und *ji*. Das Wort *u* steht für das Sein, und *ji* steht für die Zeit. *U-ji* bedeutet deshalb Sein-Zeit. Dôgen benutzt diesen Ausdruck in diesem substantivischen Sinne. Aber der Ausdruck bedeutet im Chinesischen (Dôgen glaubte auf seiner Chinareise die ursprüngliche Buddha-Lehre gefunden zu haben) eigentlich „zu einer Zeit". Die ersten drei Sätze im Buch *U-ji* können also auf zwei unterschiedliche Weisen übersetzt werden. Nach der Leseweise Dôgens lauten sie:

> „Ein alter Buddha sagt:
> Sein-Zeit (besagt): Auf dem hohen, hohen Berggipfel stehen,
> Sein-Zeit (besagt): Auf dem tiefen, tiefen Meeresgrund gehen."

Aber nach der Redewendung des genannten alten Buddha, das heißt des Zen-Meisters Yakusan im 8. Jahrhundert in China, sollten die Sätze lauten:

Dôgen Kigen Zenji (1200–1253) war der erste Abt des Zen-Buddhismus Klosters Eihei-ji, und gilt als Gründer der sogenannnten japanischen Sôtô-Sekte des Zen. Dôgen selber betrachtete sich jedoch nicht als „Gründer" einer neuen Sekte, sondern verstand sich als Erneuerer der ursprünglichen, authentischen Buddha-Lehre.

der blaue reiter

> „Ein alter Buddha (Yakusan) sagt:
> Zu einer Zeit stehe ich auf dem hohen, hohen Berggipfel,
> zu einer Zeit gehe ich auf dem tiefen, tiefen Meeresgrund."

Yakusan drückt ein Erwachen aus, das zu „einer Zeit" so ist, als würde er durch die harte Übungspraxis auf einem so hohen Berggipfel stehen, dass niemand ihn sehen noch erreichen kann. Aber zu einer anderen Zeit geht er zusammen mit zehntausend Lebewesen in der Welt, die mit dem tiefen Meeresgrund gleichgesetzt wird, da dort allerlei Lebewesen inmitten unaufgeklärter Dunkelheit leben. Im Buddhismus ist der tiefe Meeresgrund eine oft benutzte Metapher der Lebenswelt mit all ihren Qualen und Begierden. Auf dem tiefen Meeresgrund gehen heißt, diese Lebewesen nicht von oben her, sondern durchs Mitleben und Mitleid erretten. Dôgen, der in China seine Übung bei einem Meister fortsetzte und zum „Erwachen" kam, konnte Chinesisch lesen, schreiben und sprechen. Er kannte deshalb die gewöhnliche Wendung des Wortes *uji*. Aber er trennte den Ausdruck ganz bewusst in zwei Teile, *u* und *ji*. Dadurch kommt die sonst verborgene Bedeutung der Wendung „zu einer Zeit" in den Vordergrund. Denn, wenn man sagt „zu einer Zeit", ist zu der gemeinten Zeit jemand da, der etwas sieht, erlebt und durchführt. Sein und Zeit von ihm sowie Sein und Zeit von diesem Etwas werden je und je miterschlossen. Zu jeder Zeit *ist* Sein-Zeit von mir und den Dingen je und je da, wobei die gemeinte Sein-Zeit noch vor jedem Subjekt-Objekt-Zusammenhang liegt. „Zu einer Zeit" stehen die Sein-Zeit von mir und die der Dinge „in eins". Im Weiteren heißt es bei Dôgen:

> „Zu einer Zeit (Sein-Zeit besagt:) Der dreiköpfig-achtarmige Wächtergott,
> zu einer Zeit (Sein-Zeit besagt:) Der bald sechzehn Fuß und bald acht Fuß große Buddha.
> Zu einer Zeit (Sein-Zeit besagt): Stab und Wedel,
> zu einer Zeit (Sein-Zeit besagt): Pfeiler und Gartenlaterne.
> Zu einer Zeit (Sein-Zeit besagt): Hinz und Kunz,
> zu einer Zeit (Sein-Zeit besagt:) große Erde und leerer Himmel."

Da Dôgen die Sein-Zeit auch als „meine" Sein-Zeit bezeichnet, und den Sachverhalt betont, „dass ich selbst Zeit bin", bedeuten „Sein-Zeit" bei Dôgen und „Zu einer Zeit" bei Yakusan dasselbe. Entsprechend kann „Zu einer Zeit (Sein-Zeit besagt)" auch übertragen werden als „Ich bin zu einer Zeit", also:

> Ich bin zu einer Zeit: Der dreiköpfig-achtarmige Wächtergott, ...

Ich und die Dinge sind je und je in eins. Dabei kommt es allerdings darauf an, diesem „in eins" etwas nachzudenken. Denn die Dinge werden uns zumeist als Objekte beziehungsweise als Gegenstände wirklich, die uns gegenüberstehen. Wir sind zumeist selbstbewusst

Aphorismenschneise • Aphorismen

Das Ende einer Leidenschaft ist
leichter zu erkennen als ihr Ziel.

Der Schmerz über einen Verlust ist uns meist treuer,
als es das Verlorene selbst war.

Wenn man im Leben nichts mehr fürchtet,
beginnt man das Leben selbst zu fürchten.

Das Bedauern, das wir nie zu zeigen wagen,
ist das Bedauern über das, was wir sind.

Im gelingenden Leben scheitert man erst nach dem Tod.

Alles nutzt sich ab, sogar der Überdruss.

Jürgen Große

Buddhistische Übungspraxis – *dharma* – Leib-Herz

Die buddhistische Lehre ist keine Theorie, sondern eine Anweisung zur richtigen Lebensweise, deren „Sinn" sich nur dann erweisen kann, wenn sie praktiziert wird. Für den Buddhismus allgemein gilt: Jedes Lebewesen ist einem Kreislauf von Geburt und Wiedergeburt unterworfen. Ziel ist es, durch ethisches Verhalten, die Kultivierung der Tugenden, die Praxis der „Versenkung" (=Meditation) und die Entwicklung von Mitgefühl und Weisheit aus diesem Kreislauf herauszutreten. Auf diesem Weg sollen Leid und Unvollkommenheit überwunden und durch Einsicht (Erwachen) der Zustand des Nirwana als „des Leidens Ende in der Wirklichkeit" realisiert werden. Die Methode der **„Übung"** ist je nach Sekte unterschiedlich. Im Zen-Buddhismus ist die Sitz-Übung *zazen*, dem vollkommen entspannten Sitzen in Versunkenheit auf einem Kissen, grundlegend. Die Beine werden ineinander geschlagen, der Rücken ist gerade, die Hände werden ineinander gelegt, wobei sich die Daumenspitzen leicht berühren, die Augen bleiben halb geöffnet, der Blick entspannt ohne Umherschweifen zum Boden gesenkt. Ein anderer, ebenso wichtiger Teil der Zen-Praxis ist die Konzentration auf den Alltag. Man konzentriert sich vollkommen auf die Aktivität, die man im jeweiligen Augenblick ausübt. Beide Übungen sollen den Geist beruhigen beziehungsweise die „Gedankenflut", welche einen durchgehend überkommt, eindämmen. Alle anderen Tätigkeiten im Alltag werden als die Entäußerung des Zustands dieses *zazen* angesehen. ***Dharma*** meint ganz allgemein die Lehren des Buddha, das von Buddha (Sanskrit, wörtlich: Erwachter) erkannte und verkündete Daseingesetz, und, je nach „Schule" auch deren Interpretationen durch spätere Meister. Das *Dharma* bildet eines der „Drei Juwelen", der sogenannten Zufluchtsobjekte der praktizierenden Buddhisten: der Lehrer (Buddha), die Lehre (*dharma*) und die Gemeinschaft der Mönche (*Sangha*). Mit der Metapher **Leib-Herz** ist vereinfacht ausgedrückt das körperliche Bewusstmachen, sprich das Erspüren einer Sache beziehungsweise eines Sachverhalts mit Körper und Seele zugleich gemeint.

Abbildung:
Saturn verschlingt seinen Sohn
Francisco Goya, 1823;
Öl auf Leinwand,
83 x 146 cm

und beurteilen als Subjekte Objekte, die von uns getrennt und uns deshalb äußerlich sind. Zu welcher Zeit bin ich in eins mit den Dingen wie Buddha und Statue, Stab und Wedel, Pfeiler und Gartenlaterne? Wann befinde ich mich in der Seinsweise, in der ich der und der Andere beziehungsweise große Erde und leerer Himmel bin?

Die Antwort auf diese Fragen kann nicht gegeben werden, bis geklärt ist, was das Sein und was die Zeit ist. Dôgen behandelt dies nicht allgemein. Das Sein und die Zeit werden immer nur an dem konkret Gegebenen gesehen als die jeweilige Gestalt der Sein-Zeit. Dies erinnert an die philosophische Annährungsweise von Aristoteles und Kant. Aristoteles beobachtet die Zeit an den innerzeitlichen Dingen und deren Bewegung. Kant fasst die Zeit als die apriorische (das heißt unter Absehung von der Erfahrung) und reine Form der Sinnlichkeit auf, die in jedem innerweltlichen und innerzeitlichen Phänomen festzustellen ist. Jedoch ist die Ansicht Dôgens auch von der aristotelischen und kantschen zu unterscheiden, wenn er fortfährt: „Das genannte Zu-einer-Zeit (die genannte Sein-Zeit) besagt: Zeit ist schon ein Sein, alles Sein ist Zeit, dieser sechzehn Fuß große Goldleib (der Buddha-Statue) ist Zeit, und weil er Zeit ist, kommen ihm Herrlichkeit und Glanz der Zeiten zu. Dies ist anhand der gegenwärtigen zwölf Tageszeiten zu üben und zu erlernen. Der dreiköpfig-achtarmige Wächtergott hier ist Zeit – weil er Zeit ist, muss er in eins sein mit der Weise der gegenwärtigen zwölf Tageszeiten."

Es geht ihm nicht darum, anhand der innerzeitlichen Dinge die Zeit selbst zu beobachten, sondern darum, einzusehen, dass diese Dinge selbst Zeit sind. Zeit ist schon ein Sein, und alles Sein ist Zeit. Jedes, was ist, ist in eins mit der gegenwärtigen Tageszeit, die eine der zwölf Tageszeiten, das heißt der zwölf Zeitzonen eines Tages ist. Diese werden nach den zwölf Zeichen des Tierkreises bezeichnet: Steinbock, Schütze, Skorpion, Waage, Jungfrau, Löwe, Krebs, Zwilling, Stier, Widder, Fisch und Wassermann. Diese Zeichen zeigen an sich schon, dass die Zeit mit konkreten Bildern verbunden wird. Aber Dôgen will die Zeit nicht mit objektiv beobachtbaren Bildern darstellen. Die Zeit bleibt dunkel, solange man sich die Zeit bloß mit Sinnbildern vorstellt. Deshalb heißt es im Anschluss: „Obwohl Länge und Ferne, Kürze und Nähe der zwölf Tageszeiten noch nie gemessen wurden, nennt man sie dennoch die zwölf Tageszeiten. Weil die Spuren von Vergehen und Herkommen der zwölf Tageszeiten offenbar sind, bezweifelt man sie nicht. Obgleich man nicht daran zweifelt, werden die Tageszeiten dennoch nicht gewusst."

In der Geschichte der philosophischen Argumentation zur Frage nach der Zeit in Europa findet man, wie bereits eingangs angedeutet, ein Wort, das ganz parallel zu dieser Stelle steht. Augustinus meditierte über die Frage, was die Zeit sei. Am Ende fand er, dass die Vergangenheit in der Erinnerung gegenwärtig, die Gegenwart in der Anschauung gegenwärtig, und die Zukunft in der Erwartung gegenwärtig ist.[1]

Nach Augustinus sind die Zeitmodi die Modi des *animus* (lateinisch für Seele). Die Zeit ist in der Seele, und die Seele ist selbst Zeit. Dôgen drückt auch einige Aspekte dieses Zeitbewusstseins aus: „Mich (meine Sein-Zeiten) anordnen; die Angeordneten machen die ganze Welt aus; jede einzelne Sache dieser gesamten Welt ist jeweils als Zeit einzusehen. Genauso wie die einzelnen Dinge sich nicht gegenseitig verhindern, verhindern sich auch all die Zeiten nicht gegenseitig. Zusammen mit der Zeit geht das Herz hervor, zusammen mit dem Herzen geht die Zeit hervor. So verhält es sich auch mit der Übung und dem Vollbringen des Weges."

Der Ausdruck „Mich (meine Sein-Zeiten) anordnen" ist zunächst befremdend. Aber wenn wir über das ichhafte Selbstbewusstsein reflektieren, bemerken wir, dass dieser Ausdruck nicht so fremd ist, wie er scheint. In unserem Selbstbewusstsein projizieren und reflektieren wir uns, das heißt wir ordnen in unserem Bewusstsein unsere Handlungen an, die wir vor einigen Minuten, einigen Tagen, einigen Jahren und so weiter getan haben. Diese Handlungen stehen in der Erinne-

konkret allgemein
Für Georg Wilhelm Friedrich Hegel (1770–1831) ist ein Begriff nicht in der Form einer abstrakten Idee, sondern eines **konkreten** Einzelnen zu finden, in dem und als das die **allgemeinen** Bestimmungen „begriffen" und verwirklicht werden. Der Begriff eines Gesetzes findet sich zum Beispiel in der konkret-einzelnen Art und Weise, wie dieses Gesetz in Kraft tritt.

rung sozusagen in einer Reihe, und diese Reihe ist selbst zeitlich. Dôgen schreibt noch direkter: „Mich anordnen". Diese Anordnung bezieht sich für ihn auch auf die Übungspraxis. Dies wird in der folgenden Passage noch deutlicher ausgedrückt: „Mich (meine Sein-Zeiten) anordnend sehe ich dies (dass die Angeordneten die ganze Welt ausmachen). So verhält es sich mit dem Sachverhalt, dass ich selbst Zeit bin. Man soll inständig erlernen, dass genau dieser Sachverhalt der Grund ist, warum es auf der ganzen Erde unzählige Erscheinungen und zahllose Gewächse gibt, und in jedem einzelnen Gewächs und jeder einzelnen Erscheinung die ganze Erde ist. Genau mit diesem Hin- und Hergehen kommt die Übung in Gang."

Es ist diese Übung, welche die Zeitlehre Dôgens von der philosophischen Zeitlehre als Denkarbeit letztlich unterscheidet. In der und durch die Übung wird das, was ist und als Zeit aufgefasst wird, vollzogen, das heißt gelebt. Es wird in eins mit dem eigenen Leib-Herz erfahren und damit in eine neue Qualität von Gegenwärtigkeit erhoben. Der Unterschied der leib-herzlichen Aneignung der Zeit zu der wissenschaftstheoretischen Vorstellung der Zeit kommt im folgenden Satz nochmals zum Ausdruck: „Obwohl es so ist, kommt in der Zeit des gewöhnlichen Menschen, in der er sich die Lehre Buddhas noch nicht zu eigen gemacht hat, dieser meistens zu folgender Ansicht, wenn er das Wort Sein-Zeit hört: Zu einer Zeit ist Sein-Zeit zum dreiköpfig-achtarmigen Wächtergott geworden, zu einer Zeit ist Sein-Zeit bald ein sechzehn Fuß und bald ein acht Fuß großer Buddha geworden. Beispielsweise ist es so, meint er, als ob ich mich erinnere, einen Fluss und einen Berg überquert zu haben. Obwohl der Berg und der Fluss jetzt auch noch dort sein mögen, bin ich hinübergekommen und richte mich jetzt ein an dem Ort dieses herrlichen Palastes. Ich denke: Berg und Fluss und ich selbst sind so verschieden wie Himmel und Erde. Allein, der Sachverhalt besteht nicht in diesem einen Gedankenzug. Zu der Zeit, als ich den Berg bestieg und den Fluss überquerte, war ich je; also muss es diese Zeit in eins mit mir geben. Ich bin schon; also kann diese Zeit nicht verschwinden."

So lange ich bin, verschwindet die Zeit nicht. Dies könnte auch in der phänomenologischen Analyse des Zeitbewusstseins gesagt werden, so lange die Zeit als das Korrelat des Zeitbewusstseins (siehe Erläuterung) aufgefasst und betrachtet wird. Dies gilt vielleicht auch von dem, was im folgenden Satz gesagt wird, aber vielleicht nicht mehr so sicher, wie beim obigen Satz: „Ist die Zeit nicht in der Weise des Gehens und Kommens, so ist die Zeit des Bergsteigens das gegenwärtige Jetzt der Sein-Zeit. Behält die Zeit die Weise des Gehens und Kommens, so gibt es zusammen mit mir das gegenwärtige Jetzt der Sein-Zeit; dies ist die Sein-Zeit."

Ich bin im Zustand des Fließens, aber ich selbst fließe nicht.

In dieser Passage finden sich zwei im Kontrast stehende beziehungsweise einander widersprechende Formulierungen: „Die Zeit ist nicht in der Weise des Gehens und Kommens" und „Die Zeit behält die Weise des Gehens und Kommens". Erstere besagt, dass die Zeit nicht fließt, und die zweite, dass die Zeit fließt. Aber was hier scheinbar im Widerspruch zueinander steht, sind in Wahrheit die Modi der Zeit, die zugleich die Modi des Ich sind. Das Ich bewegt sich und betätigt sich. Aber trotz Bewegung und Tätigkeit behält es seine Identität bei. Ich war einst Kind, und jetzt bin ich erwachsen. Ich bin immer Ich geblieben. Ich bin im Zustand des Fließens, aber ich selbst fließe nicht. Diese zwei Aspekte wurden einst auch von Kant in seiner *Kritik der reinen Vernunft* hervorgehoben. Kant schreibt einerseits, dass die Zeit nicht „verläuft"[2] und andererseits, dass die Zeit ständig „verläuft"[3]. Für Kant war dies ein wissenschaftstheoretisches Problem, für Dôgen das Anliegen seines Ich, das zu einer Zeit auf dem hohen, hohen Gipfel steht, und zu einer Zeit auf dem tiefen, tiefen Meeresgrund geht. Allerdings meint dabei das Ich nicht die unveränderliche Substanz, der die zeitliche Veränderung nur äußerlich ist, das heißt nicht ihr Wesen betrifft. Denn zu beiden Zeitpunkten wird das Ich „gelassen" und wird ichlos, geht ganz in der Zeitlichkeit der Situation und der Dinge auf, in der es sich befindet. Für dieses ichlose Ich in der Übung ist alles, was ist, seine „Sein-Zeit“. Gerade die alles durchdringende Zeitlichkeit, welche das Ich und seine Umwelt in einen gemeinsamen Zeitfluss auflöst, wird zur Bedingung von personaler Anwesenheit. Gegenwärtig in einem „wahren“ Sinn kann sich das Ich nur in der allen Daseienden gemeinsamen Gegenwart der Zeit sein, durch welche es erst einen bestimmbaren Zusammenhang mit sich und seiner jeweiligen Umgebung erhält. *Wie* sich das Ich allerdings in der Hingabe an die Zeitlichkeit des räumlichen Zusammenhangs, in welchem es sich ereignet, wirklich gegenwärtig wird, ist der Übung – und damit der Erfahrung – überlassen; reflexiv-begrifflich ist es nur als Paradox einzuholen. Die Philosophie der zeitlichen Gegenwärtigkeit vollendet sich erst in der buddhistischen Lebenspraxis: „Daher ist auch die Kiefer Zeit und ist auch der Bambus Zeit. Man soll die Zeit nicht nur so verstehen, dass sie wegfliegt, und man soll nicht lernen, dass Wegfliegen das einzige Vermögen der Zeit sei. Würde die Zeit nur auf das Wegfliegen festgelegt, so müsste es Lücken geben.“

Meine Sein-Zeit

Um die Bedeutung der Zeitlehre Dôgens für das philosophische Denken noch etwas weiter zu beleuchten, sind noch zwei weitere Gedanken aus dem Buch *Sein-Zeit* wichtig. Der erste findet sich in der Passage, die direkt an den oben zitierten Satz über die Kiefer und den Bambus anschließt: „Kurz und zusammenfassend gesagt: Jedes Sein in der ganzen Welt ist zusammenhängend je und je Zeit. Da alles, was ist, Sein-Zeit ist, ist es meine Sein-Zeit.“

Der erste Gedanke ist, dass die Sein-Zeit „*meine* Sein-Zeit“ ist. Dieser Gedanke wurde bisher schon sinngemäß geäußert. Ausdrücklich wird er aber hier zum ersten Mal ausgesagt. Wer ist dieses „Ich“, das sagt, dass alles, was ist, „*meine* Sein-Zeit“ ist? Der Satz klingt, als wäre hier die äußerste Form des Subjektivismus gemeint. Es ist hier aber daran zu erinnern, was vorhin zitiert wurde: „Sich selbst lernen heißt sich selbst vergessen.“ Das Ich, das sich selbst beziehungsweise sein Selbst vergessen hat, ist in der Tat eher ichlos, weil es nicht mehr durch seine Selbstreflexion begründet, sondern „von den zehntausend *dharma* erwiesen“ wird. Das durch die Reflexion erreichte Vorstellungsbild bleibt ewig in der Sphäre reflexiver Vorstellung, ohne die zehntausend *dharma* selbst zu berühren. Das volle Erscheinen der zehntausend *dharma* hingegen fordert, die reflexiv vorstellende Ichheit von Grund auf zu vergessen und ausfallen zu lassen: Das Ich findet sich solchermaßen gerade dort, wo es sich in gewisser, reflexiver Weise abhanden kommt.

Dem Gedanken „*meiner* Sein-Zeit“ folgt unmittelbar der zweite, der des „ereignishaften Verlaufens“. Der Text lautet: „Sein-Zeit besitzt das Vermögen des ereignishaften Verlaufens. Das heißt: von heute nach morgen ereignishaft verlaufen, von heute nach gestern ereignishaft verlaufen, von gestern nach heute ereignishaft verlaufen, von heute nach heute ereignishaft verlaufen, von morgen nach morgen ereignishaft verlaufen.“

Die Bewegung der Zeit ist nach der gewöhnlichen Vorstellung irreversibel, aber „meine Sein-Zeit“ ist frei im Gehen zwischen Vergangenheit, Gegenwart und Zukunft. Wenn man sich auf die Zeitlehre der abendländischen Philosophie stützt, die im Element der „Seele“ oder des „Bewusstseins“ entwickelt wurde, so kann man einen Annährungspunkt zu diesem Gedanken des ereignishaften Verlaufens finden. Erinnern wir uns erneut an Augustinus, für den die „Vergangenheit“ als die Gegenwart der Vergangenheit im Gedächtnis,

Phänomenologie/phänomenologisches Zeitbewusstsein
Von Edmund Husserl (1859–1938) entwickelte philosophische Lehre von den Erscheinungen (ihrer Form und Struktur) als Gegenständen des Bewusstseins. Die Wirklichkeit wird nur insofern als „wirklich“ aufgefasst, als sie sich einem wahrnehmenden, erfahrenden, sich erinnernden Bewusstsein zeigt. Bewusstsein ist immer Bewusstsein von etwas. Während für Immanuel Kant menschliche Wahrnehmung nur zeitlich und räumlich möglich ist (die inneren Strukturen von Zeit und Raum werden von Kant nicht weiter analysiert), ist Zeit für Husserl Universalform „aller egologischen Genesis“, das heißt die Form jeglicher Selbstkonstitution des Subjekts.

die „Gegenwart“ als die Gegenwart der Gegenwart in der Anschauung, und die „Zukunft“ als Gegenwart der Zukunft in der Erwartung zu erfahren ist. Demzufolge kann man sagen, man gehe im Gedächtnis von heute nach gestern, in der Anschauung von heute zu heute, in der Erwartung von heute nach morgen. Dass die Vergangenheit nicht bloß vergangen, sondern im Gedächtnis gegenwärtig ist, kann auch heißen, dass man nicht nur von heute zu gestern, sondern auch von gestern zu heute gehen kann. In ähnlicher Weise kann man sagen, dass, wenn das Morgen in der Erwartung gegenwärtig ist, die Bewegung „von morgen nach heute“ auch die „von heute nach morgen“ ist.

Das freie Gehen und Kommen zwischen gestern, heute und morgen könnte als eine Form der Überwindung der Zeit verstanden werden, die ansonsten irreversibel verläuft und der jeder unterworfen wird. Die Zeit ist, wie in Goyas Gemälde *Saturn verschlingt seinen Sohn*, in der Mythologie ein Gott, der die neugeborenen Kinder frisst (siehe Abbildung). Saturnus ist, wie sein griechischer Name Chronos besagt, das mythologische Bild der Zeit. Es war Zeus als das letztgeborene Kind, dem es gelang, dem alle und alles fressenden Saturnus zu entfliehen und diesen zu besiegen, wodurch er zum Gott der Götter wurde.

Die andere Weise der Überwindung der Zeit wird in Friedrich Nietzsches *Zarathustra* erzählt. Auf die Mythologie von Chronos sich beziehend sagt Zarathustra, es sei vor allem ein Gesetz zu überwinden, „jenes Gesetz der Zeit, dass sie ihre Kinder fressen muss“[4]. Das Gesetz der Zeit gilt in den Augen Zarathustras als der Geist der Rache, der jeden Widerwillen gegen die Zeit rächt. Jeder Versuch, die Irreversibilität der Zeit zu überwinden, wird selbst der Zeit unterworfen; so wie etwas, das man hochwirft, unabänderlich wieder herunterfällt. Dies führt Nietzsche zum Gedanken der ewigen Wiederkehr des Gleichen, der in einer Vision Zarathustras in der Gestalt einer schwarzen Schlange erscheint. Die Schlange war in den Schlund eines Hirten gekrochen, aber Zarathustra gelingt es nicht, mit der Hand die Schlange herauszureißen. Der Geist der Rache kann nicht von außen her ausgetrieben werden. Darum schreit Zarathustra: „Den Kopf ab! Beiss zu!“ Der Hirt beißt mit gutem Biss, speit den Kopf der Schlange wieder aus, und „Niemals noch auf Erden lachte je ein Mensch, *wie er* lachte!“[4] Wer den ewigen Kreis des Zeitverlaufs abgebissen hat, ist der irreversiblen Zeit nicht mehr unterworfen.

Diese Beispiele der abendländischen Zeitlehre zeigen, dass der Gedanke Dôgens vom „ereignishaften Verlaufen“ im Hinblick auf die überlieferte philosophische Zeitlehre kein gänzlich fremder Gedanke ist. Aber die Feststellung dieser Gemeinsamkeit ist nur das eine. Das andere ist, zu sehen, ob und welche philosophische Perspektive der Zeitlehre dadurch eröffnet wird. Hierzu dient eine Textstelle aus dem *Shôbôgenzô*, die sich unmittelbar an die Passage des „ereignishaften Verlaufens der Sein-Zeit“ anschließt: „Weil das ereignishafte Verlaufen das Vermögen der Zeit ist, liegen die Zeiten von gestern und heute weder übereinander noch nebeneinander; trotzdem ist auch (Meister) Seigen Zeit, (Meister) Ôbaku Zeit und sind auch (Meister) Kôzei und (Meister) Sekitô Zeit.“

Dôgen nennt die Namen bekannter Meister der Blütezeit des Zen während der Tang-Dynastie. Diese Namen bilden die „Geschichte“ des Zen-Buddhismus ab. Die Zeit, die diese Meister als „meine Sein-Zeit“ vollzogen haben, ist die „Geschichtszeit“, die von der physikalischen Naturzeit zu unterscheiden ist, und somit auch von der „Sein-Zeit“, die als Kiefer oder Bambus gegenwärtig ist, die, in den Worten Heideggers, „anwest“. Sie betrifft die Zeit der Geschichtswelt. Die Lebenswelt von heute, die von der Industrie und Technologie getragen wird, zeigt einen anderen Zeitaspekt als den der Naturzeit, die stets mit dem gleichen Tempo *ist*. Dass ich hier bin, ist bei Dôgen nicht durch *cogitatio* (lateinisch für „Ich denke“), wie bei René Descartes, sondern durch eine buddhistische Übungspraxis evident (wörtlich: selbsteinsichtig, offensichtlich), die in der praktischen Herausarbeitung des „Leib-Herzens“ als körperliches Bewusstmachen der „Sein-Zeit“ besteht. Zeit ist also nicht *etwas* an den Dingen und auch nicht *etwas*, dem die Dinge unterworfen sind. Mithin ist der Augenblick kein ausdehnungsloser Punkt oder ein kurzer Zeitabschnitt, sondern vielmehr eine auch körperliche Erfahrung des Seins.

Ryosuke Ohashi ist Professor emeritus an der Technischen Universität Kyoto. Nach Lehrtätigkeiten an der Universität Osaka (bis 2007), an der Ryukoku Universität (bis 2010) und an der Universität zu Köln (bis 2011) hat er ab 2011/12 an der Universität Wien eine Gastprofessur inne.

Anmerkungen:

1. Augustinus: Confessiones. Liber undecimus, XIV, 17; XX, 26
2. „Die Zeit verläuft sich nicht, sondern in ihr verläuft sich das Dasein des Wandelbaren. Der Zeit also, die selbst unwandelbar und bleibend ist, korrespondiert in der Erscheinung das Unwandelbare im Dasein, d. i. die Substanz, und bloß an ihr kann die Folge und das Zugleichsein der Erscheinungen der Zeit nach bestimmet werden.“ Kant, Immanuel: Kritik der reinen Vernunft. A.144, B.183. Siehe auch A.41, B.58; A.182, B.225
3. „Wenn wir z. B. die reinen Begriffe der Relation nehmen, so finden wir, daß 1), um dem Begriffe der Substanz korrespondierend etwas Beharrliches in der Anschauung zu geben (und dadurch die objektive Realität dieses Begriffs darzutun), wir eine Anschauung im Raume (der Materie) bedürfen, weil der Raum allein beharrlich bestimmt, die Zeit aber, mithin alles, was im inneren Sinne ist, beständig fließt.“ Kant, Immanuel: Kritik der reinen Vernunft. A.234, B.291
4. Nietzsche, Friedrich: Also sprach Zarathustra. In: Friedrich Nietzsche. Kritische Studienausgabe (KSA). 2. Auflage 1988, Band 4, Seite 198, 201

Zur Vertiefung empfohlen:

– Dôgen: Shôbôgenzô. Ausgewählte Schriften. Herausgegeben von Ryosuke Ohashi und Rolf Elberfeld. Keio-Gijuku Verlag, Kyoto und Verlag Frommann-Holzboog, Stuttgart 2006
– Ohashi, Ryosuke: Die „Phänomenologie des Geistes“ als Sinneslehre. Hegel und die Phänomenoetik der Compassion. Alber Verlag, Freiburg 2009
– Ohashi, Ryosuke (Hrsg.): Die Philosophie der Kyoto-Schule. Texte und Einführung. Zweite, erweiterte Auflage. Alber Verlag, Freiburg 2011

Abbildung: **Ohne Titel**; Michael Dohle, 1990; Fotografie

Hans Ulrich Gumbrecht

Das Ende der Zukunft

Über eine neue Form der Zeit als Prämisse von Erfahrung

Hayden White, ein zu Recht berühmter Kollege, sagte oft mit scheinbarer Bescheidenheit von sich, er habe im ganzen Leben nur eine gute Idee gehabt – und kehrte dann, nach einer kleinen Kunstpause, die Wirkung des Satzes um, indem er hinzufügte, dass dies so schlimm nicht sei, weil die meisten anderen ja nicht mal eine gehabt hätten. Meine eine Idee aus gut vierzig Jahren Denk- und Schreibarbeit artikuliert sich in dem störrischen Hinweis, wir sollten – trotz unserer alltäglichen wie geisteswissenschaftlichen Konzentration auf Interpretation und Sinn – nicht vergessen, dass die Dinge der Welt, so wie wir auf sie stoßen, auch eine – in unserer Kultur fast immer übersehene – Präsenz haben.

Präsenz heißt, dass die Dinge – ganz unvermeidlich – unseren Körpern ferner oder näher sind, von ihnen berührt werden können oder nicht, und dass sie Substanz haben. Es ist die spürbare Anwesenheit der „Dinge". Als solche ist Präsenz eine existenzielle Dimension, die der Interpretation und der bewussten Einordnung des Wahrgenommenen in Sinnzusammenhänge noch vorhergeht. So lassen sich zum Beispiel Stimmungen als Präsenz-Phänomene beschreiben: als leichteste Berührung der uns umgebenden materiellen Welt auf der Oberfläche unserer Körper.

Der Dimension der Präsenz, oder anders ausgedrückt der Gegenwärtigkeit, kommt gegenüber der Praxis der Interpretation oder Sinnzuschreibung eine alltägliche Priorität zu – nicht weil sie wichtiger, sondern weil sie wohl elementarer ist als Bewusstseinsleistungen. Die Interpretation und die Hermeneutik als Lehre und Wissenschaft des Verstehens von Texten in ein begrenztes akademisches Territorium neben der Dimension der Präsenz zu verweisen, das ist meine kleine und vielleicht sogar kleinkarierte Rache an einer überwältigenden Tradition intellektueller „Tiefe", der ich mich aus Herkunft und (Ab-)Neigung nie ganz gewachsen gefühlt hatte, und die mir in der Verkörperung von einigen Helden des Tief-Sinns unter meinen akademischen Vätern begegnete.[1]

Wenn beispielsweise Philosophen oder Literaturtheoretiker von Sprache reden, dann denken sie dabei meist an etwas, das der „Interpretation" bedarf, das uns dazu einlädt, Wörtern wohlumgrenzte Bedeutungen zuzuweisen. Doch ich bin dieses intellektuellen Einbahnstraßenverkehrs überdrüssig geworden. Ich finde auch keinen Trost im, wie ich es nennen möchte, „linguistischen Existenzialismus" der Dekonstruktion, also in der anhaltenden Klage und Melancholie (in ihren endlosen Variationen über die angebliche Unfähigkeit der Sprache, auf die Dinge der Welt zu verweisen). Mithin bin ich Teil einer Bewegung innerhalb der Geisteswissenschaften, die im (vielleicht sogar wohlverdienten) Ruf steht, „abgenutzt" zu sein: Ich meine die „Kritik der abendländischen Metaphysik". Immerhin kann ich behaupten, dass meine Verwendungsweise des Worts „Metaphysik" elementarer ist als dessen vorherrschende Bedeutungen in der Gegenwartsphilosophie und sich somit von diesen unterscheidet. Wenn ich „Metaphysik" sage, dann möchte ich damit die wörtliche Bedeutung des Wortes als etwas „jenseits des bloß Physischen" aktivieren. Ich möchte auf einen (in den Geisteswissenschaften aktuell vorherrschenden) intellektuellen Stil hinweisen, für den es nur eine einzige Geste und nur eine Vorgehensweise zu geben scheint, nämlich die des „Hinausgehens" über die vermeintlich „bloß physische Oberfläche", um so „jenseits oder unter der bloß physischen Oberfläche" das zu finden, was angeblich wirklich zählt: einen Sinn (den man, um zu unterstreichen, wie weit er von der Oberfläche entfernt ist, dann gern „tief" nennt).

Die menschliche Existenz reduziert sich auf den Computerbildschirm.

Meine Abkehr von der Metaphysik in diesem Sinne berücksichtigt und betont ausdrücklich die Erfahrung, dass unsere Beziehung zu den Dingen (und zu kulturellen Artefakten im Besonderen) nie nur eine der Sinnzuschreibung sein kann. Solange wir mit dem Wort „Dinge" das meinen, was René Descartes „res extensa" nennt (wörtlich: ausgedehnte Substanz), leben wir immer auch in einer räumlichen Beziehung zu den Dingen und sind uns dieser Beziehung bewusst. Dinge können uns „präsent" oder „absent" sein, und wenn sie „präsent" sind, dann sind sie unseren Körpern entweder näher oder ferner. Wenn wir Dinge, im ursprünglichen Sinne des lateinischen „prä-esse" (wörtlich: vorsein), „präsent" nennen, dann sagen wir damit, dass sie „vor" uns und somit greifbar sind.

Basierend auf der historischen Beobachtung, dass bestimmte Kulturen, wie etwa unsere eigene, stärker als andere dazu neigen, die Dimension der Präsenz einzuklammern, schlage ich eine Unterscheidung zwischen

Mit **Emergenz der Beobachtung zweiter Ordnung** wird im Textzusammenhang die Erfahrung bezeichnet, dass die Beobachtung der Beobachtung, also ein Denken, das sich auf sich selber zu beziehen und sich selbst zu hinterfragen vermag, qualitativ Neues hervorbringt.

„Sinnkulturen“ und „Präsenzkulturen“ vor. In einer Sinnkultur entspricht die vorherrschende Form der menschlichen Selbstreferenz stets den Grundlinien dessen, was die abendländische Kultur „Subjekt“ oder „Subjektivität“ nennt, das heißt, sie bezieht sich auf einen körperlosen Beobachter, der aus einer Position der Exzentrizität gegenüber der Dingwelt den Dingen Bedeutungen zuschreibt. Eine Präsenzkultur bezieht dagegen sowohl die geistige als auch die körperliche Existenz in ihre menschliche Selbstreferenz mit ein (zur Veranschaulichung denke man etwa an das Motiv der „geistigen und körperlichen Auferstehung von den Toten“ im mittelalterlichen Christentum). Aus dieser ersten Unterscheidung folgt, zweitens, dass der Mensch in einer Präsenzkultur als Teil der Objektwelt betrachtet wird und nicht als von dieser getrennt. Drittens, und auf einer höheren Komplexitätsstufe, entfaltet und verwirklicht sich die menschliche Existenz in einer Sinnkultur durch beständige und andauernde Versuche, die Welt umzugestalten („Handlungen“), welche auf der Interpretation von Dingen und der Projektion menschlicher Wünsche in die Zukunft basieren. Ein solcher Drang nach Veränderung und Umgestaltung fehlt in Präsenzkulturen, in denen die Menschen ihr Verhalten in das einschreiben wollen, was sie als Strukturen und Regeln einer gegebenen Kosmologie (Lehre vom Aufbau der materiellen Welt) ansehen.

Die Präsenz der Sprache

Als physische Realität berührt und beeinflusst die gesprochene Sprache nicht nur den akustischen Sinn, sondern den Körper in seiner Gesamtheit. Wir nehmen Sprache auf die unaufdringlichste Weise, das heißt ganz buchstäblich, als leichte Berührung von Schallwellen auf unserer Haut wahr, auch wenn wir nicht verstehen, was die von ihnen gebildeten Worte bedeuten sollen. So kann man zum Beispiel bestimmte poetische Qualitäten bei einer Rezitation erfassen, auch wenn man die jeweilige Sprache gar nicht kennt. Sobald die physische Realität des Gesprochenen eine Form hat, eine, die gegen ihren Status als „Zeitobjekt im eigentlichen Sinn“ (Edmund Husserl) durchgesetzt werden muss, sagen wir, dass sie einen „Rhythmus“ hat, einen Rhythmus, den wir unabhängig vom Sinn, den die Sprache in sich „trägt“, fühlen und identifizieren können. Sprache als physische Realität kann, indem sie angeblich das Niveau unserer Wachsamkeit herabsetzt, eine, wie Nietzsche sagte, „berauschende“ Wirkung haben. Bestimmte Präsenzkulturen schreiben der rhythmischen Sprache sogar eine beschwörende Wirkung zu, also die Fähigkeit, abwesende Dinge präsent und präsente Dinge abwesend zu machen (in der Tat war dies die Erwartung an frühmittelalterliche Zaubersprüche).

Indem sie ständig auf ihre Unfähigkeit abhebt, die starke Präsenz des Göttlichen wiederzugeben, erzeugt mystische Sprache die paradoxe Wirkung, dass sie Imaginationen anregt, welche ebendiese Präsenz greifbar zu machen scheinen. Die heilige Teresa von Ávila wählte zum Beispiel für die Beschreibung ihrer Visionen hocherotische Bilder unter der ständigen Bedingung eines „als ob“. Die Begegnung mit Jesus war für sie, „als ob sie von einem Schwert durchbohrt würde“, und gleichzeitig hatte sie das Gefühl, „als ob ein Engel aus ihrem Körper aufsteigen würde“. Eine säkulare wie analytische Sichtweise wird diese Ausdrucksformen freilich nicht buchstäblich als Beschreibung einer die Grenzen der Sprache wirklich übersteigenden mystischen Erfahrung verstehen, sondern vielmehr die mystische Erfahrung selbst als eine Wirkung der Sprache und der ihr innewohnenden Selbstüberzeugungskraft erkennen. Statt unser Verhältnis zu den Dingen abzuschneiden, ist die Sprache in ihren vielfältigen spannungsgeladenen Konvergenzen mit der Präsenz ein Medium, in dem und durch das wir eine Versöhnung zwischen dem „Dasein“ und den Objekten der Welt vorstellen und ersehnen könnten.

Das historisierte historische Denken

Meine Arbeiten zur Präsenz knüpfen an zwei – in ihrer Herkunft und Tonalität sehr verschiedene – Denk-Stränge an. Erstens an die von Michel Foucault ebenso wie von Niklas Luhmann inspirierte These, dass entscheidend für den erkenntnistheoretischen Rahmen der westlichen Kultur seit dem frühen 19. Jahrhundert das Ereignis der Emergenz der Beobachtung zweiter Ordnung gewesen sei (siehe Erläuterung). Seit der von Reinhart Koselleck „Sattelzeit“ getauften Epoche zwischen 1780 und 1830 war ein solches selbstreflexives Denken zum Habitus der Intellektuellen und mithin synonym mit ihrem Denken geworden.

Zentral für den Denk-Rahmen bezüglich der Präsenz ist die These, dass die im frühen 19. Jahrhundert entstandene Zeitkonfiguration des „historischen Denkens“ seit einem knappen halben Jahrhundert (und mit immer deutlicheren Auswirkungen) abgelöst worden ist von einer anderen Zeitkonfiguration, für die wir noch keinen Namen haben. Schon der Name, den unsere Kultur dem Chronotop (hier: dem raum-zeitlichen Zusammenhang) des „historischen Denkens“ gegeben hat, zeigt an, dass er bald mit einer Breite und Konsistenz institutionalisiert gewesen war, die zum Eindruck führte, er sei „Zeit“ schlechthin.[2] Als Kontrasthintergrund für den anderen „Chronotop“, jenen unserer Zeit, lässt sich das „historische Denken“ unter sechs Perspektiven beschreiben: Erstens: Im „historischen Denken“ imaginiert sich der Mensch als auf einem linearen Weg durch die Zeithorizonte befindlich. Zweitens setzt „historisches Denken“ voraus, dass alle Phänomene vom Wandel in der Zeit betroffen sind – Zeit

Topik
von altgriechisch *topikos*: „einen Ort betreffend“. Lehre von den Orten, den *loci communes* (lateinisch für Gemeinplätze), die zur Erörterung eines Themas dienen. Nach Aristoteles die Kunst, Argumente für (Wahrscheinlichkeits-)Beweise zu finden.

erscheint als ein absolutes Agens der Veränderung. Sich durch die Zeithorizonte bewegend, glaubt der Mensch, drittens, beständig Vergangenheit hinter sich zu lassen, und mit dem Abstand von der jeweiligen Gegenwart verfällt der Orientierungswert aller in der Vergangenheit gemachten Erfahrungen. Viertens erscheint die Zukunft als ein offener Horizont von Möglichkeiten, auf den zu sich der Mensch bewegt. Zwischen dieser Zukunft und jener Vergangenheit verengt sich, fünftens, im historischen Denken die Gegenwart zu einem „nicht mehr wahrnehmbar kurzen Moment des Übergangs“, wie es Charles Baudelaire formuliert hat. Ich glaube nun, dass sechstens die kurze Gegenwart der „historischen Zeit“ zum erkenntnistheoretischen Habitat des cartesianischen Subjekts (das sich als denkendes identifizierende und setzende Ich) wurde. Sie war jener Ort, an dem das Subjekt – Erfahrungen aus der Vergangenheit an Gegenwart und Zukunft anpassend – aus den von der Zukunft gebotenen Möglichkeiten auswählte. Diese erfahrungsgetragene Auswahl aus den Möglichkeiten der Zukunft war Voraussetzung und Rahmen dessen, was wir „Handeln“ nennen.

Bis heute reproduzieren wir diese Topik (siehe Erläuterungen) der „historischen Zeit“ in Alltagskonversationen ebenso wie in intellektuellen und akademischen Diskursen, obwohl sie längst nicht mehr eine wirksame Voraussetzung unseres Erfahrungserwerbs und unseres Verhaltens ist. Wir leben nicht mehr im Chronotop der „historischen Zeit“. Das ist wohl, erstens, am deutlichsten im Hinblick auf die Zukunft. Sie ist für uns kein offener Horizont von Möglichkeiten mehr, sondern eine Dimension, die sich zunehmend allen Prognosen verschließt und die zugleich als Bedrohung auf uns zuzukommen scheint. Die Erwärmung des Planeten wird jedenfalls mit allen den längst erfassten Konsequenzen voranschreiten, eine Frage ist allenfalls, ob sich die Menschheit durch radikal veränderte Lebensweisen noch einige zusätzliche Jahre vor der Ankunft der katastrophalsten Konsequenzen dieser Situation erarbeiten kann (dabei kommt es mir nicht auf das faktische Zutreffen der Prognose an, sondern nur darauf, wie sie unsere Zeitkoordinaten verschoben hat). Zweitens, und trotz all der automatisierten Diskurse über einen angeblichen Verlust der Vergangenheit, liegt ein anderes Problem im neuen Chronotop darin, dass es nicht mehr gelingt, irgendeine Vergangenheit hinter uns zu lassen. Statt ihre Verbindung mit der Gegenwart als Orientierungswert aus wachsender Distanz zu verlieren, überschwemmen Vergangenheiten unsere Gegenwart, wobei die Perfektion elektronischer Gedächtnisleistungen eine zentrale Rolle spielt. Zwischen dieser uns überflutenden Vergangenheit und jener bedrohenden Zukunft ist, drittens, die Gegenwart zu einer sich verbreiternden Dimension von Gleichzeitigkeiten geworden. Alle Vergangenheiten sind Teil dieser sich verbreiternden Gegenwart, es fällt uns immer schwerer, irgendeinen

Stil oder irgendeine Musik der vergangenen Jahrzehnte aus der Gegenwart auszuschließen; die breite Gegenwart hat immer schon zu viele Möglichkeiten in ihren simultanen Welten und deshalb – wenn überhaupt – nur eine wenig konturierte Identität. Zugleich macht der Horizont einer verschlossenen Zukunft (wenigstens im strikten Sinn) die Realisierung von Handlungen unmöglich, da Handlungen ja ohne Projektion eines Handlungsziels in die Zukunft nicht auskommen können. Die breite Gegenwart bietet Spiel für Ansätze von Bewegungen in die Zukunft und die Vergangenheit, doch sie scheinen alle zurückgebogen zu werden in die Gegenwart, wo sie den Eindruck einer intransitiven „Mobilmachung" (Jean-François Lyotard) erzeugen (Mobilmachung ohne Objekt, Aktionismus ohne Zukunftsperspektive). Solche intransitive Bewegtheit entlarvt sich oft als Stagnation, als Ende von Richtungskontinuität. Wenn schließlich, viertens, die enge Gegenwart der „historischen Zeit" das erkenntnistheoretische Habitat des cartesianischen Subjekts war, dann muss sich in der breiten Gegenwart eine andere Figur der Selbstreferenz ausbilden. Könnte dieser Schluss erklären, warum wir seit einigen Jahrzehnten einen – sich bis auf Weiteres immer nur intensivierenden – intellektuellen Druck verspüren, Aspekte der Physis wieder zum Bestandteil unseres Bilds und Begriffs vom Menschen zu machen?

Gesprochene Sprache berührt und beeinflusst den Körper in seiner Gesamtheit.

Die Disposition für eine stärker körper- und mithin raumorientierte Figur der Selbstreferenz konvergiert innerhalb unserer Gegenwart mit einer Sehnsucht, wie sie sich in Reaktion auf eine tendenziell ausschließlich bewusstseins-konstituierte Welt aufgeladen hat. Es sind eine Sehnsucht und eine Melancholie, die in der Tradition der Kulturkritik ihren Ton und Ausdruck gefunden haben. Innerhalb der neuen breiten Gegenwart streben also schon immer zwei Dynamiken auseinander und treten zugleich in Spannung. Auf der einen Seite das Beharren auf Konkretheit, Körperlichkeit und Präsenz des menschlichen Lebens, in denen der Nachhall von Kulturkritik und Wirkungen des neuen Chronotops zusammenkommen. Diese Beharrlichkeit widersetzt sich der radikalen Spiritualisierung als Reduktion von Raum, Körper und sinnlichem Kontakt mit den Dingen der Welt, wie sie als „Entzauberung" stets zum „Prozess der Moderne" gehört hat. Zwischen den beiden machtvollen Vektoren hat unsere neue Gegenwart begonnen, ihre Gestalt – und ihre Faszinationen – zu entfalten.

Unsere breite Gegenwart

Die Sehnsucht danach, eine existenzielle Nähe zur Dimension der Dinge wiederherzustellen, mag durchaus eine Reaktion auf unseren gegenwärtigen Alltag sein. Denn dieser ist mehr denn je zu einem Alltag der virtuellen Wirklichkeiten geworden, zu einem Alltag, in dem uns die modernen Kommunikationstechnologien Allgegenwart verschaffen und damit den Raum aus unserem Dasein eliminiert haben, einem Alltag, in dem die reale Präsenz der Welt auf eine Bildschirmpräsenz zusammengeschrumpft ist. Wir sind umgeben von allumfassenden Repertoires aus Zeichen und Strukturen, von einer Welt, die ihre Leerstellen mit technologieinduzierten Kommunikationsmöglichkeiten ausgefüllt hat, und dies ist oft ein Grund für Einsamkeit und Isolation.

Zugleich haben wir mehr Gelegenheit miteinander zu kommunizieren als je zuvor in der Geschichte des *homo sapiens*. Diese elementare Tatsache bezeichne ich mit dem Begriff der „Hyperkommunikation" und behalte es mir vor zu klären, ob das nun eine besonders gute oder schlechte Sache ist. Die Steigerung lässt sich vor allem den technischen Geräten zuschreiben, deren Funktionsweise die Konsequenzen räumlicher und manchmal auch zeitlicher Distanz aufhebt.

Gleichwohl kommen wir einfach nicht umhin, einen Körper zu „haben", den wir auch ab und an benutzen und dessen Einfluss wir immer öfter ausklammern. Was wir schneller einbüßen, ist die Fähigkeit, ein Körper zu „sein", also unseren Körper als eine bereichernde Bedingung unserer Existenz zu erleben. Im Gegensatz dazu ist nichts cartesianischer („Ich denke, also bin ich") als all die verschiedenen Arten elektronischer Kommunikation, nichts nahtloser an unser Bewusstsein anschließbar als sie und nichts der räumlichen Dimension weiter entrückt. Dies ist der Grund dafür, dass die auf Elektronik basierende Hyperkommunikation die Moderne anscheinend unumkehrbar als jenen Prozess vollendet, in dem sich der Mensch als reines Bewusstsein vom Körper und allem anderen Physischen („res extensae") befreit und über diese Dinge triumphiert. Anders als es ihre Ideologen erhofften, hat sich diese Moderne mit dem demokratisch versklavenden Prinzip der universellen Verfügbarkeit unserer Existenz auf dem Computerbildschirm vollendet. Da innerhalb dieser Dimension Konturen, Brüche und Grenzen zum Verschwinden tendieren, verbringen wir die meiste Lebenszeit in der immer gleichen Position, also vor dem ewigen Computerbildschirm. Wir sind da, während wir unsere Berufe ausüben, mit geliebten Menschen in Verbindung treten und vor allem, wenn die Gefahr droht, allein zu sein. Denn wir haben den durch physische Abwesenheit verursachten Schmerz der Einsamkeit ersetzt durch die dauerhafte Halbeinsamkeit derer, die grenzenlos verfügbar sind.

Während ich diesen Text schrieb, habe ich ab und zu nach eingehenden E-Mails gesehen und soeben auch erfahren, wer heute den Tagessieg der Tour de France errungen hat. Diese vorherrschenden Situationen unserer Lebenswelt im frühen 21. Jahrhundert haben den Eindruck des unmerklich kurzen Augenblicks der Gegenwart (einen historistischen Zeitbegriff des frühen 19. Jahrhunderts, der so dominant geworden war, dass wir ihn mit Zeit an und für sich verwechselten) in einen sich immer mehr ausweitenden Gegenwartsmoment der Gleichzeitigkeiten verwandelt. In der heutigen elektronischen Gegenwart ist weder Platz für etwas „Vergangenes“, das wir zurücklassen müssten, noch für etwas „Zukünftiges“, das nicht durch simulierte Vorwegnahme ins Hier und Jetzt geholt werden könnte. Alles ist immer schon „verfügbar“. Wir leben in dieser breiten Gegenwart der Simultaneitäten – und wir Älteren, die wir für uns in Anspruch nehmen gegenüber den jeweils jüngsten Entwicklungen auf Distanz, ja sogar auf polemischer Distanz bleiben zu dürfen, sind dort wohl eine jener Vergangenheiten, die von der breiten Gegenwart gar nicht mehr abgestoßen zu werden brauchen.

Erschwerend für mich hat sich über diese Szene ein ebenso einfacher wie erschreckender Gedanke gelegt, der mich nicht mehr loslässt, seit ich vor nicht allzu langer Zeit zum ersten Mal bei der Lektüre des im unmittelbaren Eindruck des Zweiten Weltkriegs von Martin Heidegger geschriebenen *Humanismusbriefs* auf ihn gestoßen bin. Es ist der am besten in einer rhetorischen Frage zu fassende Gedanke, wie Menschen denn je mit Sicherheit annehmen konnten, dass unsere intellektuellen Fähigkeiten ausreichten, um das Fortleben der Menschen als Gattung zu sichern. In den meisten Kulturen der Menschheitsgeschichte hat wohl als existenzielle Prämisse die Annahme einer Symmetrie oder gar einer Harmonie zwischen dem Menschen als Produkt seiner Evolution und dem Universum als seiner Umwelt (und als Gegenstand seiner Verstehensbemühungen) funktioniert, an die zu glauben uns die naturwissenschaftlichen Einsichten der letzten Jahrzehnte keinesfalls ermutigt haben. Und selbst wenn es um die Reichweite der menschlichen Intelligenz besser bestellt wäre, als wir heute anzunehmen Anlass haben – wir können es uns als Gattung und als kosmische Schicksalsgemeinschaft nicht leisten, mit Gewissheit darauf zu bauen.

Neulich sprach mein ältester Sohn mit der erstaunlichen Distanz professioneller Sachlichkeit von einem Weltkrieg um Rohstoffe, dem ich gewiss, er möglicherweise, aber seine Kinder sicher nicht entgehen würden. Der letzte Teil seines Satzes schlug in mein Leben ein, *it hit close to home*, wie man im amerikanischen Englisch sagt, mit nachhaltigerer Wirkung als es ein abstraktes Argument im Ton „philosophischer Ethik“ je vermocht hätte. Dabei ist – über eine etwas vage allgemeine Erfahrung und ein großväterliches Selbstbild hinaus – gar nicht ganz klar, warum mich das Leben und das potenzielle Leid meiner Enkel mit so singulärer Intensität berührt. Immerhin kann ich die Intensität der Sorge assoziieren mit der Intensität meiner Freude, als meine Enkelin Clara zum ersten Mal mein Gesicht wiedererkannte.

Hans Ulrich Gumbrecht ist Professor für Vergleichende Literaturwissenschaft an der Stanford University und ständiger Gastprofessor an der Université de Montréal, dem Collège de France und der Zeppelin University in Friedrichshafen.

Anmerkungen:

1. Siehe hierzu: Gumbrecht, Hans Ulrich: Diesseits der Hermeneutik. Über die Produktion von Präsenz (in englischer Sprache: Production of Presence. What Meaning Cannot Convey).
2. Die Historisierung des „historischen Denkens“ gegen diese Tendenz war die Hauptleistung des Lebenswerks von Reinhart Koselleck, auf dessen Arbeiten ich mich im Folgenden beziehe.

Zur Vertiefung empfohlen:

– Gumbrecht, Hans Ulrich: Unsere breite Gegenwart. Suhrkamp Verlag, Berlin 2010

Gernot Böhme

Werd' ich zum Augenblicke sagen …

Das Glück, da zu sein

Für Birgitta

Der Augenblick als „Jetzt" wird ausgezehrt von Vergangenheit und Zukunft zum ausdehnungslosen Punkt. Dem gegenüber steht das Bewusstsein, da zu sein in mitgehender Präsenz leiblichen Spürens.

Durch die Wette Fausts mit Mephisto in Johann Wolfgang Goethes *Faust*-Dichtung wurde das Verhältnis des modernen Menschen zum Augenblick ins Zentrum des Interesses gerückt. Dabei blieb unklar, ob in der Forderung Fausts gegenüber Mephisto, dem Teufel, eigentlich die Steigerung des Augenblicks im Erleben das Entscheidende sei oder aber die Fähigkeit des Subjekts, darin zu verweilen. Hier noch einmal die Formel, mit der sich Faust dem Teufel verschreibt:

Werd' ich zum Augenblicke sagen:
Verweile doch! Du bist so schön!
Dann magst Du mich in Fesseln schlagen,
Dann will ich gern zu Grunde gehn!

Es scheint jedoch, dass es schon hier, zu Beginn der Tragödie, zwischen Faust und Mephisto ein Missverständnis gegeben hat. Bringt Faust doch im Vorhergehenden deutlich zum Ausdruck, dass es ihm unmöglich ist, bei etwas zu verweilen und sich mit dem Gegebenen, und sei es auch noch so schön, zu begnügen:

Was willst du armer Teufel geben?
Ward eines Menschen Geist, in seinem hohen Streben,
Von deinesgleichen je gefasst?
Doch hast du Speise, die nicht sättigt, …

Abbildung:
Goethe
Keuchenius

Entnommen aus:
Reschika, Richard;
Keuchenius:
Nietzsches Bestiarium.
Der Mensch – das
wahnwitzige Tier.
der blaue reiter
Verlag für Philosophie,
Stuttgart 2003

www.keuchenius.de

Mephisto hört das wohl, gleichwohl verspricht er ihm den schönen, den gesteigerten und letztendlich erfüllten Augenblick:

Lass in den Tiefen der Sinnlichkeit
Uns glühende Leidenschaften stillen!

Doch Faust korrigiert ihn unbeirrt:

Du hörest ja, von Freud' ist nicht die Rede

Faust wettet auf die Unrast seines Charakters, auf seine Unmöglichkeit, im Augenblicke zu verweilen. Mephisto dagegen verspricht ihm die ekstatische sinnliche Erfüllung des Augenblicks.

Nun könnte man allerdings glauben, dass beides zusammenhängt, nämlich, dass die ekstatische Erfüllung des Augenblicks, dass der *schöne Augenblick* einen motivieren könnte, darin zu verweilen. So definiert ja beispielsweise Immanuel Kant in der *Kritik der Urteilskraft* Lust als einen Zustand des Gemüts, der zugleich Ursache seiner Fortsetzung ist.[1] Wenn man Fausts Naturell ernst nimmt, könnte der Zusammenhang jedoch gerade umgekehrt sein: Der Augenblick wird als schön empfunden, weil es einem gelingt, darin zu verweilen.

Unter den *Faust*-Interpreten überwiegt merkwürdigerweise die mephistophelische Auslegung der Wettformel. Der Grund liegt darin, dass in der Schlussszene von *Faust II – Bergschluchten, Wald, Fels* – Faust im Nachtod offenbar als erlösungsbedürftig angesehen wird und von der Liebe weiblicher Mächte, also von Gretchen im Verein mit der Mater Gloriosa in himmlische Sphären gerettet wird. Der Engel, der nach Regieanweisung „Faustens Unsterbliches trägt", bringt es auf den Begriff:

Gerettet ist das edle Glied
Der Geisterwelt vom Bösen,
„Wer immer strebend sich bemüht
Den können wir erlösen."
Und hat an ihm die Liebe gar
Von oben teilgenommen,
Begegnet ihm die selige Schar
Mit herzlichem Willkommen.

Voraussetzung dieser Szene ist offenbar, dass Faust seine Wette verloren hat. Dazu hätte er zum Augenblicke sagen müssen „verweile doch, du bist so schön". Tatsächlich tut er das in der Szene *Palast, großer Vorhof*, freilich nicht eigentlich, sondern in der Möglichkeitsform:

Zum Augenblicke dürft' ich sagen:
Verweile doch, Du bist so schön!

Er sagt es auch nicht zu dem Augenblick, den er gerade erlebt, sondern zu einem visionär vorweggenommenen Augenblick. Faust, der Herr über ein großes Landgewinnungs- und Kultivierungsprojekt, ist im Alter von der Sorge mit Blindheit geschlagen. Er verliert dadurch gänzlich den Bezug zur Realität und glaubt, als man ihm bereits das Grab schaufelt, die emsige Wasserbautätigkeit seiner Knechte zu hören. In dieser Situation ersteht vor seinem geistigen Auge die Vision der Vollendung seines Projekts, die aber durchaus illusionistisch ist, weil es nicht als gemeinschaftliches Werk freier Siedler entsteht, sondern als Produkt seiner mit Gewalt gepressten Knechte.

Solch ein Gewimmel möchte ich sehn,
Auf freiem Grund mit freiem Volke stehn.
Zum Augenblicke dürft' ich sagen:
Verweile doch, Du bist so schön!
Es kann die Spur von meinen Erdentagen
Nicht in Äonen untergehen. –
Im Vorgefühl von solchem hohen Glück
Genieß ich jetzt den höchsten Augenblick.

Mephistos Verzweiflung bei Fausts Grablegung lässt nun allerdings den Schluss zu, dass dies doch nicht die Formel ist, die er erwartet hat und dass er jedenfalls den Eindruck hat, seine Wette verloren zu haben.

Über dieser Kontroverse bezüglich der Schlussszene des *Faust II* wird in der Regel übersehen, dass Faust längst vorher, nämlich in der durch Mephistos Zauberkräfte arrangierten Begegnung mit der antiken Schönheit Helena, der Erfüllung der Wettformel „verweile doch, du bist so schön" bedenklich nahegekommen war.[2]

Allerdings wird Fausts Liebesbeziehung zu Helena von Goethe in der Szene *Innerer Burghof* des 3. Akts ganz und gar im Medium sprachlicher Kommunikation dargestellt, und zwar sowohl die erotische Annäherung als auch das erfüllte Beisammensein. Schon das Liebesspiel, mit dem Faust und Helena einander nahekommen, ist so angelegt, dass es bei beiden das Präsenzbewusstsein hervorruft, und zwar so, dass ihre Gegenwarten sich verschränken. Faust führt die Besucherin in die Dichtart unserer, das heißt der nordischen Völker ein, indem er sie veranlasst, nach den Vorgaben seiner Verse Reime zu finden.[3] Helena hatte schon vorher im Hören von Lynceus' Gedicht dieser Dichtart einen erotischen Charakter zugesprochen:

Ein Ton scheint sich dem andern zu bequemen,
Und hat ein Wort zum Ohre sich gesellt,
Ein anderes kommt, dem ersten zu liebkosen.

Faust schlägt daraufhin vor, Helena diese Dichtart nahezubringen, indem sie das Liebkosen verbal *in actu* vollziehen. Dadurch wird ihr Zusammensein ausdrücklich, es wird in ihrem poetischen Sprachspiel zelebriert.

Faust:
Und wenn die Brust von Sehnsucht überfließt,
Man sieht sich um und fragt –
Helena:
Wer mitgenießt.
Faust:
Nun schaut der Geist nicht vorwärts nicht zurück,
Die Gegenwart allein –
Helena:
Ist unser Glück.
Faust:
Schatz ist sie, Hochgewinn, Besitz und Pfand;
Bestätigung wer gibt sie?
Helena:
Meine Hand.

Dass im Reimgedicht ein Vers jeweils eine Erwartung aufbaut, die der andere in nicht vorhersehbarer Weise erfüllt, wird durch Fausts und Helenas poetisches Spiel zu einer Artikulation ihrer gemeinsamen Präsenz. Das Gegenwartsbewusstsein beider – wie auch der Zuhörer – wird noch dadurch gesteigert, dass zwischen Fausts Vorgabe und Helenas Antwort jeweils ein Hiat auftritt, das heißt eine Verzögerung, quasi ein Atemholen, in dem die Erwartung mit offenem Ausgang im Raum hängt und Helena noch ihre Antwort sucht.

Durch dieses Zögern vor der nächsten sprachlichen Bewegung erhält das Gefühl beisammen zu sein ein Moment fast unerträglicher Steigerung. Es ist Faust selbst, der Helena nahelegt, im Gegenwartsbewusstsein zu verharren.

Faust:
Nun schaut der Geist nicht vorwärts, nicht zurück,
die Gegenwart allein –

und Helena antwortet ihm mit der Bereitschaft, in diesem Gegenwartsbewusstsein die Erfüllung zu sehen.

Helena:
Ist unser Glück.

Schon hier jedoch versagt Faust, indem er dieses Glück im Vollzug zu einem Resultat machen will – Hochgewinn, Besitz und Pfand – und zudem noch eine Bestätigung verlangt.

Das eingeschobene Chorlied – man nennt es gewöhnlich ein Hymenaion, ein Vermählungslied – deutet an, dass die erotische Annäherung zwischen Faust und Helena dann auch zu leiblichen Liebkosungen führt. Für uns ist wichtig, dann wieder im Wechselgespräch zwischen Helena und Faust zu hören, wie beide die Erfüllung ihres Zusammenseins erfahren.

Helena:
Ich fühle mich so fern und doch so nah,
Und sage nur zu gern: da bin ich! da!
Faust:
Ich atme kaum, mir zittert, stockt das Wort,
Es ist ein Traum, verschwunden Tag und Ort.

Ein langes Leben ist die Selbstkritik der Gesundheit.

Alter ohne Krankheit wäre rein abstrakte Erfahrung der Zeit.

Nicht das lasterhafte, sondern das lange Leben kann auf keine Nachsicht hoffen.

Jürgen Große lebt als freier Autor in Berlin. Seine aphoristischen Arbeiten wurden mehrfach ausgezeichnet, zuletzt mit dem Günter-Bruno-Fuchs-Preis. Im Verlag der blaue reiter erschienen von ihm die Essaybände *Die Philosophen* (2007) und *Durch Tag und Nacht. Lehrstunden der Schlaflosigkeit* (2008). Weitere Veröffentlichungen: *Fünf Zeitbilder. Geschichtsphilosophische Glossen* (Leipziger Literaturverlag, 2010); *Die graue Stunde. Eine Serenade in Aphorismen* (Karolinger, Wien/Leipzig 2010).

Helena:

Ich scheine mir verlebt und doch so neu,
In dich verwebt, dem Unbekannten treu.

Faust:

Durchgrübele nicht das einzigste Geschick
Dasein ist Pflicht und wärs ein Augenblick.

Nun ist es Helena, die das Glück der Erfüllung als reine Präsenzerfahrung zum Ausdruck bringt. Ihr Glück ist das Glück, da zu sein.[4] Sicher muss man bei ihrer Person, die ja schon seit je darunter gelitten hat, von ihren Zeitgenossen, und nun auch von Faust, nur als Idol gesehen zu werden, als Repräsentantin von Schönheit schlechthin, berücksichtigen, dass es für sie Glück ist, in der Konkretion leiblicher Präsenz versinken zu können. Umso wichtiger ist es, sie in dieser Szene als Mensch und nicht als Traum- oder Fantasiefigur zu nehmen. Dann wird nämlich deutlich, dass ihre schwebende Präsenzerfahrung gleichsam eine Trance am Gegenwärtigen ist. Ein Entrücktsein und zugleich ein radikales Hiersein, oder, wir könnten auch sagen, eine Entrücktheit in die Gegenwart:

„Ich fühle mich so fern und doch so nah."[5]

Auch Faust empfindet das Zusammensein mit Helena als gesteigerte Präsenz, freilich nicht als konkretes Dasein, sondern geradezu als Unterbrechung der Lebensvollzüge:

„Ich atme kaum, mir zittert, stockt das Wort,
Es ist ein Traum, verschwunden Tag und Ort."

Was er erfährt, ist gerade nicht das konkrete Dasein, das für Helena so entscheidend ist, sondern eher die Lücke im Dasein, der Ausstieg. Durch die Formulierung „verschwunden Tag und Ort" bringt er die Zeit- und Raumlosigkeit seines Erfahrens zum Ausdruck, wir können mit der Tradition sagen: seine Gegenwart ist das *nunc stans* (das stehende Jetzt). Durch den Ausdruck *stehende Gegenwart* hat die europäische Mystik die Ewigkeitserfahrung im Jetzt paradox bezeichnen wollen. In dieser Erfahrung ist freilich fürs Atmen kein Raum. Indem Faust seine Erfahrung als Traum bezeichnet, beginnt er bereits, sie als unwirklich von sich zu schieben.

Helena dagegen besteht auf ihrer lebendigen Präsenz. Wenn sie sagt: „Ich fühle mich verlebt und doch so neu", so kann Goethe ihr auch hier wieder die Freude in den Mund gelegt haben, als antike mythologische Gestalt in einer gegenwärtigen Frau Wirklichkeit erlangt zu haben. Aber als Erfahrung dieser konkreten Frau gilt, dass ihr Leben, das gerade als konkretes auch verwelkt, jetzt in der Gemeinschaft mit dem Geliebten ein Blühen ist – es ist *wie neu*. Und sie ist es, die auch das Gemeinschaftliche dieser Präsenzerfahrung artikuliert. Sie fühlt ihr Dasein in das des Geliebten *verwebt*.

Das alles ist bei Helena nichts als Ausdruck, Artikulation einer überwältigenden Gewissheit – alles andere als gedankliche Reflexion oder Grübelei, wie Faust ihr unterstellt. Doch nicht nur das. Er wehrt die Erfahrung als solche ab. Ganz offensichtlich spürt er, dass er in Gefahr ist, seine Wette zu verlieren. Gerade weil die gemeinsame Situation mit Helena dazu einlädt, zu sagen *verweile doch, du bist so schön* bricht er die Situation ab. Während Helena das Glück als Glück, da zu sein erfährt, macht Faust das Dasein zum Projekt, ja, er springt ganz und gar aus der Unmittelbarkeit des Gegebenen heraus, indem er Dasein zur Pflicht erklärt. Was eben noch bei Helena die überwältigende Erfahrung von Präsenz im sprachlichen und leiblichen Umgang war, wird plötzlich zur moralischen Aufgabe, die zu erfüllen ist – und das lässt sich gegebenenfalls auch in einem Augenblick erledigen.

Aufsteigende und absteigende Mystik

Faust steht damit, im Gegensatz zu Helena, in einer philosophischen Tradition des Augenblicks, die diesen vergeistigte. Schon seit Parmenides, das heißt von Anfang an, leidet das philosophische Verständnis des Augenblicks unter dessen Diktum: „Weder war es, noch wird es sein, sondern jetzt ist es zumal und im Ganzen."[6] Der Augenblick als Jetzt wurde, von der Vergangenheit und der Zukunft ausgezehrt, zum ausdehnungslosen Punkt, bei Aristoteles dann zur puren Grenze, in der gleichwohl alles Sein versammelt sein sollte.[7] Diese Auffassung des Augenblicks stand im Einklang mit dem herrschenden Verständnis von Mystik, nachdem nämlich das Sein im Ganzen nur durch Erhebung aus dem Lebenszusammenhang und aus der Sinnlichkeit geistig zu erfassen sei. Das *nunc stans*, das stehende Jetzt, war nicht etwa die Zeit überbrückende Dauer, sondern die Ewigkeitserfahrung im ausdehnungslosen Jetzt. Diese eingeschränkte Zeiterfahrung herrscht noch in moderner Physik und Philosophie gleichermaßen. So ist nach Einsteins Relativitätstheorie ein Ereignis niemals in seiner Gegenwärtigkeit, sondern nur als bereits vergangenes erfahrbar, weil jede Informationsübertragung Zeit erfordert. So ist auch in der Philosophie Jacques Derridas Präsenz nicht als solche, sondern nur in ihrer „Spur", sprich in Hinterlassenem gegeben. Dabei kann man der Spur nicht folgen wie der Fährte eines Tiers, die Spur vermittelt nicht das Ereignis, sondern markiert eine uneinholbare Differenz zwischen dem Sein und dessen Wahrnehmung. Im Gegensatz dazu ist das alltägliche Verständnis von Gegenwärtigkeit gerade durch die Möglichkeit von unmittelbarer, direkter Wechselwirkung und Kommunikation definiert.

Dem herrschenden europäischen Typ von Mystik als aufsteigender Mystik möchte ich die eher in asiatischen Praktiken auffindbare absteigende Mystik entgegensetzen.[8] Diese versucht nicht, dem leiblich-sinnlichen Bereich zu entfliehen, um dann zur geistigen Schau zu gelangen, sondern genau umgekehrt: Sie steigt hinab zum leiblichen Spüren, sie wendet sich dem einzelnen, sinnlich gegebenen Gegenstand zu, sie öffnet sich atmosphärischer Erfahrung und nimmt, wie Goethe anhand Helenas aufzeigt, die leibliche Präsenz des anderen Menschen ernst. Das Ziel dieser Bemühungen ist das lang anhaltende wache Sein bei etwas, das Verweilen, der gedehnte Augenblick. Das macht sich keineswegs von selbst, vielmehr verlangt es nicht weniger Übung als die aufsteigende Mystik. Die Hindernisse könnten sogar dieselben sein. Sie resultieren nämlich aus der Zerstreutheit des Menschen, seinem flatterhaften, besorgten, durchschnittlichen Bewusstseinszustand. Während es aber für die aufsteigende Mystik genügt, und sei es nur für einen Augenblick, dieser Verfallenheit an den Lebenszusammenhang zu entfliehen, so verlangt die absteigende Mystik im Leben selbst ein ruhiges, nicht ausbrechendes „Sein bei …“, quasi eine Meeresstille (*galene*) der Seelen. Das widerspricht, nicht weniger als die Erhebung zum reinen Geist, der Existenz des Menschen, wie sie in der Alltagserfahrung gegeben ist. Überzeugend hat Martin Heidegger diese Existenzform als *Sorge* charakterisiert, als eine Zerrissenheit der alltäglichen Zeiterfahrung in Erinnerung und nachträgliche Rechtfertigungen einerseits und in Absichten und befürchtende Vorwegnahmen andererseits. Das gegenwärtige Bewusstsein ist alltäglich gerade nicht mit dem, was vor den Füßen liegt, besetzt, sondern verliert sich in Gedanken und Bildern an Abwesendes. Deshalb ist in Übungen wie dem Zazen (buddhistische Sitzmeditation) das Erreichen eines gedankenfreien Bewusstseinszustands eine Grundforderung, die komplementär – zumindest bei vielen Schulen – mit einer Öffnung der Sinne einhergeht. Hierbei wird aber gerade das zupackende, ergreifende Erkennen von etwas – also *cogitatio* (wörtlich: Denken) im Sinne von Descartes: ich höre ein Auto, ich sehe die

Im Schreck zuckt das Bewusstsein im ausdehnungslosen Jetzt zusammen.

Blume – vermieden. Vielmehr greifen die Sinne ins Leere aus, sodass etwa ein gehörter Ton nur als Artikulation der Stille erscheint. Diese Art des Präsenzbewusstseins als waches Mitgehen mit dem unmittelbar Gegebenen setzt aber das Bewusstwerden des eigenen Daseins voraus. Deshalb steht am Anfang all dieser Praktiken von Yoga bis zum Zen die Atemübung. Das eigenleibliche Spüren, das ist das Bewusstsein der eigenen Existenz, ist nicht im ausdehnungslosen Jetzt gegeben. Da unser Dasein Leben ist, existieren wir nur im Vollzug, und das heißt in zeitlicher Erstreckung, und die kommt uns kaum anders als im Mitgehen mit den Körperrhythmen zu Bewusstsein.[9] Sein im Augenblick heißt deshalb in absteigender Mystik primär bewusstes Mitgehen mit dem Atem.[10] Präsenzbewusstsein ist deshalb für lebende Wesen wie uns primär im bewussten Mitgehen mit dem eigenen Lebensvollzug im Atmen gegeben. Diese Erfahrung zeigt auch unübersehbar, dass dazu eine ausgedehnte Gegenwart nötig ist. Das wird weniger deutlich im eigen-leiblichen Spüren, wie zum Beispiel in der Anregung von Leibesinseln im autogenen Training. In der zärtlichen Kommunikation mit anderen dagegen, in der das eigene leibliche Spüren auch mit dem Spüren des anderen Leibes verwoben ist, tritt die zeitliche Erstreckung des Präsenzbewusstseins wieder deutlich hervor. Wie in der erotischen Wechselrede zwischen Faust und Helena ist das Spüren leiblicher Präsenz hier in den zärtlichen Bewegungen durch einen Wechsel von Erwartung und Erfüllung artikuliert. Allgemeiner ist das Bewusstsein leiblicher Anwesenheit im Raum von dieser Art. Nur im Schreck könnte es einmal auf das ausdehnungslose Jetzt zusammenzucken – dessen man sich aber charakteristischerweise meistens erst im Nachhinein bewusst wird. Sonst aber wird leibliche Anwesenheit im Raum etwa dadurch gespürt, dass die Sequenz einer Vogelstimme sich von der Stille abhebt, ein Duft einen trifft oder ein Windhauch das eigene Gesicht streift. Dabei kommt es weder auf das Niveau oder die Wohlgesetztheit noch auf die Schönheit dessen an, was einem da widerfährt, vielmehr liegt das Erfüllende dieser Widerfahrnis im Präsenzbewusstsein selbst: Es ist das Glück, da zu sein.

Gernot Böhme ist Professor für Philosophie an der Technischen Universität Darmstadt.

Anmerkungen:

1. Kant, Immanuel: Kritik der Urteilskraft. §10, A 33
2. Das ist nicht der Fall bei Albrecht Schöne, der allerdings in seinem Kommentar meint, die Helena-Szene als bloß traumhafte aus den für Faust relevanten Situationen ausnehmen zu können. Zum Ausdruck *Augenblick* in Fausts Antwort auf Helena im Vers 9418 bemerkt er: „Gewiss nicht absichtslos hier eingebracht, macht dieses Stichwort der *Wette* darauf aufmerksam, dass die Geltung des mit Mephisto abgeschlossenen Vertrages für das phantasmagorische, traumhafte Geschehen des Helena-Aktes ausgesetzt bleibt. Sonst könnte man die *Verweile doch!*-Bedingung in der *Arkadien*-Szene wohl als erfüllt ansehen." Siehe hierzu: Goethe, Johann Wolfgang: Faust. Kommentare. Herausgegeben von Albrecht Schöne. Deutscher Klassiker Verlag, Frankfurt am Main 1994, Seite 612
3. Für die ausführliche poetologische Interpretation der Stelle siehe Böhme, Gernot: Goethes Faust als philosophischer Text. 10. Kapitel: Sprache und Poesie. Die Graue Edition, Kusterdingen 2005
4. Böhme, Gernot: Das Glück, da zu sein. In: Kozljanic, R. J. (Hrsg.): II. Jahrbuch für Lebensphilosophie. Albunea Verlag, München 2006, Seite 209–218 und in: Breuninger, Renate (Hrsg.): Glück. Humboldt-Studienzentrum, Ulm 2006, Seite 57–69
5. Nach Walter Benjamin ist Aura als „einmalige Erscheinung einer Ferne, so nah sie sein mag" definiert. Siehe Benjamin, Walter: Das Kunstwerk im Zeitalter seiner technischen Reproduzierbarkeit. In: Gesammelte Schriften. Band I.2, Frankfurt am Main 1974
6. Parmenides: Fragment B8
7. Böhme, Gernot: Zeit und Zahl. Studien zur Zeittheorie bei Platon, Aristoteles, Leibniz und Kant. Klostermann, Frankfurt am Main 1974, das Kapitel *Zahl als Definiens der Zeit*
8. Böhme, Gernot: Anthropologie in pragmatischer Hinsicht. Aisthesis Verlag, Bielefeld/Basel, erweiterte Neuauflage 2010, Kapitel 14
9. Siehe dazu ausführlicher meinen Aufsatz: Zeit als Medium von Darstellungen und Zeit als Form lebendiger Existenz. Rostocker Phänomenologische Manuskripte, RPM5, Rostock 2009
10. Diese Tatsache kann leicht in westlicher Perspektive verkannt werden. So meint etwa Ernst Tugendhat, in der Betrachtung einer Buddha-Statue das Wesen buddhistischer Mystik erfassen zu können, und zwar als Einheit des Meditierenden mit der Welt in seinem Gesammeltsein in sich. Dabei wird über dem Eindruck der statischen Figur die Bedeutung des Atmens völlig übersehen und damit auch die Leiblichkeit dieser Meditationsform überhaupt, nämlich die besondere Bewusstseinsstruktur, die mit den jeweiligen Sitzhaltungen verbunden ist.

Tilman Nagel

Die Schöpfung der Welt im *Nu* des Augenblicks

Nach christlicher Vorstellung zieht sich Gott nach erfolgter Schöpfung der Welt zurück und greift nur noch ausnahmsweise, je nach Glaubensrichtung zum Beispiel durch sogenannte Wunder, in das Weltgeschehen ein. Sunniten hingegen, die zahlenmäßig verbreitetste Glaubensrichtung des Islams, vertreten die Auffassung, dass Gott permanent in der Welt präsent ist und dass diese in jedem Augenblick erschaffen wird.

„Was die ‚Leute der Wahrheit' lehren, ist folgendes: Der Wesenskern eines Dinges besteht darin, daß es vorhanden ist. Jedes Ding ist vorhanden, und alles Vorhandene ist ein Ding... Das Nichtvorhandene ist unter allen denkbaren Gesichtspunkten negiert. Daß sich das Wissen darauf erstreckt, bedeutet, daß es sich auf die Tatsache seiner Negiertheit erstreckt. Die Mu'taziliten hingegen meinen, der Wesenskern eines Dinges bestehe darin, dass es gewußt wird. Dementsprechend sagen sie: Alles Nichtvorhandene ist (ebenfalls) ein Ding ... Sie affirmieren das Nichtvorhandene als ein Ding, ein Wesen, eine konkrete Entität (Wesenheit, eigenständig existierendes geistiges oder materielles „Ding" beziehungsweise „Gegenstand"). Sie legen ihm die spezifischen Eigenschaften der Einzeldinge bei und behaupten, es sei Substanz, obzwar es in seinem Selbst nicht vorhanden sei. Ferner behaupten sie, das Akzidens (siehe Erläuterung) sei entweder Farbe oder Geschmack oder Geruch oder Seinsmodus. Demgemäß affirmieren sie die spezifischen Eigenschaften der Gattungen im Nichtvorhandensein wie im Vorhandensein und widersprechen dem nur in Bezug auf bestimmte Eigenschaften wie etwa dem Beanspruchen von Raum; sie erkennen also einer nichtvorhandenen Substanz keine Beanspruchung von Raum zu, selbst wenn das Beanspruchen von Raum nach ihrer Lehre sonst zu den Eigenschaften der Einzeldinge zählt."[1]

Dies ist ein kleiner Ausschnitt aus dem theologischen Handbuch des Sunniten al-Dschuwaini (gestorben 1085), eines Mannes, der auch in der Schariawissenschaft (auf dem Koran und dem Hadith basierende islamische Rechtswissenschaft) Herausragendes leistete. Geht es nach den „Leuten der Wahrheit", den Sunniten, dann ist die Welt, die Allah in jedem Augenblick gemäß seinem unergründlichen Ratschluss gestaltet, recht einfach aufgebaut. Sie besteht aus Substanzpartikeln, die für sich genommen eigenschaftslos sind; erst indem Allah ihnen Akzidenzien zuweist, werden diese Partikeln der sinnlichen Wahrnehmung zugänglich. Sie erscheinen als rot oder schwer oder warm oder lebendig, je nach Allahs momentanem Schöpfungswirken, das sie darüber hinaus so zusammensetzt, dass wir sie als einen Stein, ein Buch, unseren Bruder erkennen – eben als Ding, was der allgemeinste Begriff für eine im *Nu* der Gegenwart vorhandene, das heißt durch Allah geschaffen werdende Entität ist.

Al-Dschuwaini entwickelt diesen sunnitischen Begriff des Dings in der polemischen Auseinandersetzung mit den Mu'taziliten, die eine ganz andere Vorstellung von der durch Allah geschaffen werdenden Welt gewonnen hatten. Alles, was gewusst wurde, war für sie ein Ding, mithin auch Entitäten, die nicht im *Nu* der Gegenwart vorhanden, sondern die bereits vorhanden gewesen waren und jetzt der Vergangenheit angehörten, sowie prinzipiell auch Entitäten, die noch nicht vorhanden waren, aber nach menschlichem Ermessen in der Zukunft durch Allah geschaffen werden würden. Genau in dieser Annahme lag für den Sunniten al-Dschuwaini der Frevel des mu'tazilitischen Rationalismus des 9. und 10. Jahrhunderts (siehe Erläuterung): Wer sich ihm verschrieb, vermeinte, Allahs Schöpfungshandeln vorausberechnen zu können. In dreister Selbstüberschätzung ziehe er Allahs absolute Souveränität in Zweifel! Die Mu'taziliten hatten ihre Definition ganz auf diese in al-Dschuwainis Augen unerträgliche Kühnheit ausgerichtet: Zu den Akzidenzien, die einer Substanzpartikel dank Allahs Ratschluss innewohnen konnte, zählte auch der Seinsmodus: vorhanden gewesen, im Augenblick der Gegenwart vorhanden, vorhanden sein werdend. Wenn man dies postulierte, musste man allerdings den noch nicht und den nicht mehr vorhandenen Entitäten einige Eigenschaften absprechen, jene nämlich, die nur die vorhandenen aufweisen können, etwa die Befindlichkeit im Raum.

Allah schafft in jedem Geschöpf die Handlungsfähigkeit genau in dem Augenblick der von ihm gewirkten Handlung.

Der **Koran** ist nach dem Glauben der Muslime Allahs unmittelbare Rede, die Mohammed übermittelt und von diesem wortgetreu kundgegeben wurde. Der Begriff **Hadith** bezeichnet demgegenüber die unbestimmbar große Menge an Überlieferungen, die Einzelheiten aus dem durch Allah angeleiteten Lebenszuschnitt Mohammeds mitteilen; auch jede einzelne dieser Überlieferungen heißt Hadith. Das Hadith liegt in Sammlungen vor allem des 9. und 10. Jahrhunderts vor, von denen sechs eine besondere Autorität genießen. Allenfalls in geringen Spuren geht der Inhalt des Hadith tatsächlich auf Mohammed zurück. Es bezeugt vielmehr das muslimische Gedankengut der ersten Jahrzehnte nach dessen Tod.

Mu'tazila nennt man die islamische Denkrichtung, die seit dem 8. Jahrhundert die Aufgabe übernahm, in der Auseinandersetzung mit christlichen, zoroastrischen und buddhistischen Glaubensformen eine rational argumentierende Verteidigung der Hauptlehren des Korans zu erarbeiten: nämlich dass Allah der einzige Gott ist, ein personenhafter Schöpfergott, der die Welt aus dem Nichts schuf und seither ihren Lauf in allen Einzelheiten souverän festlegt; dass er die Welt zu einem nur ihm bekannten Zeitpunkt wieder vernichten, die Toten auferwecken, über sie zu Gericht sitzen und sie in die Hölle oder das Paradies schicken wird.

Lange bevor die Sunniten sich mit jenen Begriffen vertraut machten, waren sie in den mu'tazilitischen Erörterungen der Physik beziehungsweise Metaphysik (siehe Erläuterung) herausgearbeitet worden. Den Mu'taziliten war es darum gegangen, den beständig schaffenden einen Allah der koranischen Verkündigung (Sure 2, 255 und 55, 29) mit dem am Jüngsten Tag gerecht urteilenden Allah zusammen zu denken, ohne sich in Widersprüche zu verstricken. Antike Anregungen, die Welt als ein Gefüge winziger Teilchen zu interpretieren, waren von ihnen dahingehend interpretiert worden, dass Allah die einzige schaffende Kraft in ihr sei; nur ihm sei es möglich, aus diesen „Bausteinen" etwas zu verfertigen. Allerdings war die Denkrichtung der Mu'tazila zu vielgestaltig, um über das „Wie" des Vorgehens Allahs und des von ihm ins Werk gesetzten Kosmos Einigkeit zu erzielen. Die Offenheit des ununterbrochen durch Allah geschaffen werdenden Gefüges zur Vergangenheit und zur Zukunft hin gab dem Menschen, der Teil jenes Gefüges ist, jedoch die Gelegenheit zur eigenverantwortlichen Bewährung angesichts der Forderungen des von Allah erlassenen Gesetzes: Allah legte eben nicht das Handeln des Menschen im Einzelnen fest, sondern lediglich die Rahmenbedingungen dieses Handelns. Anders gesagt: Die Mu'taziliten beharrten auf einer ununterbrochen geschaffen werdenden Welt, deren Kerneigenschaft das Gewusstwerden ist, weil sie überzeugt waren, beweisen zu müssen, dass Allah am Jüngsten Tag gerecht urteilen werde. Denn wäre er nicht ein böser Despot, wenn er die Handlungen eines Menschen im Voraus festlegte und diesen dann wegen von ihm gewirkter Verfehlungen der Hölle anheimgäbe? Das wäre gegen die Heilsbotschaft des Korans, der an einigen Stellen von einem peinlich genau urteilenden Richter spricht (vergleiche Sure 99). Diese Aussagen haben nur dann einen Sinn, wenn der Mensch die Gebote Allahs aus eigener Kraft und in eigener Verantwortung erfüllen kann. Er muss verstehen, was man ihm auferlegt und wie er seinen Pflichten gegen Allah nachkommen kann, um sich das Heil zu sichern: Das in jedem Augenblick Geschaffenwerdende muss eine von der Vergangenheit in die Zukunft reichende Durchschaubarkeit aufweisen, und es muss so konditioniert sein, dass eine benennbare Ursache eine benennbare Wirkung erzielt. Allah, der immerfort tätig ist und niemals ruht, belässt dem durch ihn mit dem Verstand begabten Menschen die Möglichkeit, im Diesseits in einer das Heil vorbereitenden Weise zu verfahren. Allahs Schöpfungshandeln, so formulierten die Mu'taziliten, lief, indem es jene Möglichkeit garantierte, grundsätzlich auf das für den Menschen Beste hinaus.

Einen solchen an Regeln gebundenen, ausrechenbaren Schöpfer vermochten sich die Sunniten nicht vorzustellen. Der allmächtige, allwissende Allah musste den Menschen in jeder Hinsicht unendlich überlegen sein. Zeugnisse dieser Vorstellung ließen sich im Koran zuhauf finden. War es nicht Allah, der einst die Himmel und die Erde erbaute und seitdem erhielt, war er es nicht, der die Pflanzen sprießen ließ, das Vieh vermehrte und durch alles dies den Menschen ihren Lebensunterhalt gewährte? War er es nicht, der die Erdscheibe durch tiefwurzelnde Berge auf der unter ihr liegenden Schicht verankert hatte, der die Meere erschaffen und mit vielerlei Getier belebt hatte, den Menschen zur Nahrung? War er es nicht, der den untersten Himmel mit Gestirnen ausgestattet hatte, damit die Menschen sich zu Wasser und zu Lande orientieren konnten? Und war er es nicht, der einen jeden Menschen aus einem Samentropfen hervorgehen und heranwachsen ließ (Sure 16, 3–19)? Ja, Allah bildet einen jeden Menschen aus dem Samen, formt ihn dann zur Leibesfrucht, zu einem Wesen aus Fleisch und Knochen – und ebenso wird Allah jeden Menschen am Jüngsten Tag auferwecken, von Neuem schaffen, um über ihn zu Gericht zu sitzen (Sure 22, 5–7; Sure 23, 13–16).

Im Koran haben Passagen über die Hervorbringung eines jeden Menschen durch Allah die Aufgabe, den heidnischen Mekkanern (Einwohner der Stadt Mekka, die zu Lebzeiten des Propheten Mohammed nicht dem Islam anhingen), die an kein Leben nach dem Tode glauben, die Botschaft von der künftigen Auferweckung plausibel zu machen. Sie sollen die Spötter und Zweifler davor warnen, in den Tag hineinzuleben, als gäbe es keinerlei über das gegenwärtige Wohlergehen hinausreichende Verantwortung (Sure 22, 5). In der späteren, sunnitischen Deutung dieser Texte, die bis zur Wende vom 7. zum 8. Jahrhundert zurückreicht, tritt ein anderer Gesichtspunkt in den Vordergrund, der im Koran zwar schon erwähnt wird, aber noch nicht im Mittelpunkt steht: Der eine der

Eng verbunden mit der Entstehung des Hadith ist die Herausbildung des **Sunnitentums**, der Glaubensrichtung, zu der sich die Mehrheit der Muslime bekennt und die ab dem 11. Jahrhundert unangefochten auch diejenige des Bagdader Kalifats ist. Die Sunniten sind der Auffassung, durch die Nachahmung des angeblich im Hadith verbürgten mohammedschen Lebensvollzugs, der sogenannten **Sunna**, die Anwartschaft auf den Eintritt in das Paradies zu erwerben. Die islamische Theologie (arabisch: *al-kalam*) ist im 8. Jahrhundert aus der Not geboren, das rohe Gottesbild des Korans gegen Religionen zu verteidigen, die seit langem über eine ausgefeilte Gottesgelehrsamkeit verfügten. Ihren apologetischen (verteidigenden) Grundzug hat die islamische Theologie nie verloren. Bezeichnend für den Rang theologischer Überlegungen innerhalb des islamischen Geisteslebens ist die Ansicht Ibn Chalduns (gestorben 1406), sie seien zu seiner Zeit überflüssig geworden, da die Eroberungen zum Stillstand gekommen seien.

durch Allah gestalteten Menschen wird früh sterben, dem anderen bestimmt Allah ein langes Leben (Sure 22, 5). Das Hadith (siehe Erläuterung), das nach Mohammeds Tod entsteht und sich bis zur Wende zum 9. Jahrhundert zur für das Sunnitentum konstitutiven religiös-politischen Literaturgattung entwickelt, macht die im Koran an den genannten Stellen angedeutete Prädestination (Vorherbestimmung) zu einem Hauptgegenstand der koranischen Botschaft: „Vierzig Tage lang wird die körperliche Beschaffenheit eines jeden von euch im Leib der Mutter zusammengefügt; dann wird er zu einem Blutgerinnsel von dieser Größe, dann zu einem Blutklumpen von jener Größe. Dann wird ein Engel geschickt, der ihm den Geist einhaucht. Dieser Engel hat den Auftrag, (in das Buch des vorherbestimmten Geschehens) vier Worte einzutragen: den Lebensunterhalt (des noch nicht geborenen Menschen), seine Lebensfrist, sein Handeln und entweder ‚verdammt' oder ‚glückselig'. Bei dem, neben dem es keinen Gott gibt! Der eine von euch handelt wie die künftigen Paradiesbewohner, bis zwischen ihm und dem Paradies nur noch der Abstand einer Elle liegt – dann ereilt ihn das Buch, und er handelt wie ein Hölleninsasse und verfällt der Hölle!" Und auch umgekehrt kann es geschehen.[2]

Die mu'tazilitische Theologie hat demgegenüber den Gedanken der Heilsverantwortlichkeit des Einzelnen entfaltet, der in Koranstellen wie den zitierten ebenfalls enthalten ist: Es kommt am Ende der Zeiten der Augenblick, an dem Allah, der das Diesseits geschaffen und fortwährend zum Nutzen des Menschen in Gang gehalten hat, von einem jeden Rechenschaft darüber verlangen wird, ob er des Spenders dieser Gaben auf gebührende Art gedacht hat. Hat er seine Lebensfrist in der unablässigen Dankbarkeit verbracht, die er seinem gütigen Schöpfer schuldet; hat er die von diesem selber gestifteten Riten des Islams gewissenhaft vollzogen und daher im Gehorsam gegen die Gesetze Allahs gelebt? Betrachtet man jedoch, wie im zitierten Hadith, das seine endgültige Ausprägung in der Epoche empfängt, in der die Mu'taziliten ihre Lehren formulieren, die nämlichen Aussagen des Korans aufgefasst werden, dann fällt sogleich ins Auge, dass es einem völlig anderen Gedankengut verpflichtet ist: Allah, der niemals ruhende Schöpfer und Lenker des Diesseits, hat im Voraus nicht nur über die Lebensdauer eines jeden entschieden und über die materiellen und immateriellen Güter, die er genießen wird, sondern auch bereits dessen Jenseitsschicksal festgelegt. Worüber nach mu'tazilitischer Überzeugung – und wohl auch nach derjenigen Mohammeds – Allah erst im Gericht nach Prüfung des Tatenkontos beschließen sollte, das war schon vor der Geburt eines jeden Menschen im „Buch" niedergeschrieben worden. Das Handeln des Menschen, mochte er sich noch so sehr um Gesetzestreue bemühen, konnte daran nichts ändern: Glückseligkeit oder Verdammnis waren vorherbestimmt.

Die Mu'taziliten bildeten selbst zu ihrer Blütezeit nur eine kleine Minderheit unter den Muslimen, eine Minderheit allerdings, die dem muslimischen Geistesleben zahlreiche lange wirkende Anregungen ver-

Metaphysik
lateinisch *metaphysica*, zu altgriechisch *tà metà tà physikà*, wörtlich: Das, was hinter der Natur steht. Lehre von den ersten Prinzipien und Ursachen der Dinge.

mittelte. Die Sunniten, die sich dank des Hadiths als die eigentlichen Bewahrer des Wissens und der „Rechtleitung“ der medinensischen Urgemeinde betrachteten, wussten aber im 11. Jahrhundert, dass sie die erdrückende Mehrheit der Muslime ausmachten. Abd al-Qahir al-Bagdadi (gestorben 1038), der Verfasser einer Darstellung der sunnitischen Lehren, merkte mit Stolz an, dass die Anhänger anderer Glaubensrichtungen am wesentlichen Daseinszweck des islamischen Staats, an der Ausdehnung seiner Grenzen zu Lasten der Andersgläubigen, keinerlei Anteil hätten. Die Sunniten hingegen oblägen dem Grenzkampf nicht nur am Südsaum Anatoliens, am Rande Schwarzafrikas und in Andalusien, sondern selbst an der Ostküste Afrikas und im Innern Asiens. Der allgemeinen Verbreitung des Sunnitentums im islamischen Reich entspricht nach Abd al-Qahir dessen Alleinherrschaft in der Geistesgeschichte. Selbst die rationalistisch argumentierende Theologie, arabisch *kalam* (wörtlich: Rede, Gespräch), wird daher zu einer ur-sunnitischen Angelegenheit umgemünzt. Die Größen dieses Zweigs intellektuellen Schaffens finden sich unter die Sunniten eingereiht, von deren angeblicher Leistung auf diesem Gebiet in Wahrheit allenfalls Schattenhaftes bekannt ist. Pikanterweise ist es Dscha'far as-Sadiq (gestorben 765), der geistige Ahnherr wichtiger schiitischer Richtungen (die deutlich kleinere der zwei Hauptgruppen des Islam, deren Mitglieder oft in kämpferischer Opposition zu sunnitischen Herrschaftsansprüchen standen), den Abd al-Qahir mit der nach seiner Auffassung entscheidenden Ablehnung des mu'tazilitischen Rationalismus zu Wort kommen lässt: „Die Mu'taziliten wollten die Einsheit ihres Herrgottes dogmatisch absichern, und dabei irrten sie vom Wege ab – desgleichen Allahs Gerechtigkeit, und dabei schrieben sie dem Herrgott den Geiz zu!“[3] Allah ist der unfassbar Freigebige, der den Menschen keinerlei Anlass zu eigener Vorsorge gibt; nichts enthält er ihnen von dem vor, was er jedem einzelnen vor aller Zeit zugemessen hat. Für eigenverantwortliches Handeln, das gerecht beurteilt werden müsste, bleibt weder Notwendigkeit noch Spielraum.

Das mu'tazilitische Diesseits, in dem jedes Gewusste ein Ding ist, war demnach so umzugestalten, dass es darin ein selbstverantwortetes Vorgehen des Menschen gar nicht mehr geben konnte. Dies war die Maxime, nach der seit dem ausgehenden 9. Jahrhundert die sunnitische Rezeption des mu'tazilitischen Rationalismus betrieben wurde, und damit kommen wir zu al-Dschuwaini zurück. Sein schon erwähntes Handbuch und seine übrigen theologischen Traktate waren nicht die ersten Schriften, die diesem Ziel gewidmet worden waren, aber seine Werke sind diejenigen, deren Argumente am klarsten durchdacht sind. Er ist überdies bestrebt, seine Thesen möglichst von mehreren Prämissen her zu entwickeln, sodass es seinen Gegnern schwerfallen musste, seine Behauptungen zu erschüttern.

Akzidens
lateinisch für „sich zufällig ereignen“. Als Akzidenzien bezeichnet man die einer Sache nicht notwendig eignenden, an sich unwesentlichen und veränderlichen Eigenschaften im Gegensatz zum im Wechsel der Erscheinungen beharrenden Wesen einer „Sache“ (lateinisch *substantia*).

Von zwei Richtungen her attackiert al-Dschuwaini das mu'tazilitische Konzept des „gewussten“ Diesseits: Erstens dürfen Substanzen und Akzidenzien niemals ein vielschichtiges Gefüge bilden, das man als einen Organismus bezeichnen könnte, also eine über den *Nu* der Gegenwart hinausreichende, aus der Vergangenheit in die Zukunft fortdauernde Existenz aufwiese. Zweitens darf der Kombination von Substanz und Akzidens keinerlei Kraft oder Fähigkeit innewohnen, die mehr wäre als die Addition des Wesens jener beiden, keinerlei Kraft oder Fähigkeit auch, die, in einem *Nu* geschaffen, erst in einem späteren in Aktion treten könnte. Wie unschwer erkennbar ist, kann man die zweite Thematik als eine Spezifizierung der ersten begreifen.

Die einzelne und eigenschaftslose Substanzpartikel ist dauerhaft; sie wird durch Allah ein ums andere Mal mit je einem Akzidens bestückt, solange das Diesseits besteht. Substanzpartikeln ohne ein Akzidens existieren nicht. Al-Dschuwaini hat Mühe, dieses Postulat gegen anderslautende Meinungen der Mu'taziliten durchzufechten. Es ist für ihn jedoch unentbehrlich, wenn er nicht in die Gefahr geraten will, die Ewigkeit der Welt zu lehren. Die Welt ist laut koranischer Botschaft zu einem bestimmten Zeitpunkt durch Allah aus dem Nichts geschaffen worden. Gäbe es akzidenslose Substanzpartikeln, so könnte das heißen, sie hätten von Ewigkeit her bestanden, mithin schon bevor Allahs Schöpfungshandeln sich ihrer angenommen, sie mit Akzidenzien versehen und dadurch das Diesseits erschaffen hätte. Al-Dschuwaini legt in diesem Zusammenhang dar, dass es Geschehnisse in einer unendlichen Folge von anfangsloser Ewigkeit her nicht gebe; denn wessen Beginn sich in der unendlichen Ewigkeit verliere, das habe logischerweise auch keine Ende. Da der Koran jedoch vom Ende der Welt und dem Gericht künde, sei das Diesseits keine unendliche Ereignisfolge, habe mithin einen Anfang. Geschehnisse begreift er als Akte Allahs, in denen dieser eine Partikel mit einem Akzidens versieht, was am Anfang mit der Erschaffung der Partikeln zusammenfiel. Wir nehmen das Diesseits wie ein Bauwerk wahr, ohne dass wir erkennen könnten, wann und wie es errichtet wurde; aber wir wissen, dass es irgendwann errichtet wurde.

Die durch die Forderung, dass eine Partikel nicht ohne das ihr durch Allah zugewiesene Akzidens existiere, auch gegen die Vermutung einer anfangslosen Ewigkeit abgesicherte zeitliche Diskontinuität der „Dinge“, des Geschaffenwerdenden, bedingt für al-Dschuwaini dessen unorganischen Charakter. Die Mu'taziliten nahmen an, dass Akzidenzien auch ohne Substanzpartikel existieren und erst irgendwann einer Partikel eine greifbare Eigenschaft verleihen, also ein „Ding" im sunnitischen Sinne konstituieren könnten. Desgleichen hielten sie es für denkbar, dass ein Akzidens einem anderen innewohnen könnte, das seinerseits einer Partikel zugehört. Solche Lehren weist al-Dschuwaini schroff zurück. Wenn letzteres der Fall wäre, könnte ein Akzidens auch mehreren anderen innewohnen; die dadurch einer Substanzpartikel vermittelte Eigenschaft griffe auf weitere Partikeln über und stifte – da ein Akzidens nach mu'tazilitischer Auffassung zudem eine Zeitspanne lang, ohne einer Partikel zugerechnet zu werden, zu existieren vermag – einen potenziellen Sachverhalt, der einmal aktuell werden könnte. Dies wäre die metaphysische Rechtfertigung für die mu'tazilitische Lehre von der im Geschöpf angelegten Handlungsfähigkeit. Sie darf es, da sie die Allmacht und die All-Freigebigkeit Allahs einschränkt, nach sunnitischer Überzeugung nicht geben. Vielmehr muss gelten, dass Allah in einem jeden Geschöpf die Handlungsfähigkeit genau in dem Augenblick der von ihm gewirkten betreffenden Handlung in der für diese nötigen Quantität und Qualität schafft.

Ganz ohne einen Blick auf die folgenschweren politischen und gesellschaftlichen Umwälzungen, deren Zeitzeuge al-Dschuwaini war, lässt sich die Problematik der Diskontinuität des Geschaffenwerdenden nicht erfassen. Al-Dschuwaini erlebte den Siegeszug der Seldschuken, türksprachiger Nomaden, die, oberflächlich islamisiert, von Innerasien her in das Kulturland eindrangen. Die Söldnerheere der islamischen Regionalfürsten hatten ihnen wenig entgegenzusetzen. Beweglich, wie die Wanderhirten waren, errangen sie rasch die faktische Herrschaft. Ihr Anführer strebte danach, durch den sunnitischen Kalifen in Bagdad als offizieller, höchster islamischer Machthaber anerkannt zu werden, und als die seldschukischen Krieger den Irak erreicht hatten, war ein diesbezügliches Zögern nicht mehr sinnvoll. Der Kalif setzte ihn zum König des Ostens und des Westens ein, zu einer Art Statthalter mit regional nicht begrenzter Zuständigkeit, und verlieh ihm den Titel „Sultan". In einer staatstheoretischen Abhandlung postulierte al-Dschuwaini eine Zweiteilung der islamischen Gesellschaft. Die führende Schicht, der Herrschaftsapparat und das Militär sowie die Religions- und Rechtsgelehrten, hatten den Daseinszweck des islamischen Staats zu erfüllen, nämlich den *Dschihad* (arabisch; wörtlich: Anstrengung, Kampf) gegen die Andersgläubigen zu führen und die Islamisierung im Innern zu gewährleisten. Die Sesshaften, die Städter und die Bauern, waren als „Herde" gehalten, die finanziellen Lasten zu tragen.

Die Islamisierung im Innern, zu einem Staatszweck erhoben, verschaffte den sunnitischen Gelehrten zum ersten Mal eine durch den Machtapparat alimentierte Rolle. Die Institution der Medresse (arabisch; wörtlich: „Ort des Lernens"; heute: Religionsschule), offiziell gefördert, blühte auf; in der Gestalt des Muftis entstand ein Sachwalter der Scharia, der jenseits der Rechtspflege Gutachten, „Fatwas", darüber erteilte, wie der gesamte Lebensvollzug gemäß Allahs Gesetzeswillen zu formen sei. Setzte dies alles nicht voraus, dass das Diesseits wenigstens bis zu einem gewissen Grad durchschaubar sein musste, dass klar definierte Ursachen stets die gleichen Folgen haben mussten? Wie sollte dies mit der Metaphysik der Diskontinuität des Geschaffenwerdenden zu vereinbaren sein, deren Unentbehrlichkeit angesichts des sunnitischen Bilds von Allah außer Frage stand? Al-Dschuwaini verzagte gegen Ende seines Lebens wegen dieses unauflösbaren Widerspruchs; in seiner Verzweiflung verwünschte er seine Beschäftigung mit dem theologischen Rationalismus und pries den Glauben der „alten Weiblein" als den einzig richtigen.

Rationalismus
von lateinisch *ratio*: Vernunft, Verstand. Im weiten Sinn ein Denken, das davon ausgeht, dass die Welt nach logischen, mittels menschlichem Verstand und Vernunft erkennbaren Gesetzen beschaffen ist.

Al-Ghazali (gestorben 1111) fand eine Generation später den Ausweg aus dem Dilemma: Selbstverständlich kann Allah von einem Augenblick zum andern die Substanzpartikeln mit Akzidenzien versehen, die alles Gewohnte auf den Kopf stellen. Der gläubige Muslim aber darf darauf vertrauen, dass Allah dies nicht tut. Gerechtfertigt wurde solches Vertrauen, indem man visionär begabten Gelehrten die Fähigkeit zuerkannte, im „verborgenen Seinsbereich" (Sure 2, 3) unmittelbar zu schauen, wie Allah sein Schöpfungshandeln und seine Gesetze zueinander in Beziehung bringt. Ohne es zu wollen, hatte al-Ghazali mit dieser Lehre einen Brandsatz an die herkömmliche, auf der Auslegung autoritativer Texte – des Korans und des Hadith – beruhende islamische Gesetzeswissenschaft gelegt. Diesen Brandsatz auszutreten, sollte die muslimischen Gelehrten bis ins 19. Jahrhundert hinein beschäftigen.

Tilman Nagel ist emeritierter Professor für Arabistik und Islamwissenschaft an der Universität Göttingen.

Anmerkungen:

1. Al-Dschuwaini: asch-Schamil fi usul ad-din. Herausgegeben von an-Naschschar und anderen. Alexandrien 1969, Seite 124
2. Muslim b. Hadschdschadsch: Sahih, qadar 1; in allen Hadithsammlungen zahlreiche Varianten
3. Abd al-Qahir al-Bagdadi: Usul ad-Din. Istanbul 1928, Seite 307f. und 317, 220f., 192–201

Zur Vertiefung empfohlen:

– Nagel, Tilman: Die Festung des Glaubens. Triumph und Scheitern des islamischen Rationalismus im 11. Jahrhundert. Verlag C. H. Beck, München 1988
– Nagel, Tilman: Der Koran. Einführung – Texte – Erläuterungen. Verlag C. H. Beck, München 2002
– Nagel, Tilman: Mohammed. Zwanzig Kapitel über den Propheten der Muslime. Oldenbourg Verlag, München 2010

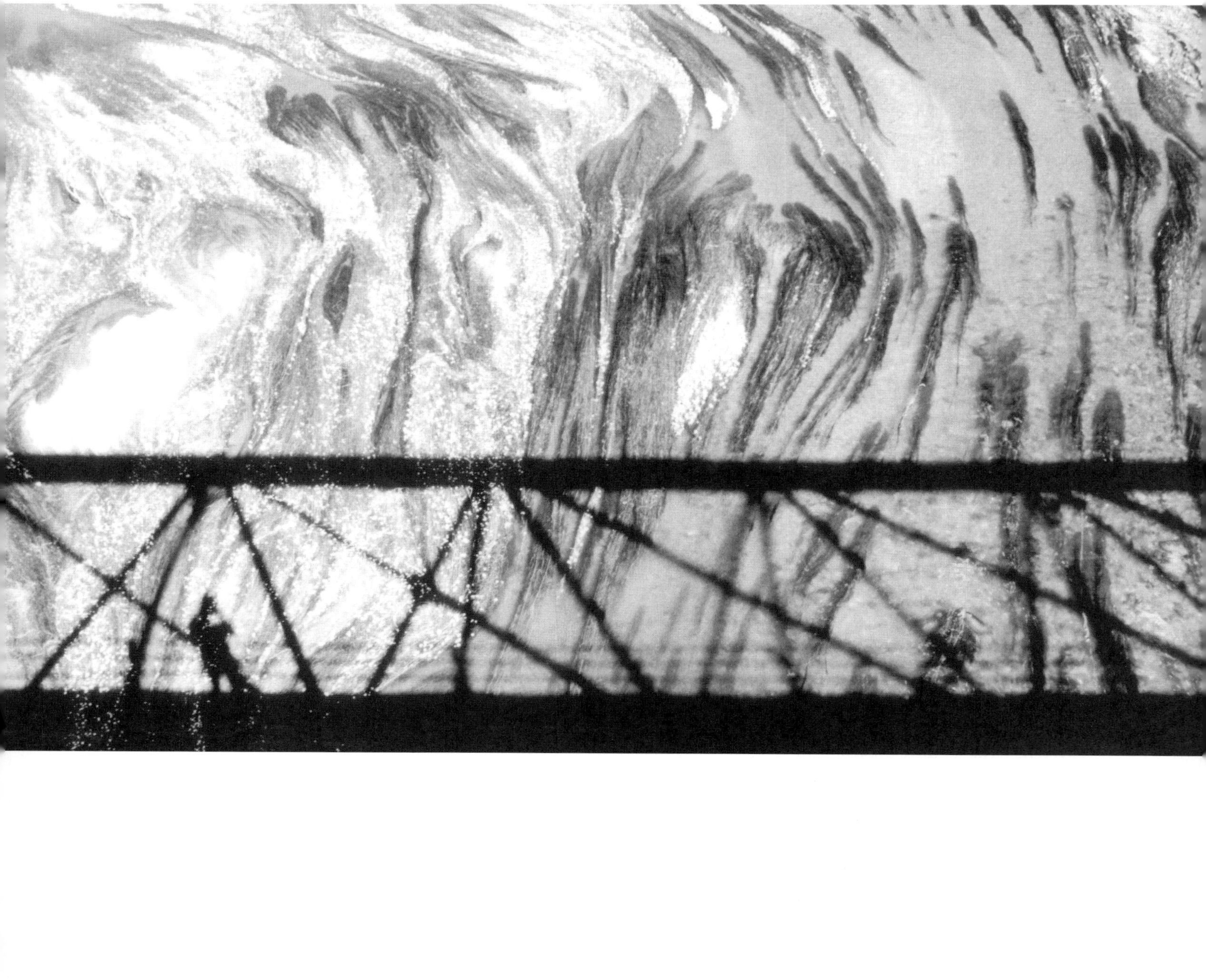

Abbildung: **Ohne Titel**; Michael Dohle, 1988; Fotografie

Erika Fischer-Lichte

Anwesend sein

Der Augenblick der Gegenwärtigkeit

Präsenz ist mehr als Anwesenheit und mehr als Gegenwärtigkeit! Präsenz ist eine Qualität, die ausschließlich an einem anderen Menschen gespürt werden kann, zugleich aber Rückwirkung auf das eigene Gefühl des In-der-Welt-Seins hat. Von ihr lässt sich daher sinnvollerweise nur in einer Situation der leiblichen „Ko-Präsenz" von wenigstens zwei Menschen sprechen.

Helmuth Plessner unterscheidet zwischen „Leib-Sein" und „Körper-Haben" (siehe Erläuterung). Geht man von dieser Unterscheidung aus, stellt sich die Frage, ob die Wahrnehmung der Präsenz auf den Leib oder den Körper bezogen ist – auf das leibliche In-der-Welt-Sein des anderen oder auf seinen Körper, der als Instrument oder Zeichen eingesetzt wird, um bestimmte Handlungen auszuführen und um mit anderen zu kommunizieren. Plessner sieht in dem gleichzeitigen „Leib-Sein" und „Körper-Haben" die Bedingung der Möglichkeit des Menschen, von sich selbst Abstand nehmen zu können, für seine „exzentrische Position", durch die er die *conditio humana* (die Bedingung, das Wesentliche des Menschseins) bestimmt sieht. Der Kunst des Schauspielers komme eine besondere anthropologische Bedeutung zu, weil sie diese *conditio humana* verkörpere. Indem der Schauspieler aus sich heraustrete, um „im Material der eigenen Existenz"[1] eine Figur darzustellen, weise er nachdrücklich auf die mit dem Mensch-Sein gesetzte Doppelung und die in ihr gegründete Abständigkeit hin.

Da der Schauspieler sein „Werk" nicht an einem von ihm abgelösten und insofern verfügbaren Material schafft, sondern „im Material der eigenen Existenz", das heißt in seiner Doppelheit von Leib-Sein und Körper-Haben, ist zunächst die Frage zu stellen, um was für eine Art von Material es sich dabei handelt. In keinem Fall ist es als ein Material wie andere zu denken, beliebig bearbeitbar und formbar. Vielmehr handelt es sich um einen lebendigen Organismus, der sich beständig im Werden befindet, im Prozess einer permanenten Transformation. Für dieses „Material" kann es keinen Ist-Zustand geben; es kennt Sein nur als Werden, als Prozess, als Veränderung. Mit jedem Lidschlag, mit jedem Atemzug, mit jeder Bewegung bringt es sich neu hervor, wird ein anderes, verleiblicht/verkörpert sich aufs Neue. Daher bleibt der menschliche Leib letztlich unverfügbar. Das leibliche In-der-Welt-Sein, das nicht *ist*, sondern *wird*, sich vollzieht, sich beständig neu verkörpert, widerspricht vehement jeglicher Vorstellung von einem Werk. Zum Werk vermag der menschliche Leib erst in seiner Mortifikation zu werden, als toter Körper, als Leichnam. Denn damit erreicht er zumindest vorübergehend einen Ist-Zustand, der allerdings nur durch eine schnelle Einbalsamierung, die dem Prozess der Verwesung zuvorkommt, erhalten werden kann. In diesem Zustand lässt er sich als Material verwenden, das nicht nur in rituellen – wie in Bestattungsritualen –, sondern auch in künstlerischen Prozessen bearbeitet, präpariert und gestaltet werden kann – wie Gunther von Hagens' Ausstellung *Körper-Welten* demonstriert hat. Als lebendiger Leib widerspricht und widersetzt er sich hartnäckig jedem Versuch, ihn zu einem Werk zu erklären, geschweige denn zu machen.

Gleichwohl stehen dem Schauspieler eine Reihe von Techniken zu Gebote, mit denen es ihm gelingt, beabsichtigte Bewegungen auch auszuführen, Handlungen zu vollziehen, Zeichen zu produzieren, kurz: seinen Körper in einer Weise zu verwenden und zu beherrschen, dass sich durch ihn bestimmte Atmosphären, Stimmungen, Emotionen, Bedeutungen anderen – den Zuschauern – mitteilen beziehungsweise in ihnen evoziert werden. Dies können Atemtechniken, Sprechtechniken, Bewegungstechniken sein; sie bringen die je spezifische Leiblichkeit des Schauspieles jeweils neu hervor und gegebenenfalls damit zugleich symbolische Bedeutungen oder eine Figur, die jenseits dieses Prozesses der Verkörperung (*embodiment*)[2] keinerlei Existenz hat. Dieser Begriff soll ein neues methodisches Feld eröffnen, in dem der phänomenale Leib, das heißt das leibliche In-der-Welt-Sein des Menschen, als Bedingung der Möglichkeit jeglicher kultureller Produktion figuriert. Das Konzept der Verkörperung fungiert entsprechend als eine methodische Korrekturinstanz gegenüber dem Erklärungsanspruch von Begriffen wie „Text" oder „Repräsentation".

Der Leib verkörpert sich beständig neu.

Für die Diskussion um die Präsenz des Schauspielers ergeben sich aus den bisherigen Überlegungen vor allem zwei Fragen, die eng miteinander verbunden sind: 1. Ist der Eindruck der Präsenz eines Schauspielers auf sein Leib-Sein oder sein Körper-Haben zurückzuführen? Und 2. mit welchen Prozessen der Verkörperung wird Präsenz als eine wahrnehmbare Qualität hervorgebracht?

Die Präsenz des Schauspielers

Der Begriff der Präsenz lässt sich in drei Konzepte ausdifferenzieren: in ein schwaches, ein starkes und ein radikales Konzept. Das schwache Konzept wird mit

Katharsis
altgriechisch für Reinigung. Indem beim Publikum im Theater zum Beispiel bei einer Tragödie Gefühle wie „Jammer" und „Schauder" hervorgerufen und durchlebt werden, erfahren die Zuschauer Aristoteles zufolge eine Reinigung von diesen.

dem Begriff der Anwesenheit bezeichnet, das starke mit dem der Gegenwärtigkeit und das radikale mit dem der Präsenz. Dabei gilt, dass ohne Anwesenheit keine Gegenwärtigkeit möglich ist, und ohne Gegenwärtigkeit keine Präsenz.

Die gleichzeitige leibliche *Anwesenheit* von Schauspielern und Zuschauern stellt die Bedingung dafür dar, dass sich überhaupt eine Aufführung ereignen kann. Denn diese entsteht aus der Begegnung beider Gruppen und ihrer Interaktion. Dabei wird davon ausgegangen, dass das bloße Faktum der geteilten Anwesenheit eine Wirkung auszuüben vermag. In der im 17. Jahrhundert geführten *Querelle de la moralité du théâtre*[3] (Streit über die Moralität des Theaters) wurde dem Theater allein aufgrund dieser geteilten Anwesenheit die Fähigkeit zugesprochen, eine unmittelbar sinnliche Wirkung auf die Zuschauer auszuüben. Die Gegner des Theaters unterstellten, dass es bereits die Wahrnehmung der körperlichen Vorzüge einer Schauspielerin oder eines Schauspielers sei, die auf die Zuschauer des jeweils anderen Geschlechts eine erotische Anziehungskraft ausüben würde und so Gefühle einer unzüchtigen, vielleicht sogar ehebrecherischen Begierde in ihnen erwecken und sie auf diese Weise verführen würde. Die bloße Anwesenheit eines bestimmten (phänomenalen) Leibes reichte demnach aus, tiefgehende Wirkungen in dem sie wahrnehmenden Zuschauer hervorzurufen.

Eine ähnlich desaströse Wirkung wurde dem semiotischen Körper, das heißt dem vom Körper des Schauspielers dargestellten Körper der dramatischen Figur, zugeschrieben. Denn der Schauspieler kann seinen Körper verwenden, um auf der Bühne leidenschaftliche Handlungen auszuführen, mit denen er die Leidenschaften der von ihm dargestellten Figur zum Ausdruck bringt. Die Zuschauer werden, wenn sie die von Leidenschaft getriebenen Handlungen wahrnehmen, von diesen angesteckt: Auch in ihnen werden Leidenschaften erregt. Die Atmosphäre in einem Theater wurde entsprechend als kontagiös begriffen und beschrieben.[4] Die Ansteckung erfolgt auf dem Wege der Wahrnehmung als Übertragung vom anwesenden Körper des Schauspielers auf den anwesenden Körper des Zuschauers. Sie werde allein durch die gemeinsame Anwesenheit ermöglicht. Darin sind sich Theaterbefürworter und -gegner einig, ganz gleich, ob sie die Erregung von Leidenschaften wie Aristoteles als eine heilsame Katharsis (siehe Erläuterung) oder – wie Rousseau noch in der zweiten Hälfte des 18. Jahrhunderts[5] – als eine dem Menschen zutiefst schädliche, ihn sich selbst und Gott entfremdende Verstörung begreifen. Beide heben hervor, dass die leibliche Anwesenheit von Akteuren und Zuschauern für den Zuschauer prinzipiell ein hochwirksames transformatives Potenzial berge, das sich allerdings nur unter bestimmten sowohl vom Spiel des Schauspielers als auch von der Responsivität (von lateinisch *respondere*: antworten) der Zuschauer gesetzten Bedingungen zu entfalten vermöge.

Dichotomie
von altgriechisch *dicha*: getrennt. In formaler Hinsicht bezeichnet Dichotomie die Trennung einer Menge in zwei Untermengen, die sich gegenseitig ausschließen. In der Philosophie wird damit zumeist die Bestimmung eines Begriffs durch zwei sich ausschließende Unterbegriffe bezeichnet, wie zum Beispiel die Bestimmung der Seele als zusammengesetzt aus Bewusstem und Unbewusstem oder die Definition des Menschen als Einheit von Körper und Geist.

Von ganz anderer Art sind die Wirkungen, die von der *Gegenwärtigkeit* des Schauspielers im Zuschauer ausgelöst werden. Mit diesem Begriff wird eine spezifische Weise des Schauspielers, auf der Bühne anwesend zu sein, gefasst. Sie wird seit dem frühen 19. Jahrhundert als ein geheimnisvolles, wenn nicht gar unheimliches Phänomen beschrieben, als eine Art Magie, mit der es dem Schauspieler gelingt, seine Zuschauer in den Bann zu schlagen. So wurde Schauspielern wie Ludwig Devrient (1784–1832) in Berlin, Edmund Kean (1787–1833) in London oder Frédérick Lemaître (1800–1876) in Paris eine gewisse Dämonie nachgesagt, die sich vor allem in ihren nicht nur sie selbst, sondern auch die herrschenden Theaterkonventionen verwandelnden Gesten manifestierte. Sie besetzten und beherrschten den Bühnenraum und erzwangen die ungeteilte Aufmerksamkeit der Zuschauer. Die „Magie", welche die Zuschauer zu spüren glaubten, schien von ihrem leiblichen In-der-Welt-Sein auszugehen. Zugleich war sie jedoch spezifischen Techniken geschuldet, mit denen sie ihre Körper formten und in Szene setzten.

Während es seit der Uraufführung der schillerschen *Räuber* auf deutschen Bühnen zum Beispiel Sitte war, Franz Moor, den intriganten Bruder des Räuberhauptmanns Karl, nicht nur mit rotem Mantel, roter Perücke und roter Hahnenfeder, mit Höcker und schielenden Augen auftreten, sondern auch ihn Grimassen schneiden, eckige Gesten ausführen und sich ruckartig bewegen zu lassen, „kreierte" Ludwig Devrient 1824 die Rolle, indem er Franz als feinen Kavalier in der schwarz-samtenen, reich bestickten Adelstracht des 18. Jahrhunderts und mit den eleganten, noblen Manieren des *Ancien Régime* präsentierte. Der „Schurke" wurde ausschließlich durch feine mimische und gestische Mittel ausgedrückt, wie durch ein „unheimlich süßes, boshaftes Lächeln, das fieberhaft bewegte, unsichere Mienenspiel, die falschen schönen schwarzen Augen, den schleichenden Gang, die heuchlerische Gebärde, die schmeichelnde Stimme".[6] Die Wirkung auf das Publikum war ungeheuer.

Einen ähnlichen Effekt erzielte eine Dekade später Frédérick Lemaître, als er in bekannten Melodramen die Rolle des Bösewichts übernahm. Der Bösewicht hatte die Pariser Bühnen bis zu diesem Zeitpunkt mit kleinen trippelnden Schritten betreten, als fürchte er, vom Publikum gesehen zu werden. Lemaître trat nun mit ausgreifenden, ganz „natürlichen" Schritten auf, was beim Publikum als Sensation gefeiert wurde, als ein *grand geste*, in dem sich wirkungsvoll die Verwandlung des Schauspielers und zugleich der geltenden Konventionen vollzog. In beiden Fällen brachte der Schauspieler mit seinen als sensationell empfundenen Prozessen der Verkörperung seinen Leib ebenso wie die dargestellte Figur völlig neu hervor. Es gelang ihm, die Zuschauer damit vollkommen in seinen Bann zu ziehen, sodass diese versucht waren, ihm magische Kräfte zuzusprechen.

Von Magie war auch gut hundert Jahre später noch die Rede, als der Kritiker Gert Vielhaber über Gustaf Gründgens' Ödipus in dessen eigener Inszenierung des sophoklischen Dramas *König Ödipus* (Düsseldorfer Schauspielhaus 1947) schrieb: „Wie erklärt sich der Strom von Magie, der sich dem Zuschauer mitteilt, wenn Gründgens nur in Erscheinung tritt? Wenn er den Raum durchmißt, raumgestaltend ...".[7]

Den Gesten, denen es gelingt, den phänomenalen Leib des Schauspielers als intensiv gegenwärtig erscheinen zu lassen und zugleich eine dramatische Figur auf eine neue Weise hervorzubringen, scheint in den Augen der Zuschauer bis heute etwas Magisches anzuhaften. Ihre „Magie" besteht im Vollzug von Prozessen der Verkörperung, mit denen sie den Raum vollkommen besetzen und beherrschen und die Aufmerksamkeit der Zuschauer erzwingen. Der Schauspieler verdankt den Eindruck seiner intensiven Gegenwärtigkeit bestimmten Techniken und Praktiken, die er so einzusetzen vermag, dass er als intensiv gegenwärtig in Erscheinung treten kann, wann immer er will, und die Zuschauer sich als entsprechend responsiv erweisen – sei es gleich beim ersten Erscheinen auf der Bühne und dann durchgehend in der Aufführung, sei es nur in ganz besonderen Augenblicken, in denen er die Zuschauer in Bann schlagen will. Für den Zuschauer, der seine intensive Gegenwärtigkeit spürt, oder besser: dem sie blitzartig widerfährt – „wie ein Strom von Magie" – erscheint sie unvorhersehbar, außerhalb seiner Gewalt, unbegreiflich und ihn ganz ergreifend. Er spürt die Kraft, die vom Schauspieler ausgeht und ihn zwingt, seine Aufmerksamkeit ganz und gar auf ihn zu fokussieren, ohne sich von dieser Kraft überwältigt zu fühlen; er empfindet sie eher als Kraftquelle. Die Zuschauer spüren, dass der Schauspieler auf eine ungewöhnlich intensive Weise gegenwärtig ist, die ihnen das Vermögen verleiht, sich auch selbst auf eine besonders intensive Weise als gegenwärtig zu erleben.

Der Mensch lässt sich weder auf seinen Körper noch auf seinen Geist reduzieren.

Um zu erfassen, wie dies gelingen kann, genügt es nicht, die Verkörperungsprozesse, die der Schauspieler vollzieht, als raumbeherrschend und Aufmerksamkeit erzwingend zu qualifizieren. Vielmehr gilt es zu erkennen, dass in und mit den Verkörperungsprozessen der Schauspieler seinen Leib als einen energetischen hervorbringt, dass er eine besondere Form der Energie erzeugt. Diese Energie zirkuliert zwischen ihm und den Zuschauern im Raum und wirkt unmittelbar auf sie ein. Sie ist die Kraft, die vom Schauspieler ausgeht. Insofern sie dem Zuschauer ermöglicht, selbst Energie hervorzubringen, empfindet dieser den Schauspieler auch für sich selbst als Kraftquelle. Es handelt sich also keineswegs um einen rein körperlichen Prozess. Vielmehr treffen hier körperliche und mentale Komponenten in einem ganz spezifischen Modus aufeinander und wirken zusammen. Wir haben es mit einem Phänomen zu tun, das als ein Bewusstseinsprozess zu begreifen ist, der sich leiblich artikuliert und vom Zuschauer leiblich erspürt wird. Dieses Phänomen lässt sich daher in Kategorien der Leib/Geist- beziehungsweise Bewusstseins-Dichotomie (siehe Erläuterung) überhaupt nicht fassen, sondern bringt diese vielmehr zum Kollabieren, ja, hebt sie auf. Wenn der Schauspieler seinen Leib als einen energetischen hervorbringt, dann tritt er dadurch als verkörperter Geist (englisch: *embodied mind*) in Erscheinung, das heißt, als ein Wesen, bei dem Leib und Geist beziehungsweise Bewusstsein sich nicht voneinander trennen lassen, sondern eines mit dem anderen immer schon gegeben ist. Dieses Phänomen soll als *Präsenz* bezeichnet werden.

Der abendländisch-christliche Zivilisationsprozess baut auf der Entgegensetzung von Körper und Geist auf. Er schreitet angeblich umso erfolgreicher voran, je besser es dem Menschen gelingt, seinen Körper der Kontrolle durch den Geist zu unterwerfen, von seinem Körper zu abstrahieren und sich von den Bedingungen zu befreien, die mit seiner körperlichen Existenz gesetzt sind. Das Glücksversprechen des Zivilisationsprozesses lautet, dass an seinem Ende die Trennung aufgehoben, der Körper vollkommen im Geist aufgelöst sein wird. Präsenz erfüllt dies Versprechen nun in der Tat. Sie hebt die Dichotomie von Körper und Geist auf, wenn auch auf andere Weise. Sie annulliert sie, indem sie den betreffenden Schauspieler als *embodied mind* in Erscheinung treten lässt und damit dem Zuschauer die Möglichkeit eröffnet, sowohl den Schauspieler als auch sich selbst als *embodied mind* zu erfahren.

Präsenz zu erfahren heißt, das eigene gewöhnliche Dasein als außergewöhnliches zu erleben.

Anstatt die Einlösung des Glücksversprechens auf das Ende des Zivilisationsprozesses zu verschieben, wird es in der Präsenz des Schauspielers hier und heute eingelöst. Mehr noch: Indem die Präsenz des Schauspielers den Zuschauer blitzartig sich selbst als *embodied mind* empfinden lässt, erklärt sie das Versprechen als immer schon eingelöst. Der Mensch ist *embodied mind*. Er lässt sich weder auf seinen Körper noch auf seinen Geist reduzieren noch gar als Schlachtfeld begreifen, auf dem beide um die Vorherrschaft kämpfen. Geist ist nicht ohne Leib zu haben und artikuliert sich im beziehungsweise als Leib.

Der westliche Zuschauer ist aufgrund seiner kulturellen Tradition daran gewöhnt, sich aus der postulierten Entgegensetzung von Körper und Geist heraus zu begreifen und die Aufhebung dieser Dichotomie in eine ferne Zukunft zu projizieren oder sie als ein seltenes Glück zu verstehen, das wenigen auserwählten Menschen aufgrund eines besonderen, meist religiös ausgerichteten Lebenswandels schon hier und heute zuteil wird. Wenn ihm die Präsenz des Schauspielers „zustößt", er ihn als *embodied mind* erfährt und dabei sich selbst als *embodied mind* hervorbringt und empfindet, erlebt er dies als einen Glücksmoment, den in den Alltag hinüberzuretten nicht gelingen kann. Um ihn wieder hervorzurufen, bedarf es erneut der Erfahrung von Präsenz. Und so kann der Zuschauer süchtig werden nach diesen seltenen Augenblicken des Glücks, die ihm allein die Präsenz des Darstellers zu schenken vermag.

In der Präsenz tritt also nichts Außergewöhnliches in Erscheinung, sondern etwas ganz Gewöhnliches wird in ihr auffällig und zum Ereignis: die Eigenart des Menschen, *embodied mind* zu sein. Den anderen und sich selbst als präsent zu erfahren, heißt, ihn und sich selbst als *embodied mind* zu erfahren und damit das eigene gewöhnliche Dasein als außergewöhnliches zu erleben, als verwandelt, als transfiguriert.[8]

Erika Fischer-Lichte ist Professorin für Theaterwissenschaft an der Freien Universität Berlin und Direktorin des Internationalen Forschungskollegs Verflechtungen von Theaterkulturen/Interweaving Cultures in Performance.

Leib-Sein/Körper-Haben

Die Unterscheidung zwischen dem biologischen Körper und dem Leib als „beseeltem Körper" ist eine Eigentümlichkeit der deutschen Sprache. Helmuth Plessner fand dafür das Begriffspaar „Körper-Haben" und „Leib-Sein". Während das Tier „zentrisch", also aus seiner Mitte heraus lebt und fest in seine Umwelt eingebunden ist, ist der Mensch darauf angewiesen, zu sich selbst und zu seiner Mitwelt Distanz zu gewinnen, das heißt in einer „exzentrischen Position" zu leben.

Anmerkungen:

1. Plessner, Helmuth: Zur Anthropologie des Schauspielers. In: Plessner, Helmuth: Gesammelte Schriften. Herausgegeben von Günter Dax, Odo Marquardt, Elisabeth Ströher. Frankfurt am Main 1982, Seite 399–418, 407
2. Vergleiche dazu Csórdas, Thomas J.: The body as representation and being in the world. In: Csórdas, Thomas J. (Hrsg.): Embodiment and Experience. The existential ground of culture and self. Cambridge 1994, Seite 1–24
3. Vergleiche dazu die von Laurent Thirouin herausgegebene Sammlung der Texte der *Querelle*: Nicole, Pierre: Traité de la comédie et autres pièces d'un procès du théâtre. Paris 1998
4. Die Metapher der Ansteckung, die ästhetische Erfahrung als einen körperlichen Vorgang intendiert, taucht auffallend häufig in dieser Debatte auf. Sie erlebt interessanterweise in der gegenwärtigen Ästhetik-Debatte eine Renaissance. Vergleiche Fischer-Lichte, Erika: Zuschauen als Ansteckung. In: Suthor, Nicola; Schaub, Mirjam (Hrsg.): Ansteckung. Zur Körperlichkeit eines ästhetischen Prinzips. München 2005, Seite 35–50
5. Rousseau verdammt das Theater, weil „die dauernden Gefühlsaufwallungen, denen man im Theater unterworfen ist", den Zuschauer „entnerven und schwächen" und ihn „unfähig" machen, „seinen Leidenschaften zu widerstehen", ihn also mit Selbstverlust – und im Falle des männlichen Zuschauers – mit Effeminierung bedrohen. Rousseau, Jean-Jacques: Brief an Herrn d'Alembert über seinen Artikel *Genf* im VII. Band der Encyclopädie und insbesondere über seinen Plan, ein Schauspielhaus in dieser Stadt zu errichten. In: Rousseau, Jean-Jacques: Schriften. Band 1, herausgegeben von Henning Ritter. München/Wien 1978, Seite 333–474, 391
6. Bauer, Karoline: Aus meinem Bühnenleben. In: Kabel, Rolf (Hrsg.): Solch ein Volk nennt sich nun Künstler. Berlin (DDR) 1983, Seite 258–299, 282
7. Vielhaber, Gert: Ödipus Komplex auf der Bühne. Die ZEIT, 2.10.1947
8. Vergleiche Danto, Arthur: Die Verklärung des Gewöhnlichen. Eine Philosophie der Kunst. Frankfurt am Main 1989

Christian Jäger

Jeder Augenblick ist der richtige!

Der „göttliche" Augenblick oder: vom revolutionären Akt

Der Augenblick ist ein Blick. Es ist ein Blick, der den Anderen, das Gegenüber einschließt. Augenblicke, in denen sich Subjekte als kollektiv erkennen, sind selten und ergeben sich nur in bestimmten Konstellationen, sprich: im richtigen Augenblick.

Traditionell stellt sich die Frage nach dem richtigen Augenblick in der neuzeitlichen Politik als eine nach dem richtigen Zeitpunkt für revolutionäres Handeln und damit nach dem Austritt aus einer bestimmten geschichtlichen Situation, die zuvor bestimmend wirkte. Stellt man diese Frage, macht die Annahme eines politischen Subjekts Sinn, das durch sein Agieren tatsächlich den Verlauf des historischen Prozesses zu beeinflussen vermag. Wenig Sinn macht dagegen die Annahme eines geschichtlichen Determinismus, demzufolge die auf ein Ziel ausgerichtete Geschichte sich selbst gesetzmäßig und selbsttätig erfüllt. Bekannt ist dieses Geschichtskonzept aus Georg Wilhelm Friedrich Hegels Systemphilosophie, derzufolge die Geschichte mit Hegel, Napoleon und dem Weltgeist an ihr Ende gekommen ist. Aber auch manch pseudomarxistische Vorstellung über den finalen Sieg des Kommunismus braucht nicht das Proletariat und den Klassenkampf, der nach Karl Marx dann eben doch der Motor der Geschichte war.

Und mit Marx sind wir bei den weltanschaulichen Gegensätzen der Ersten Internationale, in der jene, die an die Gesetzmäßigkeit des Fortschritts glaubten, auf diejenigen stießen, die auf unbedingten Aufstand und Kampf setzen: die Anarchisten mit ihren Wortführern Michail Bakunin und Peter Kropotkin. Lange hielt es die Anarchisten nicht in der zentralistisch geführten Internationalen Arbeiter-Assoziation, da die Idee des Anarchismus eben der autoritären Organisation widerspricht.

Eigenartigerweise hat ein fast vergessener Theoretiker des Anarchismus bis heute Einfluss auf die politische Debatte: Georges Sorel, französischer Intellektueller um die vorletzte Jahrhundertwende, war ein Vordenker des Syndikalismus als einer sozialrevolutionären Bewegung, die aus den Gewerkschaften hervorgehen sollte (von französisch: *syndicat* für Gewerkschaft). Mit seinen Interventionen, die stark anti-intellektuell ausgerichtet waren, zielte er auf den Generalstreik, der eine dekadente, in den letzten Zügen liegende Klasse – das Bürgertum, die Bourgeoisie – von den Schalthebeln der Macht fegen sollte, um stattdessen eine neue, kräftigere Klasse an die Macht zu bringen: die Arbeiterschaft. Diese brauche nur Mythen folgen, glauben und handeln – Mythen wie etwa dem vom Generalstreik, den Sorel ausgerufen hatte. Sorels Ansatz war in den ersten Jahrzehnten des 20. Jahrhunderts einflussreich auf eine Vielzahl radikaler politischer Theoretiker sowohl faschistischer, marxistisch-leninistischer wie anarchistischer Ausrichtung.

Sorels Ansatz bleibt im kulturellen Gedächtnis unter anderem durch Walter Benjamins Aufsatz *Zur Kritik der Gewalt* erhalten, in dem Benjamin sich mit den sorelschen Theoremen zur politischen Gewalt auseinandersetzt. Benjamin sieht hierin tatsächlich eine fundamentale Frage nach Recht und Gerechtigkeit aufscheinen. Denn die Frage, die erscheint, sobald es gegen den Staat gerichtete Gewalt gibt, ist zunächst einmal die, woher der Gewalt Legitimität zukommen soll. Der Staat hat seinerseits das Recht inne und kann verurteilen nach den Maßstäben dieses Rechts, wodurch er zugleich gerecht erscheint. Ausnahmen sind Staaten, die nach den Kriterien ihres eigenen Rechts ungerecht agieren, die beispielsweise Korruption gesetzlich verurteilen, in der Umsetzung der Gesetze jedoch durchaus korrupt sind. Aber woher wissen wir, dass das Recht nach einem anderen Maßstab als dem staatsimmanenten gerecht ist? Sorel und Benjamin sind sich einig: Wir wissen es nicht, vielmehr können wir es gerechtfertigt bezweifeln. Denn woher kam dieser Staat mit seiner mehr oder minder kohärenten Behauptung und Ausübung des Rechts und der damit behaupteten Gerechtigkeit? Durch wen oder was ist er legitimiert?

Am Anfang aller politischen Verbandsgründung steht ein gewalttätiger Akt: Aufstand, Putsch, Rebellion oder Revolution. Ein tatsächlich gewalttätiger Akt, der sein Recht nur aus der Stärke zieht, mit der er in der Lage ist, das alte politische Regime abzuschaffen und ein neues zu installieren. Das heißt aber auch, dass das alte Recht gebrochen und ausgesetzt wird. Das Recht der neuen politischen Ordnung ergibt sich aus dem Bruch des Rechts der vorhergehenden Ordnung und ist damit immer schon von einem Standpunkt aus ungerecht und unrecht. Was in der Regel dann aber dadurch aufgehoben wird, dass die sich neu konstituierende Rechtsordnung von der vorgängigen dasselbe behauptet, ja dass es von allem Anfang ihre Leiterzählung

Dekonstruktion
von Jacques Derrida eingeführter Begriff, der heute vielfach wegen seines doppelten Richtungssinns gebraucht wird: als Destruktion/Zerstörung im Sinne einer radikalen Kritik traditioneller Begriffe der Philosophie (wie Subjekt oder Sein) und als Konstruktion im Sinne von Herausarbeitung neuer Bedeutungen und Einführung veränderter Sichtweisen.

ist, dass die Ordnung, gegen die sie antrat, ungerecht und unrecht war. Obsiegt die neue staatsbildende gegen die alte staatliche Gewalt, wird im Nachhinein auch die alte Ordnung rechtlich verfolgt und mittels Gesetz ins Unrecht gesetzt.

Nicht nur die Erfahrungen des post-franquistischen Spaniens oder Argentiniens nach den Jahren der Militärjunta mit Neugründungen ohne Verfolgung der alten Ordnungen und ihrer Hüter zeigen, dass eine Amnestie sich auch insofern rächt, als das nicht restlos Bekämpfte in Form eines kollektiv Verdrängten stets wiederkehrt und die Folgen, für die Einzelnen wie für die politische Form insgesamt, nicht absehbar sind.

Menschewiki
(wörtlich: Minderheitler) wurde eine gemäßigte Fraktion der Sozialdemokratischen Arbeiterpartei Russlands genannt, deren Anhänger am Prinzip der Massenpartei festhielten, wohingegen Lenin und seine Anhänger 1903 im Rahmen des zweiten Parteitags beantragten, die Partei in eine straff geführte Kaderpartei von Berufsrevolutionären umzugestalten. Die seither **Bolschewiki** (wörtlich: Mehrheitler) genannte, eigentlich zahlenmäßig unterlegene Fraktion um Lenin gewann die Abstimmung knapp, weil einige Delegierte die Versammlung kurz vor der Abstimmung verlassen hatten.

Dies verweist auf das Ende des benjaminschen Aufsatzes, an dem die reine Gewalt mit dem Göttlichen in Verbindung gebracht wird. Mit dem Attribut göttlich zeichnet Benjamin eine Gewalt aus, die, wie die anarchistische Gewalt im von Sorel vehement geforderten Generalstreik, keine Agenda, keine klar definierten Ziele kennt; eine Gewalt, die nicht Mittel zu bestimmten Zwecken ist. Während im die Staatlichkeit stützenden sogenannten politischen Partialstreik konkrete Forderungen erhoben werden, bekundet der Generalstreik seine Gleichgültigkeit gegenüber dem materiellen Gewinn der Eroberung. Seine einzige Aufgabe ist die Vernichtung der Staatsgewalt. Denn der Staat ist Sorel zufolge der Daseinsgrund der herrschenden Gruppen, die von allen Unternehmungen, deren Lasten die Gesamtheit trägt, den Nutzen haben. Aus diesem Grund tritt der Staat dieser Form des Streiks auch entschiedener gegenüber, als den „meist tatsächlich erpresserischen Partialstreiken" (BW 195). Sorel zufolge ist alles Recht immer Vorrecht der Mächtigen. Solange das Recht als solches besteht, wird dies auch immer so sein, „denn unter dem Gesichtspunkt der Gewalt, welche das Recht allein garantieren kann, gibt es keine Gleichheit, sondern bestenfalls gleich große Gewalten." (BW 198)

So bleibt für Benjamin aufgrund des Gewaltcharakters jeden Rechts selbst jeder politische Kompromiss mit einem Zwangscharakter behaftet: „Denn was er in vitalen Angelegenheiten erreicht, können nur jene im Ursprung und Ausgang mit Gewalt behafteten Rechtsordnungen sein." (BW 191)

Ganz grundsätzlich wird Benjamin zufolge eine wie auch immer wirksame Ursache „zur Gewalt im prägnanten Sinne des Wortes ... erst dann, wenn sie in sittliche Verhältnisse eingreift" (BW 179). Darüber hinaus ist alle Gewalt als Mittel entweder rechtssetzend (sprich sie begründet ein wie auch immer geartetes Rechtssystem mit Vorschriften unter Sanktionsandrohung) oder rechtserhaltend (das heißt, die mit Gewalt durchgesetzte Strafe dient dazu, das bestehende Rechtssystem zu erhalten). Die göttliche Gewalt ist jedoch nicht die eines Gottes, sondern die revolutionäre Gewalt der Menschen, die dem Zyklus von Rechtssetzung und Rechtserhaltung ein Ende setzt und ein neues geschichtliches Zeitalter begründet, erst dann kann von heiliger Vollstreckung gesprochen werden.

Die revolutionäre Gewalt als göttliches Siegel des neuen geschichtlichen Zeitalters beendet nämlich den Staat und eröffnet die Gemeinschaft der Menschen als eine politische Form der Selbstverwaltung, die des Rechts nicht mehr bedarf. Damit sind wir an jenem utopischen Horizont, den Benjamin 1921 diffus aufreißt und den nicht minder diffus Jacques Derrida 1990 sich wieder zu schließen bemüht.

In den beiden Vorträgen, die in dem Band *Gesetzeskraft. Der „mystische Grund der Autorität"* versammelt sind, geht Derrida zunächst auf das Verhältnis von Gesetz und Recht zur Dekonstruktion (siehe Erläuterung) im Allgemeinen ein, um sich im zweiten Teil detaillierter mit Benjamins Text *Zur Kritik der Gewalt* auseinanderzusetzen. Wesentlicher Kritikpunkt Derridas an Benjamins Postion ist dabei die Geschichte des Holocausts. Der Holocaust habe Benjamins Gewalt-Konzeption verunmöglicht. Derrida beschreibt es als eine mögliche Versuchung, die er in diesem Text „am fürchterlichsten" und „darin unerträglich" finde, nämlich „die, den Holocaust als eine gegen alle Deutung widerspenstige Manifestation der göttlichen Gewalt zu denken: der göttlichen Gewalt, die, wie Benjamin betont, vernichtend, entsühnend und unblutig ist, und die das Recht im Zuge einer schlagenden Bewegung zerstört." (DJ 123)

Offenkundig versteht Derrida die darin enthaltene geschichtsphilosophische Radikalität. Denn Benjamin geht es ganz allgemein um das Ende der Staaten wie ihres Rechts. Es ist ihm um eine ganz neue Epoche jenseits der klassischen Staatlichkeit zu tun. Damit sind der nationalsozialistische Staat und die nationalsozialistische Judenverfolgung, die als Recht begründet werden sollten und mit entsprechenden Gesetzen legitimiert worden waren, höchst eindeutig ausgeschlossen. Derrida folgt hier einer Vorstellung des Grundrechts und des allgemeinen Rechts, die Benjamin nicht teilt. Benjamin geht vom politischen Charakter des Rechts aus, das sich, wie er sagt, mit dem Mythos (der Überhöhung/Verklärung von Personen, Sachen, Ereignissen oder Ideen in Gründungserzählungen) gemeinmacht, sozusagen „bastardiert" (vermischt/gekreuzt) wird. Nur die göttliche Gewalt, die dieses politische Recht und seine Gewalt beendet, ist reine Gewalt.[1]

Benjamin erscheint in diesem Denken der Illegitimität der revolutionären Gewalt und der Unabsehbarkeit von deren Konsequenzen tatsächlich als der gegenüber Derrida radika-

Pragmatismus
Ursprünglich auf Charles Sanders Peirce zurückgehende philosophische Richtung, deren Vertreter das Handeln als Voraussetzung beziehungsweise Ziel des Erkennens betrachten.

lere Denker (auch die göttliche Gewalt ist Benjamin zufolge illegitim, da sich die Vernichtung des bestehenden Rechts nur mit dessen ebenfalls gewalttätiger Einsetzung begründen lässt). Offensichtlich, und darin kann man Derrida einen Schritt weit folgen, ist diese geschichtsphilosophische Riskanz und Unbedecktheit des Revolutionsgedankens am Anfang des 20. Jahrhunderts zugänglicher als an dessen Ende. Entscheidet sich Derrida angesichts des untergehenden Ostblocks für die Bedächtigkeit der Reformen, die auf das einsehbare allgemeine Recht rekurrieren, so steht Benjamin nach den Gräueltaten des Ersten Weltkriegs für die Hoffnung auf etwas, was die bisherige Geschichte enden möge und zwar nicht apokalyptisch, sondern „göttlich".

Die Frage nach dem revolutionären Augenblick und nach dem Positiven darin treibt auch Gilles Deleuze und Félix Guattari in *Tausend Plateaus* um: „Lenin erklärte, dass die Parole ‚Alle Macht den Räten' nur vom 27. Februar bis zum 4. Juli galt, um eine friedliche Entwicklung der Revolution voranzutreiben, daß sie aber nicht im Kriegszustand gelten könne; wobei der Übergang vom Frieden zum Krieg jene Transformation einschloss, die sich nicht darauf beschränkte, von den Massen zum führenden Proletariat überzugehen, sondern vom Proletariat zu einer führenden Avantgarde. *Genau am 4. Juli* war die Macht der Räte beendet. Man kann alle äußeren Umstände angeben: nicht nur den Krieg, sondern auch den Aufstand, der Lenin zwang, nach Finnland zu fliehen. Es ist trotzdem richtig, dass sich am 4. Juli die körperlose Transformation ankündigte, also bevor der Körper, zu dem sie hinzukam, nämlich die Partei selber, organisiert war." (TP 117)

Am 4. Juli 1917 fand der Juliaufstand statt, begleitet von bewaffneten Auseinandersetzungen, welche die Menschewiki mit den Bolschewiki führten (siehe Erläuterung) und dabei schnell unterlagen. Was Deleuze und Guattari 1980 noch relativ neutral formulieren, obgleich sie die Partei als einen Körper beschreiben, „der bereit war, in einem im strengen Sinn bürokratischen Redundanzsystem aufzugehen" (TP 117), klingt neun Jahre später in einem Text zu Herman Melville, *Bartleby oder die Formel*, ganz anders: „Die Gefahren der ‚vaterlosen Gesellschaft' sind oft aufgezeigt worden, doch es gibt keine andere Gefahr als die Wiederkehr des Vaters. Insofern lassen sich die Formen des Scheiterns der beiden Revolutionen, der amerikanischen und der sowjetischen, der Pragmatismus und die Dialektik (siehe Erläuterung) nicht voneinander trennen. Die universale Emigration gelingt genauso wenig wie die universale Proletarisierung. Der Unabhängigkeitskrieg läutet bereits die Totenglocke, so wie es die Liquidierung der Sowjets tun wird. Geburt einer Nation, Restauration des Nationalstaates und die monströsen Väter kehren im Galopp zurück während die vaterlosen Söhne erneut zu sterben beginnen. Abziehbilder sind das Schicksal des Amerikaners wie des Proletariers." (DG 121)

Wie man sieht, führt hier Deleuze die Diskussion weiter, die Benjamin anfing: Die Revolutionen – ob nun die amerikanische oder die sowjetische – erwiesen sich nicht als „göttliche". Das Göttliche erscheint allenfalls ekliptisch, das heißt aufblitzend im revolutionären Akt für einen kurzen Moment. Bei Deleuze führt dies zu einer neuen Konzeption des revolutionären Agierens, das eher auf Fluchtlinien erfolgt, die das bestehende System aus verschiedensten Richtungen kommend und in verschiedenste Richtungen weisend überschreiten. Dadurch wird es durchlässig bis hin zu einer möglichen Transgression (Ausdehnung / Verhärtung) der bestehenden Macht- und Eigentumsverhältnisse. (Michael Hardt und Antonio Negri haben dieses Konzept in ihren Polit-Bestsellern *Empire*, *Multitude* und *Commonwealth* anschaulich auszumalen versucht.)

Führt hier wie bei Derrida das Bedenken der Revolution zu einer Abkehr von der klassischen Konzeption der grundlegenden und einigermaßen grandiosen Umwälzung – und nur darin Derrida vergleichbar –, so kehrt Slavoj Zizek, Lenin bedenkend, auf unerwartete Weise zum alten Revolutionskonzept zurück. Zizek konstatiert, dass es im Zentralkomitee der KP recht einsam um Lenin geworden war, als er die Fortsetzung der Februarrevolution im Jahre 1917 forderte. Nur wenige Führungsmitglieder wollten ihm folgen, aber: „Lenin war deshalb erfolgreich, weil sein Appell an der Parteinomenklatura vorbei ein Echo in dem fand, was man als revolutionäre Mikropolitik zu bezeichnen versucht ist, nämlich der unglaublichen Zunahme basisdemokratischer Bewegungen und überall in den russischen Städten aus dem Boden schießenden Lokalkomitees, die die Dinge selbst in die Hand nehmen und dabei die Autorität der ‚legitimen' Regierung ignorierten." (ZS 11)

Dieser wenig beachtete Aspekt sowjetischer Revolutionsgeschichte lässt Lenins Texte für Zizek durch einen bestimmten Aspekt ausgezeichnet erscheinen: „sein Beharren auf der Kluft, die die ‚expliziten' formalen Konturen des politischen Kampfes zwischen der Vielzahl der Parteien und anderen politischen Subjekten, und dem, was gesellschaftlich dabei auf dem Spiel steht ..., voneinander trennt. Diese Kluft ist die Kluft zwischen der Revolution qua imaginärem Ausbruch der Freiheit durch eine kolossale Begeisterung, qua magischem Augenblick der allgemeinen Solidarität, wenn ‚alles möglich scheint', und der harten *Arbeit* des gesellschaftlichen Wiederaufbaus, die es zu verrichten gilt, wenn diese Begeisterung Spuren im schwerfälligen Gesellschaftsgefüge hinterlassen soll." (ZS 11)

Wider allen Erwartens feiert Zizek die Epoche zwischen Februar- und Oktoberrevolution genau dafür, dass sie sich bei Lenin einträgt als Verlassen des gött-

Dialektik
Die einer Sache innewohnende Gegensätzlichkeit. Nach Georg Wilhelm Friedrich Hegel Grundstruktur und Methode, die von der Einheit im Widersprüchlichen ausgeht beziehungsweise diese Einheit in vermittelnder Weise zu fassen versucht. Bei Karl Marx bezeichnet die Dialektik den Weg von der lebendigen Anschauung der Wirklichkeit über die Abstraktion (Theorien zur Funktionsweise der Wirklichkeit) zur Konkretion (Überprüfung und gegebenenfalls Modifikation der Theorien in der Wirklichkeit).

lichen Augenblicks und der Begegnung mit dem Realen der gesellschaftlichen Schwerkraft, dem Trägheitsmoment der Strukturen und politischen Subjekte. Gerade das Insistieren auf der Notwendigkeit des politischen Kampfs wie der politischen Aufbauarbeit, die Deleuze auf dem Weg von den Räten hin zur Partei überaus kritisch begleitet, ist für den slowenischen Theoretiker Indiz des revolutionären Materialismus bei Lenin: Jede Revolution muss zweimal zuschlagen, da sie beim ersten Mal in den tradierten Formen stecken bleibt und erst in einer zweiten Anstrengung beziehungsweise Radikalisierung ihre eigene Form findet – was für die französische Revolution 1789 ebenso gilt wie für die russische 1917.

Zizek, der ebenso viel von der Psychoanalyse Jacques Lacans wie vom Marxismus Louis Althussers gelernt hat, setzt nun zwei Meister auf ein Register: „Bei Lenin wie bei Lacan, *la rèvolution ne s'autorise que d'elle-même* (die Revolution autorisiert sich durch nichts anderes als sich selbst); man sollte den revolutionären Akt durchführen, der nicht vom großen Anderen autorisiert wird – die Furcht, ‚zu früh' an die Macht zu gelangen, die Suche nach einer Garantie ist die Furcht vor dem Abgrund der Tat/des Aktes. Hierin liegt die ultimative Dimension dessen, was Lenin unermüdlich als ‚Opportunismus' geißelt. Seine Wette lautet: Der ‚Opportunismus' ist eine Position, die an sich mit dem Schutzschirm ‚objektiver' Fakten, Gesetze oder Normen bemäntelt, weshalb der erste Schritt im Kampf dagegen darin besteht, die Dinge beim Namen zu nennen, auszusprechen, was Sache ist, die Wahrheit zulassen, dass es im Zentralkomitee bestimmte Tendenzen oder Meinungen gibt." (ZS 13)

Am Ende dieser kleinen Passage durch Revolutionskonzepte mehr oder minder gegenwärtiger Theoretiker kommen wir also auf Sorel zurück und die Unbedingtheit der Aktion, die zur Fortsetzung der Revolution nötigt, nachdem sie Vorbedingung ihres Beginnens war und, wie wir fortsetzen wollen, auch jene des Erkennens des Blicks im Auge der anderen: Das politische Subjekt erkennt sich darin als revolutionäres. Es tut dies zum großen Bedauern vieler Theoretiker – Peter Furth schrieb einst in diesem Sinne zur *Phänomenologie der Enttäuschung* in der Frankfurter Schule – fast nie aus Einsicht, sondern in der Aktion oder aus ihr heraus. Sorel und Lenin wie auch Benjamin und Zizek wussten das und bejahten es, Derrida lehnte es ab, und Deleuze und Guattari suchten nach einem Weg, dieses Erlebnis zu vervielfachen: jeweils *jetzt* zu beginnen, ohne den einen großen Moment, den „göttlichen" revolutionären Augenblick abzuwarten – entsprechend dem Titel der Poetik-Vorlesungen Ulrich Peltzers: *Angefangen wird mittendrin...*

Dieser Titel öffnet die beiden Perspektiven, die hier in Frage stehen: Mit den Sorel und Lenin folgenden Denkern geht es um die historische Chance und den Preis, den man in Kauf nimmt, um sie zu nutzen. Und unter den gegebenen Umständen rechtfertigt sich die Oktoberrevolution als politischer Erfolg, der das Ziel der Bolschewiki umsetzte. Anders wäre es historisch womöglich nicht gegangen. Deleuze insistiert in gewisser Weise darauf, dass es vielleicht besser nicht gegangen wäre, und die Form, die sich der Sozialismus in der Folge wohl nur geben konnte, ihm letztlich mehr geschadet habe, als der zeitweilige Machtgewinn an Attraktivität hinzufügte. Damit ändert sich auch die Ausrichtung des politischen Agierens. Es wird nicht ein großer Augenblick erwartet, sondern multiple Gruppierungen wirken an verschiedenen Stellen und mit unterschiedlichen Geschwindigkeiten auf eine Systemalternative hin. Jeder Augenblick ist in dieser Konzeption der richtige, da es nicht mehr den einen geben wird, sondern ein permanentes Prozessieren mit Rückschlägen und Vorschlägen. Blickt man nach Lateinamerika und in die arabische Welt, so scheinen sich dort tatsächlich solche Augenblicke zu mehren, begleitet von Erscheinungen wie Wikileaks als einem globalen Enthüllungsmedium und anderen politischen Zusammenschlüssen als wir sie aus der Zeit der Parteien kennen.

Diese Unrast, die Sehnsucht nach den Augenblicken der Veränderung, hat Paul Celan in ein Gedicht gefasst:

Es ist Zeit, dass der Stein sich zu blühen bequemt,
dass der Unrast ein Herz schlägt.
Es ist Zeit, dass es Zeit wird.

Christian Jäger ist Dozent für Neuere Deutsche Literatur an der Humboldt-Universität zu Berlin.

Anmerkung:

1. Während die mythische Gewalt (die wie im Zorn zweckfrei ausgeübte Gewalt beziehungsweise die Gewalt der Götter im Mythos) rechtssetzend sein kann, so ist „die göttliche rechtsvernichtend, setzt jene Grenzen, so vernichtet diese grenzenlos, ist die mythische verschuldend und sühnend zugleich, so die göttliche entsühnend, ist jene drohend, so diese schlagend, jene blutig, so diese auf unblutige Weise letal" (BW 199). „Die mythische Gewalt ist Blutgewalt über das bloße Leben um ihrer selbst, die göttliche reine Gewalt über alles Leben um des Lebendigen Willen. Die erste fordert Opfer, die zweite nimmt sie an." (BW 200)

Literatur:

- Benjamin, Walter: Zur Kritik der Gewalt. In: Gesammelte Schriften. Band II. Frankfurt/Main 1991, Seite 179–203 (**BW**)
- Deleuze, Gilles; Guattari, Félix: Tausend Plateaus. Berlin 1992 (**TP**)
- Deleuze, Gilles: Kritik und Klinik. Frankfurt/Main 2000 (**DG**)
- Derrida, Jacques: Gesetzeskraft. Der „mystische Grund der Autorität". Frankfurt/Main 1991 (**DJ**)
- Furth, Peter: Phänomenologie der Enttäuschungen. Frankfurt/Main 1991
- Hardt, Michael; Negri, Antonio: Empire. Die neue Weltordnung. Frankfurt/Main 2002
- Hardt, Michael; Negri, Antonio: Multitude. Krieg und Demokratie im Empire. Frankfurt/Main 2004
- Hardt, Michael; Negri, Antonio: Common Wealth. Das Ende des Eigentums. Frankfurt/Main 2010
- Peltzer, Ulrich: Angefangen wird mittendrin. Frankfurter Poetikvorlesungen. Frankfurt/Main 2011
- Sorel, Georges: Über die Gewalt. Frankfurt/Main 1981
- Zizek, Slavoj: Die Revolution steht bevor. Dreizehn Versuche über Lenin. Frankfurt/Main 2002

Wie lange ist ein Augenblick?

Mit dem Mikrofon unterwegs in Aachens Straßen

So lange wie ich ihn empfinde.
Chemiker, 57

Das ist von Augenblick zu Augenblick verschieden.
Musiker, 44

Ein Augenaufschlag lang.
Logopädin, 30

So lange wie er für uns sein muss.
Student, 24

Genauso lange wie die Ewigkeit.
Pfarrer, 48

Ein Augenblick kann kurz, aber auch lang sein, ein Augenaufschlag oder einen Sommer lang.
Studentin, 23

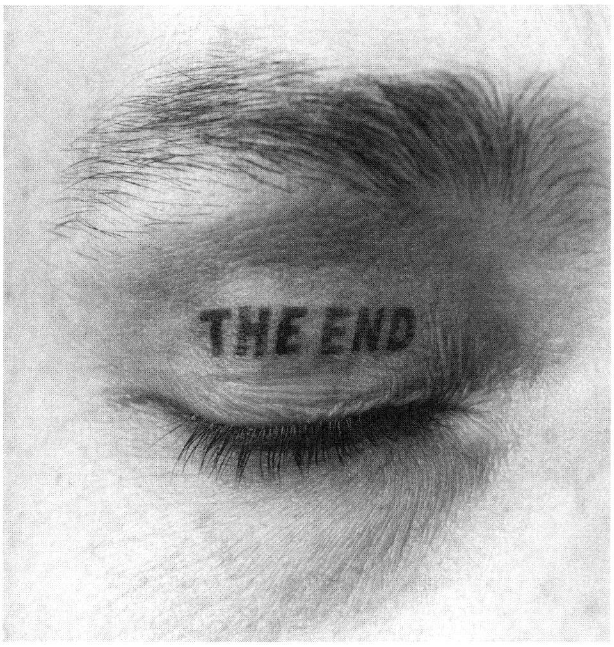

Schon vorbei!
Gymnasiallehrerin für Ethik und Deutsch, 24

der blaue reiter

Wenn es etwas dramatisches ist, dann ist er kurz, aber ganz heftig. Sagt ja schon der Name, der Blick eines Auges.
Zahnarzt, 78

Das ist nicht messbar, zumindest nicht in Zeiteinheiten.
Steuerberater, 52

Ein Augenblick dauert bis zum nächsten Augenblick.
Sonderschullehrerin, 28

Ein Augenblick ist eine einzigartige Wahrnehmung. Man kann einen Augenblick auch nur einmal wahrnehmen, eine Erinnerung an einen Augenblick ist kein Augenblick mehr.
Grafikerin, 30

Das hängt von den Augen ab, die ihn wahrnehmen.
Künstlerin, 28

Kommt auf den Augenblick an.
Kauffrau, 27

Im Nachhinein können einem auch zwei Wochen als Augenblick vorkommen.
Kellnerin, 30

Die Frage „Hast du mal einen Augenblick Zeit?" kann einen ganz schön langen Augenblick meinen...
Student, 22

Darüber muss ich mal einen Augenblick nachdenken. (lacht)
Student, 23

Wenn man etwas bewusst wahrnimmt, fängt man an, sich auf diesen Augenblick zu konzentrieren und entscheidet, wann man wieder damit aufhört. So ein Augenblick kann Sekunden dauern oder vielleicht einen Tag, aber nicht viel länger.
Student, 26

Was war der schönste Augenblick in Ihrem Leben?

Mit dem Mikrofon unterwegs in Aachens Straßen

Sex ist immer toll – da jagt ein toller Augenblick den anderen.
Schüler, 17

Genauso schnell ist es mit dir dann auch immer vorbei!
Seine Freundin, 16

Das ist jetzt ein ziemlich beschissener Augenblick!
Schüler 17

Der schönste Augenblick meines Lebens wird mein Tod sein!
Ganz in Schwarz gekleideter Gothic-Fan, 17

Als ich meine erste Liebe zum ersten Mal gesehen habe.
Tischler-Azubi, 24

Auf den schönsten Augenblick meines Lebens warte ich noch.
Grafikerin, 30

Ich habe drei schönste Augenblicke: die Geburten meiner drei Kinder.
Hausfrau, 50

Ich glaube nicht, dass es nur einen schönsten Augenblick gibt, sondern mehrere. Ich muss zum Beispiel an meinen ersten Kuss denken oder daran, als ich die Zulassung für mein Studium bekommen habe.
Student, 22

Das weiß ich erst, wenn ich keine Augenblicke mehr erleben werde...
Student, 24

Ich habe sofort ein Bild im Kopf, aber das ist ein intimer Moment mit meiner damaligen Freundin, den verrate ich nicht.
Musiker, 44

Von Superlativen halte ich nicht viel. Es gibt auch nicht das schönste Lied oder den schönsten Menschen. Aber oft verbindet man schöne Augenblicke mit Menschen, die man liebt, oder mit Erfolgen, die man erzielt hat.
Studentin, 23

Das ist schwer zu sagen, das kann ich so spontan nicht beantworten.
Chemiker, 57

Mit dem Mikrofon unterwegs auf Aachens Straßen waren Maren Wynands und Benedict Neurohr.

Abbildung linke Seite:
The End
Timm Ulrichs, 1970;
Augenlid-Tätowierung
Foto: Hoerner, Hannover
Lithografie: ArtnetworX
www.artnetworx.de

Friedrich Dieckmann

Die überraschende Wendung

Blitzschläge der Geschichte

Kairos, die Verkörperung des günstigen Augenblicks, der beim Schopfe zu packenden Gelegenheit, ist erst spät auf den Olymp berufen worden. Ein Poet, Ion von Chios, nannte ihn im fünften vorchristlichen Jahrhundert den jüngsten Sohn des Zeus, es war seine persönliche Eingebung, und es brauchte noch einmal mehr als hundert Jahre, bis in der Zeit Alexanders des Großen, der als ein Feldherrn-Monarch um die Bedeutung des rasch erfassten Momentes wusste, aus dem Begriff eine Gestalt wurde, ein Götterbild, das, von dem berühmten Lysippos geformt, allgemein einleuchtete und sich steigender Beliebtheit erfreute. Spätere Darstellungen zeigen einen nicht mehr jungen, aber athletischen nackten Mann mit großen Flügeln und kahl geschorenem Hinterkopf, dem von der Stirn eine lange Locke nach vorn fällt; an der will er gepackt sein. Niemand hat diesen Kairos besser beschrieben als jener Theaterdirektor, der nach der lebhaften Debatte, in die ihn der Dichter und die Lustige Person verwickelt haben, zu Taten mahnt:

Das Mögliche soll der Entschluß
Beherzt sogleich beim Schopfe fassen:
Er will es dann nicht fahren lassen
Und wirket weiter, weil er muß.
(Goethe, Faust, Vers 27–30)

Das Leben der Einzelnen wie der Gruppen, der Völker wird von sich bietenden und sich versagenden, von ergriffenen und versäumten Gelegenheiten regiert; die ersteren bilden das Feld der realen, die letzteren – „Was wäre wenn" – das der hypothetischen Geschichtsschreibung. Es sind mit Macht, Ämtern, Einfluss ausgestattete Einzelne, denen jene Gelegenheiten sich bieten, die als ergriffene dann das Leben der Vielen bestimmen. Ein berühmtes Beispiel gibt jene Antwort, die der Graf Mirabeau in Versailles als Abgeordneter des Dritten Standes dem Oberzeremonienmeister Ludwigs XVI. erteilte, als dieser die Versammlung der Deputierten der drei Stände im Namen des Königs, der die Abgeordneten zuvor persönlich in die Schranken gewiesen und ihre Beschlüsse kassiert hatte, zum Verlassen des Saals aufforderte. Kleist hat diese Antwort seiner Betrachtung *Über die allmähliche Verfertigung der Gedanken beim Reden* einbezogen, dergestalt dass er sie für eine Eingebung des Augenblicks erklärte, für eine Improvisation ohne Bewusstsein von der Tragweite der sich stufenweis höher schraubenden Rede. Der Autor beruft diese Stufen, indem er zwei Sätze einfügt, die Mirabeau gar nicht gesprochen hat; schrieb er den ganzen Text nur, um diese Sätze anbringen zu können? Sie lauten: „Wir sind die Repräsentanten der Nation. Die Nation gibt Befehle und empfängt keine."

Es ist der Autor, der hier beim *Schreiben* Gedanken verfertigt. Sie treffen das Wesen der Situation, aber nicht die wirkliche Antwort Mirabeaus, in die Kleist mit den beglaubigten Worten einlenkt: „So sagen Sie Ihrem König, daß wir unsre Plätze anders nicht als auf die Gewalt der Bajonette verlassen werden." Worauf der Zeremonienmeister sich entfernt und die vereinigten Deputierten beschließen, ihre Beschlüsse aufrechtzuerhalten und die Unverletzlichkeit ihrer Mitglieder zu dekretieren. „Dieser eine Tag", schreibt F. A. Mignet über diesen 23. Juni 1789, „stürzte die königliche Gewalt."

Das Leben der Einzelnen und der Vielen ist vor allem ein Tun, ein Verrichten, nach jenem schillerschen Vers von der „Beschäftigung, die nie ermattet, die langsam schafft, doch nie zerstört". Es bildet sich als Summe des Gleichmäßigen, aber es ist der exponierte Moment, der Blitzschlag des Ausschlaggebenden, der, nach dem hegelschen Bild, aus der übermäßig angewachsenen Quantität das Qualitativ-Neue hervorspringen lässt. Mirabeaus Sätze kamen nicht von ungefähr, sie zogen die Summe aus der bereits vollzogenen Emanzipation der Deputierten des Dritten Standes gegenüber der monarchischen Gewalt, der Einberufung der Ständeversammlung aber lag ein Staatsbankrott zugrunde, der auf extremen Steuerprivilegien beruhte. Wenn die Schuldenwirtschaft luxusbesessener Eliten das Maß des Erträglichen übersteigt, ist der Appell an die Erwerbstätigen immer der letzte Ausweg, und manchmal führt er explosiv zu völlig neuen politischen Formen.

Bildet dieser 23. Juni 1789 die Initialzündung der von dem französischen Aufbruch bestimmten und mit Napoleon in einen Imperialismus des Fortschritts umschlagenden Epoche, so markiert der 18. Oktober 1813 deren Ende: der Tag, an dem sich in einer Schlacht von auch später nicht wieder dagewesenen Ausmaßen, was die Masse der Soldaten und die Zahl der Opfer anbelangt, in und bei Leipzig die Niederlage Napoleons entschied. Drei Tage lang hatten die Kämpfe hin und her gewogt, ohne dass eine der beiden Seiten – 200 000 Mann auf der französischen Seite, 300 000 Mann auf der der Verbündeten – entscheidende Vorteile errungen hatte; da geschah es am vierten Tag in Taucha, dass sechstausend Mann sächsischer Truppen, die aufgrund des Bündnisses ihres Königs mit dem Imperator auf französischer Seite in den Kampf eingreifen sollten, auf dem Schlachtfeld kehrtmachten, ihre Kanonen umdrehten und sich auf die Seite der Alliierten schlugen, die die ihrer preußischen und österreichischen Landsleute war; das war der Wendepunkt der Schlacht.

Wie war er vorbereitet, wie koordiniert worden? Der Vorgang ist erstaunlich unbekannt und kommt mehr bei französischen als bei deutschen Geschichtsschreibern vor. Es muss eine Absprache der Offiziere untereinander und mit dem Gegner gegeben haben, ein auf den günstigen Augenblick wartender Vorsatz angesichts der Tatsache, dass die Franzosen sich in dem verbündeten Sachsen wie eine Räuberbande aufgeführt hatten; die erzwungene Mitwirkung an Napoleons Russlandfeldzug hatte das Land Tausende von Toten gekostet. An einem bestimmten Punkt der Leipziger Schlacht muss es den Offizieren zu viel geworden sein; sie machten, vermutlich mit Wissen der Gegenseite, kehrt, Europas Zukunft entscheidend. Sie wäre früher entschieden worden, wenn eins der Attentate, die auf Napoleon verübt worden waren, sein Ziel erreicht hätte. Gelingen immer nur die falschen Attentate: auf Heinrich IV., Abraham Lincoln, den Erzherzog Ferdinand? Es ist ein verstörender Gedanke, dass das Leben von Millionen davon abhängen kann, ob das Münchner Hofbräuhaus einige Minuten zu früh verlassen oder die Aktentasche mit der Bombe von einem Ahnungslosen um zwei Meter verstellt wird.

Eine Abwandlung der Situation, in der sich im Juni 1789 in Versailles das Schicksal des absoluten Königtums entschied, bietet die Zuspitzung, die sich zweihundert Jahre später, am 8. Oktober 1989, auf Dresdens Prager Straße ereignete, wo sich am Abend mehr als tausend Demonstranten weigerten, der Polizei zu gehorchen und ergebnislos auseinanderzugehen; stattdessen wollten sie Vertreter bestimmen, die mit der Stadtregierung in Verhandlungen träten. Würden die Sicherheitskräfte sie mit Gewalt auseinandertreiben? Dass die Staatsmacht die Protestanten als Gesprächspartner der Behörden akzeptierte, war auch einem mutigen Oberbürgermeister zu danken, aber verantworten konnte es nur ein Einziger, der Parteichef des Bezirks; er tat es gegen 21.30 Uhr in einer Beratung mit den Generälen der Polizei, der Armee und der Staatssicherheitskräfte. Hans Modrow schlug die entscheidende Bresche in die Mauer aus Furcht, Dünkel und schlechtem Gewissen, hinter der sich die Berliner Parteiinstanzen verschanzt hatten.

Eine halbe Stunde, das ist mehr als ein Augenblick, doch wirklich von einem solchen konnte die Rede sein, als einen Monat später, am 9. November 1989, in einer internationalen Pressekonferenz einem Berliner Parteisekretär, der gar nicht befugt war, eine Regierungsmaßnahme zu verkünden, betreffs des Inkrafttretens einer neuen Reiseverordnung jene Doppelung zweier Adverbien, „sofort" und „unverzüglich", entfuhr, welche die politische Bresche, die vier Wochen vorher geschlagen worden war, Stunden später in eine konkrete Bresche verwandelte: im Mauerbeton. Es gibt auch heute noch Stimmen, die diese beiläufig fallengelassenen Worte eines Mannes, der auf dem Alexanderplatz fünf Tage zuvor einer Million Demonstranten gegenübergestanden hatte, für vorsätzlich, mit Einrechnung der Folgen, halten, aber vieles spricht dagegen. Was Heinrich Kleist an Mirabeaus Antwort an den Oberzeremonienmeister bemerken zu können glaubte, geschah in dem Berliner Konferenzraum aus einer Mischung aus Unbedacht und Selbstgefälligkeit: Hier stehe ich und verkünde euch was Erfreuliches!

Vier Stunden später stand, mit Nachhilfe feinohriger Medien, eine Menschentraube vor dem Grenzübergang Bornholmer Straße, dessen Hüter sich dem Andrang schließlich ergaben. Die allmähliche Verfertigung der Geschichte beim Reden? Es war ein Kunststück eigener Art, hinter dem Rücken der schlafenden Sowjetunion mit zwei Worten – die Mauer zu öffnen. Dergleichen setzt, wie bei Mirabeau, voraus, dass das Fass übervoll ist. Dann genügt der Tropfen der Improvisation, die Quantität überlaufen zu lassen, damit sich die neue Qualität, der neue Aggregatzustand herstelle, von dem noch niemand weiß, wie er beschaffen sein wird.

Zwölf Jahre später zündete ein Blitzschlag des historischen Augenblicks, auf den dieser Name wirklich zutrifft: Einigen arabisch-islamistischen Amerika-Besuchern, die zum Teil auf den Sperrlisten der Einreisebehörden gestanden hatten (andere waren dort als Flugschüler auffällig geworden), gelang es mit dem Schwenken großer Messer, an deren Mitnehmen keine Kontrolle sie gehindert hatte, zwei Passagierflugzeuge in ihre Gewalt zu bringen, die sie gegen zwei New Yorker Hochhäuser steuerten; Mord, Feuer, Verwüstung war die Folge. Dass von diesem Anschlag, genauer: von der Reaktion auf ihn, die in der Entfesselung weltumspannender Militäraktionen beruhte, der Niedergang der Weltmacht USA ausging, ist inzwischen die vorherrschende Ansicht; auch die Weltmacht Sowjetunion hatte nicht folgenlos in Afghanistan Krieg geführt. Anders beschaffen war jener Sonntagabend im Oktober 2008, an dem in Berlin-Tiergarten eine Kanzlerin und ein Bundesfinanzminister in den Abgrund aggressiver Finanzspekulationen blickten; sie fassten den Gott des Augenblicks beim Schopfe, indem sie ohne jede gesetzliche Autorisierung die deutschen Bankguthaben mit einer Staatsgarantie ausstatteten. Sie wollten sich nicht den kahlen Hinterkopf des katastrophal versäumten Moments bieten lassen.

Friedrich Dieckmann lebt als Schriftsteller in Berlin-Treptow.

Heinrich Steinfest

Orgasmus – der kleine Tod

Abbildung:
Rumble in the Jungle
Kinshasa, Zaire;
30.10.1974
ddpimages/AP
Foto: Ed Kolenovsky

Georg Foreman, der amtierende Weltmeister im Schwergewichtsboxen, wird in der siebten Runde des Kampfs um die Weltmeisterschaft von einer Rechten des Herausforderers Muhammad Ali getroffen.

der blaue reiter

Keine Situation und kein Zustand bringen den Menschen im Laufe seines Lebens so nahe an den Tod heran wie der Orgasmus. Ja, selbiger kopiert den Tod, ganz im Unterschied zu irgendwelchen Leibesübertreibungen wie dem Fallschirmsprung oder dem Genuss wechselwirkender Pharmaka, was sämtlich darauf hinausläuft, seinen Schädel ins Maul eines Löwen zu halten.

Im Maul des Löwen wartet freilich nicht der Tod, sondern bloß ein ziemlich heftiger Mundgeruch. Sollte der Löwe entgegen seiner Dressur zubeißen, erfährt der Dompteur in erster Linie *einen* Zustand: den der Lächerlichkeit, da sich ja die Frage aufdrängt, was er um Himmels willen zwischen den Zähnen einer Großkatze verloren hatte. Er er*lebt* den Tod nicht, schaut ihn nicht, sondern *ist* tot. Und zwar definitiv. Der Orgasmus hingegen bietet die Möglichkeit, des Todes ansichtig zu werden, ihn wenigstens zu fühlen, seine Gestalt zu ahnen, seine Attraktivität, und hernach wieder fröhlich oder auch nicht fröhlich durchs Leben zu marschieren, aber dieses Leben unter dem Aspekt tatsächlicher „Todeserfahrung" zu relativieren. Der Tod wie der Orgasmus sind zeitlos, verdichtet zu einem Punkt, welcher gleichzeitig ein Loch darstellt wie auch dessen Füllung, also die Aufhebung dieses Loches (das hat bitte nichts mit dem Ineinandergreifen der Geschlechtsorgane zu tun, sondern gilt auch dort, wo aus diversen Gründen auf die biologisch sich anbietenden Muster verzichtet wird). Es ist wie bei einem Dartpfeil, der in dem Moment, da er eine Höhlung schafft, diese auch verschließt. Man fragt sich unweigerlich, ob die Dartscheibe diese „Verletzung" im Augenblick des Entstehens überhaupt bemerkt oder nicht erst dadurch, dass der Pfeil aus dem Brett gezogen wird und sich nun die „Wunde" praktisch ihrer selbst bewusst wird.

Diese Wunde wird offenkundig, wenn der Orgasmus ausklingt – wobei er ja nicht selten vollkommen abrupt endet und das Ausklingen bloß eine Illusion darstellt, eine romantische Regung, die ein Spötter auch als „posttraumatisch" interpretieren könnte. Oder aber man spürt tatsächlich, wie der Dartpfeil aus dem Material gezogen wird und zuletzt Licht in die Höhlung fällt, schmerzendes Licht. Es ist darum kein Wunder, dass gerade im Zuge früher sexueller Erfahrungen, die weniger von einem qualifizierten Ausprobieren diverser naheliegender oder befremdlicher Praktiken dominiert wird als von massiven Vereinigungs- und Verschmelzungsfantasien, der Orgasmus als ein Erlebnis erfahren wird, nach dem man eigentlich tot sein möchte. Man ist sich nämlich im Klaren, dass alles, was in der Folge kommt, entweder einen Abstieg bedeutet oder einen Abklatsch. Der erste Kuss ist der erste Kuss, und keine Ungeschicklichkeit kann die tiefgreifende Empfindung dämpfen. Das lässt sich so wenig wiederholen wie man eine Geburt wiederholen oder einen abgerissenen Fingernagel annähen kann. Die Versuche, mittels immer neuer Liebeserlebnisse und Liebeserfahrungen eine Wiederholung dieses Kulminationspunkts herbeizuführen, sind in den meisten Fällen zum Scheitern verurteilt. Natürlich entstehen weitere Orgasmen, die zu weiteren Todesannäherungen führen, aber auch solche Annäherungen verfügen über verschiedene Qualitäten. Der Tod, den man ahnt, kann nicht nur ein grandioser oder erfüllender sein, sondern auch ein banaler, hässlicher, trostloser. Gerade das zwanghafte Bemühen, mittels Tricks, mittels der aus Ratgeberbüchern und Magazinen übernommenen Strategien und Sexualtechniken, vor allem aber mittels der oft erbittert vorgetragenen Einforderung der eigenen Befriedigung ans Ziel zu kommen, führt zwar zu tatsächlichen oder imaginierten, zu leisen wie lauten Orgasmen, spiegelt aber weniger einen dramatischen oder famosen Tod wider denn ein ödes, eher im Lächerlichen als in der wahren Tragödie verankertes Diesseits. Die Person verbrennt, ohne vorher geglüht zu haben. Genau darum, weil die Person derart verkrampft auf die Explosion konzentriert ist.

Mitunter ist die Vorbereitung auf den Orgasmus befriedigender als der Orgasmus selbst, und damit ist nur sehr bedingt das Vorspiel gemeint, sondern viel eher die Maßnahmen, von denen wir meinen, sie würden uns in die Lage versetzen, *guten Sex* zu haben. Etwa der aktuelle Körperkult, das ständige Herumtun am eigenen Körper dank Training, Muskelaneignung, manipulativen Eingriffen, Fressen und Speien, Sonnenflucht und Sonnensucht. Dass der Sport bei dieser Orgasmusvorbereitung eine so wesentliche Rolle spielt, rührt freilich nicht nur aus dem Bedürfnis nach einem optimierten Äußeren und einer dank Bewegung und Anstrengung resultierenden ständigen Erhitzung (die zwar kein „Glühen" darstellt, aber ein Anfeuern), nein, der Sport scheint darum so ideal, weil er gerade in seiner professionellen oder wetteifernden Ausformung über einen dem Orgasmus verwandten Ausdruck verfügt: die punktgenaue Sensation, das Tor, den Treffer, die Einlochung, die Höchstwertung, die Hundertstelsekunde, die den immensen Abstand zwischen erstem und zweitem Platz produziert. Wenn sich der Ball im Tornetz verfängt, führt dies zu einem Augenblick absoluter Atemlosigkeit, einem Moment des Herzstillstands, tauber Zehen, leerer Hirne, stockenden Blutes, bevor der Jubel losbricht, das orgiastische Geschrei, das triumphierende Gebrüll, das Ballen der Fäuste, das Strecken der Hände und Recken der Hälse, der kollektive Tanz, das Meer von Freudentränen... doch nicht weniger durchdringend erscheint die Erschütterung, die Fassungslosigkeit derer, für die der Ball ins falsche Tor ging und die in der Tat diesen Höhepunkt als Tod begreifen, nicht als kleinen, sondern als großen (welcher bis zum Ende des Spiels von noch größeren übertroffen werden kann). Überhaupt ist im Sport mehr als der Sieg die Niederlage eigentlicher Anziehungspunkt, das fulminante oder erbärmliche Scheitern – die Katastrophe, die sich im verschossenen Elfmeter ereignet, im Doch-noch-Fallen der Latte beim Hochsprung, im über den Metallring hüpfenden, in letzter Sekunde den Korb meidenden Basketball, vor allem aber im Sturz: beim Ski fahren, von der Schanze, vom Rad, vom Pferd und am deutlichsten im Bereich der Formel-1-Rennen, weil sich dort der kleine Tod des Orgasmus und ein möglicher tatsächlicher Exitus eng verschränken. Die ehrlichen Zuschauer geben zu, dass sie an diesen Automobilsportveranstaltungen eigentlich nur den Start mögen, weil da die Unfallträchtigkeit am größten ist (während die Piloten in der Folge bloß noch im Kreis fahren, wie Niki Lauda das ausgedrückt hat). Freilich hat die Karambolage im Falle einer Startsituation den Charakter einer vorzeitigen Ejakulation und besitzt auch mitten im Rennen den Beigeschmack des Virtuellen: Bei aller Gefährdung des Piloten sind es schließlich die Autos, die in erster Linie zu Schaden kommen (beziehungsweise qua eigenem Körpereinsatz die Unversehrtheit des Piloten gewährleisten sollen, sich also opfern).

Sehr viel humaner ist in diesem Zusammenhang das Boxen. Zwar gibt es auch hier Kämpfe, die schneller zu Ende sind, als das Publikum überhaupt hochschauen kann, aber zumeist findet eine geradezu übersichtlich dem Höhepunkt zustrebende Entwicklung statt. Zuerst ein kleines, betont komödiantisches Vorspiel, wenn die beiden Kontrahenten sich gegenüberstehen und sichtlich die Belehrungen des Ringrichters ignorieren, weil so völlig damit beschäftigt, eine gegenseitige Verachtung vorzuspiegeln, die sogleich dadurch

Der Orgasmus ist ein erreichtes Ziel, welches die Methoden des Erreichens negiert.

konterkariert wird, dass man sich auf die intimste Weise begegnet: halbnackt, eingesperrt in einen SM-artig seilverhangenen Raum. Sodann im Streit die Wahrheit suchend, und zwar gemeinsam suchend. Die in den ersten Runden übliche Heftigkeit und konzentrierte Beweglichkeit weicht alsbald einem gewissen Schlendrian der Schritte, Hiebe und Deckung und vor allem einem Einbüßen der Distanz, wenn die ermüdeten Kämpfer sich aneinanderlehnen – weinende Berge, glänzend, geschwollen, mitunter blutend – und sich gegenseitig in die Flanken hauen, als wollten sie die Hüfte des Gegners mit einem Stempel versehen: *Mir war in Runde 4 ein wenig schwindelig.* Man kann oft sehen, wie sie sich in diesen Situationen etwas zuflüstern, was wohl sehr viel weniger den Ekel gegenüber dem Gegner ausdrückt als gegenüber den unwürdigen Zuständen, den Anzüglichkeiten des Publikums sowie den banalen Anweisungen der Trainer aus der jeweiligen Ecke. Trainer, die ihren Schützlingen immer etwas in der Art von „Jesus lebt!" zurufen, während den Kämpfern nach Schlafen zumute ist, nach einem ewigen harmonischen Ineinander-Verkralltsein, einer letztendlich friedlichen Bergverschmelzung. Aber darin besteht nun mal nicht der Zweck der Veranstaltung, sondern in jenem *schlagartigen* Kulminationspunkt, der sich daraus ergibt, dass einer umfällt und einer stehenbleibt. Richtig, das ist nicht selten brutal, wobei aber mancher Mensch erklärt, es sei sehr viel angenehmer, *niedergeschlagen* als *niedergekeift* zu werden. (Was auch der Grund sein dürfte, dass viele Boxer mehr als ihren Gegner ihre Betreuer fürchten, die da lieblos mit Wattestäbchen in den blutenden Augen herumkratzen und dabei auf ihre Schützlinge einreden, als sei man seit tausend Jahren miteinander verheiratet.)

Nun, bei aller Heftigkeit ergibt sich aus einem ein K.o. erzwingenden Schlag eine singuläre Situation, welche deutlich zeigt, was der Sinn des Orgasmus ist: nämlich Ruhe, aber nicht im Sinne des zuvor angesprochenen Schlafs, sondern im Sinne absoluter

Abbildung:
Rumble in the Jungle
ddpimages/AP

George Foreman geht in der achten Runde zu Boden.

Bedürfnislosigkeit: ein Moment, in dem das Laute und das Leise sich gegenseitig aufheben. Die zehn Sekunden, in denen ein *gefallener* Boxer vom Ringrichter angezählt wird, bilden weniger einen Nachhall des aus dem Treffer geborenen Orgasmus, als dass sie ihn nachträglich einkleiden. Der nackte Orgasmus erhält eine Hülle. Hüllen können die Würde des Objekts unterstreichen oder seine Hässlichkeit betonen (denn der Orgasmus trägt alles in sich: Grazie, Verzückung, Erhebung, Liebe, Selbstsucht, Banalität, Obszönität, Geistlosigkeit). Die Schönheit eines Schlags oder einer Schlagkombination, die dazu führt, dass der Gegner „auf die Bretter fällt", wird natürlich dadurch unterstrichen, dass er dort, auf den Brettern, die zehn Sekunden im Stile einer Pietà-Darstellung zubringt, nur dass Maria ihren Sohn von Ferne beweint, den leblosen Leib, der einer Auferstehung entgegensieht.

Leider bringt es die Dramaturgie mit sich, dass viele der Boxer sich bemühen (oder dies vorgeben), wieder auf die Beine zu kommen, um weiterzukämpfen. Das „Weiterkämpfen" gehört zu den traurigen Eigenschaften des Menschen, die Unfähigkeit, sich in die Gestalt der Niederlage zu fügen, der Zwang, gegen das Schicksal aufzubegehren. Im Boxen wie im Leben führt das zu Exzessen. Ein Boxer, der benommen von Hieben und Müdigkeit, geblendet vom Blut, das aus seiner Braue rinnt, seine Deckung nicht mehr halten kann und gleichsam durch ein höllisches Kinderspiel wankt, ist mitleiderregend. Erschütternd, als Evander Holyfield gegen die hochfavorisierte Schlagmaschine Mike Tyson die ersten Runden überstand, die Oberhand gewann, und es dazu kam, dass der in Runde 6 zu Boden gegangene und wie aus einem Alptraum hochgekommene *Iron Mike* sodann alles Mögliche erblickte – tanzende Kühe, lachende Kindergesichter, diamantenbesetzte Ringrichter –, nur nicht die sich nähernde Faust Evander Holyfields. Einer dieser blinden Titanen, die bloß noch die Gnade eines Ringrichters oder ein fliegendes Handtuch rettet (kein orientalischer Teppich, sondern ein zerknülltes Ding aus Frottee). Keine Pietà, sondern der abgeschlagene Kopf eines gestürzten Helden. – Dies stellt natürlich auch nur eine weitere Form der Tragödie dar, widerspricht aber jener reinen Form des Orgasmus, wo ein „Schlag" einen endgültigen, in vollkommene Ruhe übergleitenden Schlussakkord setzt. Etwas, das man ideal im Sumoringen vorfindet. Roland Barthes drückt es in seinem Buch *Das Reich der Zeichen* so aus: „Der Kampf ist von blitzartiger Kürze: er dauert nur so lange, wie es braucht, die andere Masse zu Fall zu bringen. Keine Krise, nichts Dramatisches, keine Erschöpfung, mit einem Wort: kein Sport: bloßes Zeichen des Gewichts und nicht die Erregtheit des Streits."

Doch auf den Streit können wir nicht verzichten (beim Boxen so wenig wie in der Liebe), der Streit markiert unsere religiöse Empfindung, das Bedürfnis, Gottesbeweise zu finden. Wir provozieren die Anwesenheit des Schöpfers, sein Eingreifen. Wir sind darum so gerne böse, ungerecht und brutal, weil wir meinen, IHN solcherart hinter der Ecke hervorlocken zu können. Wir fordern sein sichtbares Interesse an unserer Schlechtigkeit, seine Interventionen, sein Klagen, seine Strafe. Darum sind wir auch gar nicht am *gerechten* Streit interessiert, oder überhaupt an Gerechtigkeit, denn das wäre dann ja das Paradies auf Erden und kaum dazu angetan, ein göttliches Eingreifen nötig zu machen. Wenn wir in jungen Jahren eine Katze am Schwanz packen, einem Käfer die Beine ausreißen, einem Kleineren grundlos in den Hintern treten, sehen wir erwartungsvoll gen Himmel. Wenn wir später in bewusster und fantasievoller Absicht eine Lüge an die andere flechten (nicht selten dabei SEINEN Namen missbrauchend), dann tun wir das in der wilden Hoffnung, ER könne das nicht auf sich sitzen lassen. Man kann vielleicht sagen, dass der Kapitalismus, der ja aus einer christlich orientierten Gesellschaft hervorgegangen ist, seinen eigentlichen Zweck darin sieht, Gott in Versuchung zu bringen, sich einzumischen und seine eigene, gegen den Mammon und eine Verherrlichung der Ungleichheit gerichtete Ethik durchzusetzen.

Der Streit nun ist das stärkste Symbol unserer Gottessehnsucht. Und dass wir Regeln für die diversen Formen des Streitens aufstellen, tun wir nur, um IHN mittels ständiger Regelbrüche erneut zu provozieren. Es ist kein Wunder, dass beim Boxen der Ringrichter so oft den Kampf unterbrechen muss, um die Kontrahenten darauf aufmerksam zu machen, sie würden Regeln missachten, die ihnen doch eigentlich in Fleisch und Blut übergegangen sein müssten. – Und auch wenn es nicht ausdrücklich verboten ist: Warum wird so gerne auf *Cuts* gezielt, also versucht, eine soeben mühsam verschlossene Wunde erneut zum Bluten zu bringen? Von Boxern, die immerhin vor und nach dem Kampf zu Christus beten.

Erst der Orgasmus befreit uns kurzfristig von diesem Bedürfnis, böse sein zu müssen. Die einen, weil sie im Zustand des Höhepunkts (ihrer Verzückung) Gott zu erkennen meinen und somit auf eine weitere Herausforderung verzichten können. Die anderen, da sie ja in diesem speziellen Augenblick tot sind, erlöst, erlöst auch von der Erwartung, zehn Sekunden lang ums Aufstehen ringen zu müssen.

Klar, die sexuelle Praktik (also der Streit) ist höchst kompliziert, umständlich, ausufernd, konstruiert, dichterisch und genießerisch, mitunter menschenverachtend, mitunter schwachsinnig, manchmal lustig, manchmal traurig. Im Orgasmus jedoch konzentriert sich der Sex zu einem Punkt von hoher Dichte, der sich gleichzeitig von eben diesem Sex emanzipiert, um für sich alleine zu stehen. Er, der Orgasmus, ist ein erreichtes Ziel, welches die Methoden des Erreichens negiert. Ein wenig wie Leute, die sich für ihre Herkunft genieren. Das heißt also: Der Orgasmus leugnet den Sex, durch den er zustande gekommen ist. Er ist tendenziell asexuell, geradezu prüde, und in der Tat gibt es gar nicht so wenige Menschen, die hätten gerne einen Orgasmus, der ohne Sex stattfindet, so wie man ein Kind haben möchte ohne einen Erzeuger oder einen Frieden ohne Friedensstifter. Einen Tod ohne das Sterben. Im Grunde einen Höhepunkt, dem keine Anstrengung und/oder Peinlichkeit vorangegangen ist. Denn der Sex ist hauptsächlich eine Anstrengung und/oder Peinlichkeit wie auch der Sport und erst recht die Bemühungen professioneller Friedensstifter, die weniger der Frieden als das Stiften kümmert (und die naturgemäß eine gewisse Angst davor haben, der Frieden könnte tatsächlich eintreten, zumindest, wenn nicht gleichzeitig anderswo ein Krieg auf sie wartet). Wenn gerne gesagt wird, der Weg sei das Ziel und alle zustimmend nicken, birgt das die Gefahr in sich, die Eitelkeiten und Dummheiten der Weggestaltung zu übersehen. Also Friedensstifter, die dem Frieden im Weg stehen.

Der Orgasmus befreit uns kurzfristig vom Bedürfnis, böse sein zu müssen.

Dabei kann eine Abschweifung, ein Ornament durchaus eine gute Sache sein, aber sicher nicht, um den Weg zum Ziel zu verlängern oder gar das Ziel aus den Augen zu verlieren, sondern ganz im Gegenteil, eine Abkürzung zu gehen, die von den andern übersehen wurde. Im Sex würde das bedeuten, mit Hilfe einer spielerischen Nonchalance, einer barfüßigen Leichtigkeit, einem lyrischen „Gottvertrauen" (das nicht ständig Beweise fordert) die eigene Verkrampfung aufzugeben, also den Kampf um den Orgasmus, die Angst, etwas *nicht* zu erreichen. Der Kampf *um* den Orgasmus ist paradoxerweise auch immer ein Kampf *gegen* ihn. Die Brachialität, mit der man ihn zu erklimmen versucht, erinnert an Eltern, die ihre geliebten Kinder zu Höchstleistungen anstacheln und solcherart alles Leben aus ihnen heraussaugen. Orgasmen, die auf diese Weise zustande kommen, hinterlassen – so energisch und energetisch sie auch sein mögen – ein Gefühl des Unbefriedigtseins.

Es ist vielleicht bezeichnend, welche geringe Rolle der Orgasmus in der Pornografie einnimmt, die sich ja fast zur Gänze der Darstellung von Übertreibungen widmet und der kein Weg zu blöd und zu kompliziert sein kann, um das Ziel in die Ferne zu rücken oder aber so zu tun, als würden sowieso ständig Orgasmen stattfinden. Orgasmen, die somit nichts anderes darstellen als „viele Tore" in einem Spiel, dessen Torreichtum dazugehört, etwa Hand- oder Wasserball. Richtige Höhepunkte sind das nicht, schon gar nicht „kleine Tode". Gerade die Pornografie ignoriert den Tod, die Erschöpfung, das Ende, die Bedürfnislosigkeit, die Erkenntnis von Grenzen, die Ahnung, so manche Klimax lasse sich nicht wiederholen.

Die gespielte Potenz in der Pornografie (das Sofort-wieder-Können) desavouiert die Besonderheit des Gipfels, den Zeitpunkt, da man den Himmel anfassen kann und es ja mehr als lächerlich wäre, ständig fünfzig, hundert Meter wieder nach unten zu steigen, um dann erneut hochzumarschieren und in einem fort Gipfeleroberungen vorzunehmen. So lächerlich, wie am selben Tag gleich dreimal auf dem Mars zu landen und jedes Mal eine neue Flagge in die rote Erde zu donnern (gleich den adoleszenten Halbstarken, die sich gegenseitig vorrechnen, wie oft in einer Nacht sie eine Frau befriedigt haben).

Ich möchte nun auch gerne mit dem Boxen enden. Mit dem berühmten Kampf Foreman gegen Ali, 1974 in Zaire, als in Runde 8 Muhammad Ali den jüngeren, favorisierten Kontrahenten mit einer gleichzeitig explosiven wie vollkommen unaufgeregten, geradezu sachlich vorgetragenen Schlagkombination und einer finalen Rechten zu Boden schickte, wobei Foreman sich lange in einer Drehung hinunter auf den Boden schraubte, sodass Ali die Möglichkeit gehabt hätte, einen weiteren, einen geradezu tödlichen Schlag nachzuliefern. In der Tat war auch zu sehen, wie Ali seine Rechte bereithielt. Es aber unterließ, sie einzusetzen. Er schlug nicht zu, wo jeder andere zugeschlagen hätte, nein, er folgte allein der Bewegung des anderen, ihn begleitend, ihn beweinend – und das machte ihn unsterblich. Er fügte dem „kleinen Tod" keinen weiteren Tod an, wiederholte ihn nicht, karikierte ihn nicht, übertrieb ihn nicht. Es ist überaus passend, dass sich der unterlegene George Foreman nie wieder ganz von dieser Niederlage erholt hat. Denn auch *er* war ja wesentlicher Teil dieses absoluten Höhepunkts. Er war der Gipfel, der fiel. Der Höhepunkt im dunklen Tal.

Heinrich Steinfest lebt als Schriftsteller in Stuttgart. Zuletzt erschienen von ihm *Wo die Löwen weinen* (Theiss Verlag) und *Die Haischwimmerin* (Piper Verlag).

Evidenz

„Ja, so ist es!" „Tatsächlich!" „Stimmt!" „Genau wie du gesagt hast!" – Wer derlei Äußerungen tut, bekundet damit, dass er weiß, was Evidenz ist, auch wenn er diesen Begriff nicht kennen sollte. Das Wort „Evidenz" verdeutscht das lateinische *evidentia*, das sich seinerseits von zwei Wörtern herleitet: *e(x)* und *videre*: „heraus" und „sehen". Evidenz bedeutet demnach, eine Sache selbst vor Augen zu haben und aus der Anschauung heraus zu ersehen, was es mit ihr auf sich hat. Indem dieser sprachliche Leitfaden das Sehen und das Gesehene zu unterscheiden lehrt, führt er noch ein Stück weiter: Das Substantiv „Evidenz" bezeichnet nicht ein bloßes Sehen, sondern eine Einsicht, in welcher das So-sein einer Sache unmittelbar erfasst wird. Und das davon abgeleitete Adjektiv „evident" charakterisiert dann auch das derart erfasste So-sein. Wenn wir also sagen, es sei „evident, dass...", so sprechen wir einem Sachverhalt die Eigenschaft zu, unmittelbar einsichtig zu sein. Dass man dem Leitfaden der Wortgeschichte jedoch nicht ohne Rückhalt bei der Sache selbst folgen darf, zeigt ein Blick ins Englische: *evidence* ist dort gerade nicht unmittelbare Einsicht, sondern eher so etwas wie indirekte Bekundung, hinführendes Zeichen, beweiskräftiges Indiz.

Im elementarsten Falle ist Evidenz die Erkenntnis, dass etwas so ist, wie gesagt wurde, dass es sei. Evidenz ist also ein Bewusstseinsakt oder ein mentaler Zustand. Aber sie ist dennoch weder etwas Innerliches noch etwas Einfaches. Vielmehr ist sie – wie alle Leistungen unseres Bewusstseins – wesentlich intentional (wörtlich: zielgerichtet). Das heißt zum einen: sie ist bezogen auf Gegenstände und Sachverhalte, die zu unserer Welt gehören. Zum anderen aber konstituiert Intentionalität kraft ihrer unterschiedlichen Formen auch die Binnenstruktur von Evidenz.

Drei Arten von intentionaler Beziehung lassen sich da auseinanderhalten, und jede von ihnen fungiert als eine der Komponenten, aus denen Evidenz sich aufbaut. Da ist *erstens* das Verstehen von Bedeutungen: Man muss wissen, was man selbst oder ein anderer gesagt hat („Es regnet"). Mittels dieser sprachlich gebundenen Bedeutungen, also indirekt, nehmen wir Bezug auf einen Sachverhalt (zum Beispiel den, dass es regnet); ob dieser gemeinte Sachverhalt besteht, ob also die Wirklichkeit so ist, wie gesagt und verstanden wurde, bleibt dabei offen. So begreifen wir ja auch problemlos, was jemand meint, der etwas Falsches sagt: Auch irrige und gelogene Sätze haben einen verständlichen Sinn. Intentionalität heißt hier: Anspruch auf Sachbezug durch Sinnverstehen.

Die *zweite* Komponente ist die Wahrnehmung eines bestehenden Sachverhalts: Man muss mit eigenen Augen sehen, was los ist (etwa: es regnet). Sinnliche Wahrnehmung hat aber ihren Gegenstand oder Sachverhalt stets unmittelbar gegenwärtig; sie ist nicht auf vermittelnde Bedeutungen und erst recht nicht auf bedeutungstragende Zeichen angewiesen. Vorliegendes zu sehen und Gesagtes zu verstehen: das sind zwei sehr verschiedene Leistungen. Intentional aber ist natürlich auch die Wahrnehmung, also nicht einfach ein „inneres" Geschehnis, sondern Bezugnahme auf wirkliche Dinge und bestehende Sachverhalte. Intentionalität heißt hier: Gelingen von Sachbezug durch Anschauung.

Unser Bewusstsein hätte nun so gebaut sein können, dass wir einerseits Bedeutungen verstehen und andererseits Dinge wahrnehmen könnten, ohne dass das eine mit dem anderen etwas zu tun haben müsste. Mit Immanuel Kant gesprochen: Denken und Anschauung, Verstand und Sinnlichkeit blieben auf immer getrennt. Doch jeder, der sagt: „Stimmt, so ist es", hat soeben erlebt, wie beides zusammenkommt. Und das führt uns zur *dritten* Komponente der Evidenz: Sie hat die beiden anderen zur Voraussetzung und kann ohne sie nicht sein. Sie besteht in dem neu hinzukommenden Bewusstsein, dass beide, das mittelbare Verstehen und das unmittelbare Wahrnehmen, sich auf ein und denselben Sachverhalt beziehen und dass die Intentionen dieser beiden Akte übereinstimmen. Auf solche Weise integriert also diese dritte Komponente die beiden anderen zu einer neuen Einheit namens Evidenz. Dass es ohne diese Integrationsfunktion Evidenz nicht geben kann, ist leicht einsehbar. Jemand könnte den Satz „Dieses Papier ist weiß" lesen und verstehen; und er könnte dabei, etwa als Leser, zugleich weißes Papier wahrnehmen – und dennoch die Selbigkeit des Sachverhalts und die Übereinstimmung der sinnverstehenden und der wahrnehmenden Intention nicht realisieren. Eine mögliche, ja naheliegende Evidenz stellte sich so dennoch nicht ein.

Wegen des darin enthaltenen Begriffs der Übereinstimmung mag dieses Konzept von Evidenz zunächst aussehen wie ein Abkömmling der traditionellen Korrespondenztheorie der Wahrheit: Erkenntnis, so meint diese, sei die Übereinstimmung von subjektiver Vorstellung und objektiver Wirklichkeit. Aber die Evidenz-Konzeption der Deckung ist doch wesentlich anders gebaut. In der Gestalt, wie Edmund Husserl sie entwickelt hat, setzt sie an bei der *Identität* des gemeinten Sachverhalts und der *Übereinstimmung* unterschiedlicher Weisen, sich auf ihn zu beziehen, und unterläuft somit die alte Opposition von subjektivem Innen und objektivem Außen.

Wenn man verstehen will, was Evidenz ist, lohnt es sich, zunächst diese elementare Form ins Auge zu fassen. Sie ist aber eben nur eine von vielen verschiedenen Formen. So versteht es sich fast von selbst, dass die visuelle Wahrnehmung nicht die einzige ist, die uns zu Evidenzen verhelfen kann. Wahrnehmung gibt es ja nicht allein durch den Gesichtssinn. Wir spüren auch Wärme und ertasten Formen, wir riechen Düfte und hören Geräusche ... „Dieses Papier ist glatt." Wir haben's verstanden; und wir fahren mit dem Finger darüber und fühlen, wie es ist; und wir erkennen, dass es so ist, wie behauptet worden war.

Etwas schwieriger wird es schon, wenn etwas *nicht* so ist, wie gesagt worden war. Auch dafür, dass etwas falsch ist, kann es Evidenz geben. Diese negative Evidenz ist indes weitaus komplizierter gebaut als die positive. Jemand sagt zum Beispiel: „Dieses Papier ist rot." Ich verstehe ihn, blicke aus dem Fenster und sehe, dass es regnet. Doch das, was ich sehe, erweist das Gesagte nicht als falsch. Wir haben einen Satz und eine Wahrnehmung, die einfach nichts miteinander zu tun haben. Derlei kommt ständig vor. Damit aber etwas als evident falsch eingesehen werden kann, genügt die Nicht-Identität eines ausgesagten und eines wahrgenommenen Sachverhalts nicht. Im Gegenteil: Es muss wenigstens die Identität des Gegenstands feststehen, der in den differierenden Sachverhalten einschlussweise mitgemeint ist. Und es muss weiter ein Widerstreit bestehen zwischen dem, was über ihn gesagt wurde, und dem, wie er sich nun anschaulich präsentiert. So sind das Rot, das behauptet wurde, und die Glätte, die ich spüre, einander schlichtweg gleichgültig. Nur das gesehene Weiß rebelliert gegen das behauptete Rot. Um zu verstehen, wie es das kann, müsste man freilich noch genauer wissen, wie Sachverhalte und Gegenstände zusammenhängen und wie sich wahrnehmbare Eigenschaften und verstehbare Bedeutungen zu ihresgleichen und zueinander verhalten.

Da Evidenz im Bewusstsein einer Deckung besteht, gibt es sie nicht nur als nachträglich gewonnene, sondern auch als ursprünglich vorgefundene. Es ist also keineswegs nötig, dass immer diese Abfolge im Spiel ist: *zuerst* das Verstehen dessen, was gesagt wird, *danach* die Wahrnehmung, dass etwas sich so und so verhält, und *schließlich* Bewusstsein von der Übereinstimmung der Intentionen beider. Evidenz kann auch fertig am Anfang stehen und tut es oft. Zumeist hat diese Evidenz die Eigenart, dass sie erst im Augenblick ihres Verlusts bemerkbar wird. Sie ist dann etwas, das man soeben hatte, aber solange man sie hatte nicht zu bemerken vermochte. Sie geht verloren, indem eine wahrgenommene Sache sich der Anschauung entzieht und im Entzug die Möglichkeit zurücklässt, sie als abwesende doch noch zu benennen oder zu beschreiben. Dies aber geschieht in sprachlichen Ausdrücken, die Sinn haben und verständlich sind. Zu den bekanntesten Beispielen für diese ursprüngliche Evidenz gehört, was Augustinus über die Weise sagt, wie wir wissen, was Zeit ist: „Solange mich niemand danach fragt, weiß ich es; wenn ich es aber einem Frager darlegen will, weiß ich es nicht." Nur in der Erinnerung, sie gehabt zu haben, gibt es diese Evidenz. Was Husserl „Lebenswelt" nennt und Martin Heidegger „Seinsverständnis", ist gleichfalls von dieser Art.

Es gibt somit ursprüngliche Evidenz als die des Selbstverständlichen, des Altvertrauten, des unvermerkt Gelebten. Begreiflich zu machen, wie dieses überhaupt Thema von Theorie werden kann: damit hat die Philosophie ebenso ihre liebe Mühe wie mit den Folgen, nämlich Methoden zu ersinnen, wie das nun fraglich Gewordene begrifflich zu durchdringen und theorieförmig darzustellen wäre. Es gibt aber auch den Gegentypus: ursprüngliche Evidenz als plötzliches Ereignis. Erlebt wird etwas, das weder erwartet noch auch nur erwartbar war. Vornehmlich, aber nicht ausschließlich sind ästhetische, erotische und religiöse Erfahrungen Orte solcher Evidenz. Besonders pointiert berichten Mystiker von plötzlicher Klarheit und unfassbarer Lichtfülle. Und sie haben alle Mühe, dann, wenn das Erlebnis vorüber ist, eine Sprache zu finden, in welcher der Sinn des Erlebten zu angemessenem Ausdruck gelangen könnte. Das ist der Raum für Symbol und Gleichnis, für absolute Metaphorik und negative Theologie. Extremfall der Sinnfindung für diese Evidenz im Augenblick ist das Schweigen. Dieses ist ja nicht einfach die Abwesenheit akustischer Vorkommnisse. Vielmehr lässt dieses Schweigen absichtsvoll und doch notgedrungen die Stelle leer, an welcher Wörter mit ihren Bedeutungen stehen sollten, aber nicht können. Und auf ihre Weise ist auch diese Leere verständlich.

Manfred Sommer ist Professor für Philosophie an der Universität Kiel.

Abbildung:
Relief mit Kairos
Foto: Koppermann
Torino, Museo di antichità

Mit freundlicher Genehmigung des Deutschen Archäologischen Instituts (DAI) Rom, Neg. 1974.1609
www.dainst.org

Kairos

Im heutigen Sprachgebrauch bezeichnet *kairos* den günstigen Augenblick, der zum Gelingen eines Vorhabens genutzt werden muss. In der antiken griechischen Sprache bezeichnet das Wort zunächst allgemein das Richtige oder das gut Getroffene: Das richtige Maß oder das richtige Verhältnis, seit dem 5. Jahrhundert v. Chr. dann auch den günstigen Zeitpunkt. *Kairos* bedeutet dabei die Gefahr, vor allem aber die Gelegenheit des Augenblicks.

In den Aphorismen des *Corpus Hippocraticum* findet sich der Begriff in einer berühmten Wendung: „Das Leben ist kurz, die Wissenschaft groß, der Kairos aber *oxys*" (was scharf, schneidend, spitz, sauer oder schmerzhaft heißen kann). Bei den Autoren, die das Wort verwenden, findet sich die Vorstellung, dass *kairos* nur kurz dauert und scharf (oder schneidend) ist; aber auch, dass er schön ist. Es gilt, ihn zu erkennen; der *kairos* kommt und kann, wenn er nicht genutzt wird, vorbeigehen; man kann ihn aber auch ergreifen. Wer den *kairos* nutzt, kann auf vielen Gebieten erfolgreich sein: Er trägt im Wettkampf den Sieg davon, kann eine Krankheit richtig behandeln, eine vollkommene Statue schaffen oder mit einer Rede Erfolg haben.

Als mythologische Figur wird Kairos zum ersten Mal im 5. Jahrhundert v. Chr. in einem Hymnus genannt, wo er als der jüngste der Söhne des Zeus bezeichnet wird; durch diese Genealogie (von altgriechisch *genea* für Geburt: Ahnenforschung, Geschlechterkunde) wird Kairos zum jüngeren Bruder von Apollo, Dionysos und Hermes.

In anderer Weise findet sich die Vorstellung von dem entscheidenden Moment, den der Mensch zu seinen Gunsten auswerten kann und der sonst für immer verpasst ist, bereits in Homers *Ilias*, wo der weise Nestor zu Diomedes spricht:

> *Aber viel zu große Bekümmernis drängt die Achaier!*
> *Denn nun steht allen fürwahr auf der Schärfe des Messers:*
> *Schmählicher Untergang den Achaiern oder Leben!*
> (Homer, Ilias X 172–174; Übersetzung nach J. H. Voss)

Damit wird eine prekäre Situation beschrieben, die für einen kurzen Augenblick unentschieden ausbalanciert in der Schwebe bleibt, aber schon im nächsten Augenblick unumkehrbar entschieden werden kann. Spätere Autoren haben das Sprachbild, wonach kritische Situationen „auf Messers Schneide" stehen, seit der Antike aufgenommen und abgewandelt, bis heute ist es auch in den modernen Nationalsprachen zu finden. Einen besonderen Begriff kennt Homer für eine solche Zuspitzung nicht und das Wort *kairos* wird in der Ilias nicht verwendet, wohl aber das Adjektiv *kairios*, das den Ort einer tödlichen Verletzung bezeichnet, also eine im Sinne des Angreifers besonders gut getroffene Stelle am Körper des Gegners.

In der Zeit Alexanders des Großen, etwa um 330 v. Chr., schuf der Bildhauer Lysipp die erste bekannte Statue des Kairos. Sie ist durch antike Texte, aber auch durch römische Reliefkopien überliefert, von denen ein Relief in Turin die beste Vorstellung von der verlorenen Statue geben kann (siehe Abbildung). Es zeigt einen Jüngling mit großen eingerollten Rücken- und Fußflügeln, der sich nach links bewegt. In seiner vorgestreckten linken Hand hält er ein Rasiermesser, auf dem er eine Waage balanciert. Der kleine Finger und der Zeigefinger der ebenfalls ausgestreckten rechten Hand begrenzen die Bewegungsmöglichkeiten der hinteren Waagschale. Auffällig ist die Frisur des Jünglings: Lange Locken fallen auf seine Schultern und nach vorne vor die Stirn.

Lysipp hat für seine Figur zum einen ältere und bis dato isolierte Vorstellungen von Kairos aufgenommen und kombiniert. So entspricht etwa die Altersstufe des Jünglings der Vorstellung, er sei der jüngste Sohn des Zeus und bezeichnet zugleich die Schönheit des Kairos. Aber gleichzeitig präzisiert und verändert die Figur die älteren Vorstellungen: In keinem der früheren Texte ist davon die Rede, dass Kairos geflügelt sei und schon gar nicht wird eine bestimmte Frisur genannt. Am auffälligsten ist der Rückgriff auf den bereits sprichwörtlich gewordenen Vers der *Ilias*, der die Zuspitzung einer gefährlichen Situation dadurch beschreibt, dass er sie „auf Messers Schneide" setzt. Nirgends ist vor Lysipp davon die Rede, dass Kairos Entscheidungen mit der Waage trifft und sie durch Manipulation der Waagschalen beeinflusst.

Etwa zwei Generationen nach Lysipp, um 270 v. Chr., schrieb der Dichter Poseidipp von Pella ein Epigramm (ursprünglich Inschrift, zum Beispiel auf einem Grabstein oder einer Statue, später eigenständige Gedichtform in der Art der Inschrift), das die Einzelheiten der Statue inhaltlich ausdeutet:

„Woher stammt der Künstler?" – „Aus Sikyon." – „Wie heißt er?" – „Lysippos." – „Wer bist du?" – „Kairos, der Alles Beherrschende." – „Warum gehst du auf Zehen?" – „Ich renne immer." – „Warum haben deine Füße ein Paar Flügel?" – „Weil ich mit dem Wind fliege." – „Warum hältst du in der rechten Hand ein Messer?" – „Um den Menschen zu zeigen, dass keine Schärfe so scharf schneidet wie ich selbst." – „Und das Haar, warum fällt es dir ins Gesicht?" – „Beim Zeus, wer mir begegnet, soll mich fassen." – „Warum bist du hinten kahl?" – „Bin ich mit geflügeltem Fuß vorbeigeflitzt, so bekommt mich keiner mehr von hinten zu fassen, auch wenn er es wünscht." – „Warum schuf dich der Künstler?" – „Für euch, und zu eurer Belehrung stellte er mich, Fremder, in der Vorhalle auf."

Das Epigramm ist eine Beschreibung der Statue, aber es leistet zugleich eine Ausdeutung und inhaltliche Festlegung der Figur. Kein älterer Text spricht davon, dass man den Kairos beim Haarschopf fassen müsse; nur von „erkennen" und „ergreifen" ist die Rede und davon, dass man ihn nicht verpassen solle. Man darf sich auch fragen, ob Lysipp eine solche Deutung überhaupt im Sinn hatte, und ob sein Kairos tatsächlich hinten kahl war; die römischen Reliefs jedenfalls geben flach anliegende Strähnen an und auf dem Rücken fallen lange Strähnen über den Ansatz der Flügel. Dies legt die Annahme nahe, dass erst Poseidipp (ca. 310–240 v. Chr.) die Frisur in dieser Weise deutete. Tatsächlich scheint Lysipp selbst durch das Aufgreifen des homerischen Sprachbilds eine eher ambivalente Vorstellung vom Kairos vermittelt zu haben: Was „auf Messers Schneide" steht, kann sich zum Guten oder zum Schlechten wenden. Poseidipp aber deutet die Figur einseitig als die günstige Gelegenheit, die es zu ergreifen gilt. Auf jeden Fall war seine Interpretation in höchstem Maße wirkmächtig: Bis heute ist es eine verbreitete Redewendung, dass die Gelegenheit am Schopf gepackt werden muss. Auch mit der Ausdeutung des Standmotivs als „beständiges Laufen" scheint der Dichter die Absicht des Bildhauers zu verkennen: Das Turiner Relief jedenfalls zeigt keine laufende Figur, sondern den Augenblick, in dem Kairos aus der Höhe erscheint und auf der Erde aufsetzt.

Es lässt sich nicht klären, wie weit der Dichter ältere Interpretationen, die am Standort der Statue zirkulieren mochten, aufgegriffen hat. In jedem Falle legte die literarische Bearbeitung die Interpretation der Statue für alle Zeit fest. Sollte es andere – ältere oder konkurrierende – Deutungen gegeben haben, so sind sie durch das Epigramm für immer verdrängt worden. Die Übernahme des Poseidipp-Epigramms in die antiken, mittelalterlichen und neuzeitlichen Gedichtsammlungen sorgte dafür, dass die Kenntnis von der Statue des Lysipp auch dann noch weitergegeben wurde, als die ikonografische Tradition in der Spätantike abgebrochen war (Ikonografie: Lehre der Deutung religiöser, mythologischer und symbolischer Inhalte von Werken der bildenden Kunst). Dadurch hat ein isoliertes Element bis heute überdauert, nämlich die Vorstellung, dass die günstige Gelegenheit „beim Schopf" zu packen sei. Durch das Epigramm wurde zudem eine sprachliche Übertragung möglich: Die lateinischen Nachdichtungen übersetzten das Wort *kairos* entweder mit *tempus* (Zeit) oder mit *occasio* (Gelegenheit) und nahmen damit eine Bedeutungsverschiebung in Kauf: „Tempus" ließ sich nicht mehr als Jüngling auffassen, und die Umbenennung blendete das Zufällige und Willkürliche des Kairos aus. Inhaltlich treffender war die Übersetzung von *kairos* mit *occasio*. Anders als in den lateinischen Werken behält die Statue in den griechischen Nachdichtungen ihren ursprünglichen Namen auch noch im 4. Jahrhundert n. Chr. Umso auffälliger ist es, dass die byzantinischen Schriftsteller des Mittelalters die lateinische Version aufgreifen und die Figur als *chronos*, das heißt allgemein als Zeit deuten.

Auch die Überlieferung von Bildzeugnissen und Plastiken ist variantenreich. Durch die erhaltenen Reliefkopien wurden die raumgreifenden Bewegungen der Statue in eine zweidimensionale Gattung übertragen, sodass die Figur mit ihren Attributen in einer Ansicht lesbar wurde. Eine zweite Relieffassung, die vielleicht erst in der römischen Kaiserzeit entstand, bildet die Figur zu einem bärtigen Mann um und entspricht damit der Deutung als *tempus*, wie sie in dem lateinischen Gedicht des Phaedrus (ca. 20 v. Chr. – 51 n. Chr.) vorkommt. Auch sie ist in mehreren Kopien überliefert. Ein Teil der Attribute verlor bei der Umbenennung den ursprünglichen Sinn, so das Messer und die Waage. Denn *tempus*, die Zeit, ist – anders als *kairos* – berechenbar, lässt sich voraussehen und in eine längerfristige Planung einbeziehen. Es ist daher verständlich, wenn bei einigen Exemplaren das Rasiermesser ersetzt wird.

Die ikonografische Tradierung des Kairos brach in der Spätantike offenbar ab; mittelalterliche und neuzeitliche Künstler schufen Darstellungen der *occasio* aufgrund der literarischen Quellen, ohne dass eine neue und verbindliche Ikonografie zustande kam. Sie setzten die Beschreibungen des Poseidipp und des Ausonius erneut in Bilder um und betonten die dort erwähnten Attribute.

Durch das Gedicht des Poseidipp ist die Vorstellung vom Kairos als günstige Gelegenheit jedenfalls bis in die Gegenwart aktuell geblieben, wie etwa die Beschäftigung Roland Barthes mit dem Begriff zeigt.

Dietrich Boschung ist Professor für Klassische Archäologie an der Universität zu Köln. Zusammen mit Günter Blamberger leitet er das Internationale Kolleg Morphomata.

Literatur:

- Barthes, Roland: Das Neutrum. Vorlesungen am Collège de France. Frankfurt am Main 2005, Seite 279–289
- Boschung, Dietrich: Kairos als Morphom der Zeit – eine Fallstudie. In: Boschung, Dietrich; Blamberger, Günter (Hrsg.): Morphomata. Kulturelle Figurationen: Genese, Dynamik und Medialität. München 2011, Seite 47–89
- Kansteiner, Sascha u. a. (Hrsg.): Text und Skulptur. Berühmte Bildhauer und Bronzegießer der Antike in Wort und Bild. Berlin 2007
- Moreno, Paolo: Kairos. In: Lexicon Iconographicum Mythologiae Classicae V. Zürich/München 1990, Seite 922, Nr. 1–6, Tafel 597
- Trédé, Monique: Kairos. L'à-propos et l'occasion (Le mot et la notion, d'Homère à la fin du IVe siècle avant J.-C.). Paris 1992

Punk

Das Wort Punk bedeutet im Englischen traditionell „miserabel“, „schäbig“. Bereits in den 60er Jahren wurden vereinzelt Hobbybands, sogenannte Garagen-Musikbands verächtlich als Punk-Bands betitelt. Der eigentlichen Punk-Bewegung, die ab Mitte der 70er Jahre von sich reden machte, gab allerdings ein Comic-Magazin aus New York den Namen, das die in der New Yorker Szene um den Club CBGB's gebräuchliche Selbstbezeichnung „Punk“ als Titel wählte. In seinen Ursprüngen zu greifen ist der Punk im Umfeld der englischen Band *Sex Pistols* in den Jahren 1976–79.

Wenn von Punk und Punks die Rede ist, wird schnell undeutlich, was und wer konkret gemeint ist. Es bestehen diverse Mythen und Missdeutungen über diese inzwischen hochgradig ausdifferenzierte Jugendkultur, die von Beginn an uneindeutig, heterogen und widersprüchlich war. Weder kann man Punks einer bestimmten sozialen Klasse zuordnen, wie es oft versucht wurde, noch ist es möglich, ihnen eindeutige, für alle gleichsam gültige Motive für ihr Punk-Sein zu unterstellen. Weiterhin ist häufig der vergebliche Versuch gemacht worden, Punk politisch einzuordnen.

Abbildung:
Hippies? Nein Danke
Anstecker der Punkbewegung

Zu Mitte der 1970er Jahre machten Bands wie *Patti Smith, Dead Boys* und *Ramones* in New York durch eine Spielart von Rock-Musik von sich reden. Sie spielten kurze, schnörkellose, geradlinige Stücke, die an den traditionellen Rock'n'Roll anknüpften, seinerzeit aber im Kontrast zu den allgegenwärtigen etablierten Super-Groups a la *Yes, Pink Floyd* und *Led Zeppelin* standen. Jene erschienen als unerreichbare, entrückte Künstler, deren Stücke als viel zu langatmig galten und deren Konzerte Massen-Veranstaltungen waren. Der New Yorker Musikstil wäre aber womöglich einer unter vielen weiteren geblieben, der letztendlich nur beim harten Kern von Musik-Interessierten angekommen wäre, hätte es die *Sex Pistols* mit ihrem Manager Malcolm McLaren nicht gegeben. Durch geschickt inszenierte Skandale, unter anderem zum Thronjubiläum der Queen 1977, erregten die *Sex Pistols* erhebliches Aufsehen, das weit über die Musikszene hinaus strahlte und zum neuen großen Thema der Boulevard-Presse wurde. Dadurch wurde Punk weltweit bekannt – und attraktiv. Die *Sex Pistols* mischten ihre ebenfalls eher schlichte, aber druckvoll gespielte Rock-Musik mit einer durch Texte und Attitude ausgedrückten Aggressivität, die auf eine desillusionierte Jugend, die genug hatte von den Gegebenheiten der späten 70er Jahre, ansteckend wirkte.

Es war ein Aufbegehren gegen die bürgerliche Gesellschaft mit all ihren Komplexitäten und Widersprüchen, die sich zudem spätestens seit 1973 in der Krise befand. Die Ordnung der Nachkriegszeit schien endgültig zu bröckeln. Diese Gesellschaft hatte zwar mit den Hippies ihre Antipoden, die entstandenen alternativen Lebensentwürfe und deren Vertreter erschienen jedoch inzwischen als genauso etabliert und überholt wie das Establishment. Die Hippies galten als zu inkonsequent, weltfremd und langweilig. Sie wurden zu einer der häufigsten Zielscheiben der frühen Punks.

Im Gegensatz zu jenen Hippies (vergleiche *der blaue reiter* Nr. 28) fällt es schwer, im Punk Ziele zu finden, für die sich die Angehörigen dieser Jugendkultur einsetzten. Denn mit Punk wurde versucht, all das, was seine Vertreter ablehnten, zu karikieren, vorzuführen, ins Lächerliche zu ziehen. Er war eine destruktive, oft zynische, letztendlich wohl nihilistische (das heißt alle Werte verneinende) Kultur ohne „positive“ Zielvorstellung, die unbewusst Anklänge bei Situationisten oder Dadaisten nahm und – „natürlich“ – keinen ausgearbeiteten alternativen Lebensentwurf besaß.

Ein Mittel der frühen Punks war ihre Rotzlöffel-Attitüde, die sich in unflätigen Beschimpfungen und Pöbeleien in Liedtexten und bei öffentlichen Auftritten äußerte. Allein der Song-Titel *God Save The Queen* mit der Fortsetzung „the fascist regime“ spricht für sich. Punks argumentierten nicht wirklich, es war eher ein provozierendes Herausblaffen von Schlagwörtern und Beschimpfungen, die idealerweise nicht plump, sondern clever, den Punkt treffend waren. Es waren eher intuitive Angriffe; keine, die als Ergebnis langwieriger Analysen entstanden waren.

Punks inszenierten sich in Mode, Auftreten und Bildern als Zeichen des Verfalls der bürgerlichen Gesellschaft. Sie provozierten und schockten vor allem mit Reizthemen. Das begann mit dem Besingen der Anarchie und setzte sich fort mit der Verwendung von Hakenkreuz und anderen Nazi-Symbolen. In Deutschland wurde auch das Symbol der RAF (Rote Armee Fraktion) von Punks getragen. Natürlich liegt es nahe, daraus politische Schlüsse ziehen zu wollen. Das Verwenden dieser Zeichen war jedoch nicht als eindeutige politische Aussage gemeint. Punks ahnten nur sehr gut, mit was sie provozieren und Aufmerksamkeit auf sich ziehen konnten; sie drängten in die „Spalten“ und „Risse“ der bürgerlichen Gesellschaft. Möglicherweise kann Punk aufgrund der Verwendung von Symbolen, ohne deren eigentliche inhaltliche Bedeutung wirklich zu vertreten, und durch andere Dekontextualisierungen, durch die Inhalte einen völlig neuen Sinn ergaben, als erste postmoderne Kulturbewegung angesehen werden.

In diesem Sinne kann der „Ur“-Punk der frühen Jahre nicht als politisch betrachtet werden. Punks interessierten sich nicht wirklich für Politik – diese gehörte vielmehr zu all dem, was einen nervte und womit man nix mehr zu tun haben wollte.[1]

Die ersten Reaktionen der Medien und der Mehrheitsgesellschaft waren in aller Regel aufgescheuchte Ablehnung. Es gab große Schlagzeilen in den Boulevardmedien. Plattenhändler weigerten sich, *Sex Pistols*-Singles zu verkaufen. Radiostationen spielten *God Save The Queen* nicht, obwohl es längst in den Charts gelandet war. Punkkonzerte wurden von Veranstaltern abgesagt. Malcom McLaren hat diese Hysterie im Film *The great Rock'n'Roll swindle* damit überzeichnet, dass er Eltern darstellte, die, um ihre Kinder besorgt, Demonstrationen durchführen, um ein Konzert der *Sex Pistols* in ihrer Stadt zu verhindern.

Es war in diesem Klima leicht, sich einer spannenden, offenbar von allen gehassten neuen Jugendbewegung anzuschließen. Das versprach Aufmerksamkeit, Austritt aus der gefühlten Langeweile und war Befreiung: Endlich schien etwas radikal Neues zu entstehen, und man wollte nur dabei sein. Die *Sex Pistols* hatten vorgemacht, wie leicht es ist, Schlagzeilen zu machen. Die Berichterstattung der Boulevardmedien funktionierte in Wechselwirkung: Sie wurde von den Punks karikiert und belächelt, gleichzeitig aber auch stolz genossen, und sie führte in jedem Fall dazu, Punk größer zu machen.

Dennoch werden auch „positive" Errungenschaften der Punk-Bewegung deutlich. Sie ergaben sich aus der Verneinung der oben genannten Umstände, und zwar dort, wo der Versuch gemacht wurde, dem erlebten und kritisierten Ungemach etwas anderes entgegenzustellen. Die Parole „No more Heroes" der *Stranglers* bedeutete, jeder könne ein Star sein, es solle keine Kluft zwischen Musikern und Publikum bestehen. Dasselbe meinte die oft zitierte Aufforderung „This is a chord, this is another, this is a third – now form a band": Jeder kann in einer Band spielen.

Damit hängt auch die „Do it yourself"-Philosophie (DIY) zusammen, die sich auf das Musizieren in einer Band, aber auch auf eigene Publikationen, die sogenannten Fanzines (abgeleitet von fan-magazine), bezieht, die seit 1976 schnell entstanden, weil in den etablierten Medien Punk-Bands nicht oder nur völlig verzerrt Erwähnung fanden. Besonders hierbei zeigte sich mit handschriftlich verfassten, einfach im Copy-Shop kopierten Texten die angestrebte Schlichtheit und die Philosophie: „nicht lange überlegen – sondern machen".

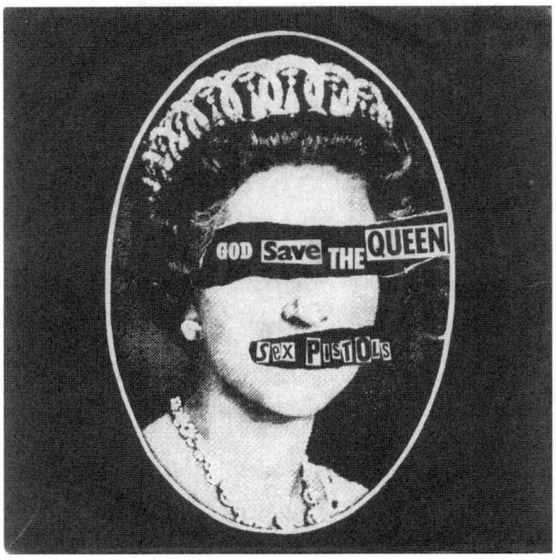

Abbildung:
God Save The Queen
Plattencover der 1977 zum Thronjubiläum der englischen Königin Elizabeth II. produzierten Single der englischen Punkband *Sex Pistols*

„DIY" führte schnell zu eigenen Plattenproduktionen und zu einem eigenen Vertriebsnetz. Das hatte zum einen pragmatische Beweggründe: Punktitel wurden sonst nicht vertrieben. Gleichsam entsprach diese Vorgehensweise aber auch der Punk-Ideologie, nach dem Motto: „Das können wir auch ohne das Establishment und mit diesem wollen wir auch gar nix zu tun haben." Auch sollten Punkkonzerte für alle zugänglich, das heißt, möglichst billig sein.

Das kreative Element, der konstruktive Versuch, die Welt im eigenen Sinne zu verbessern, geschah letztendlich nur auf der Basis der Musik und in ihrem direkten Zusammenhang.

Punk funktionierte sehr lange fast nur nach DIY-Prinzipien. Das endete jedoch spätestens in den frühen Neunzigern, als mit *Green Day* erstmals eine Punkband richtig vermarktet wurde und fortan auch einzelnen anderen Bands und Labels der Weg nach oben offenstand. Seit damals gibt es die deutlichen Grenzen zwischen Mainstream und Underground nicht mehr: Punk ist seither nicht mehr gleichbedeutend mit Underground.

Auf die bewusst schlichte, oft spontan entstandene Form der Punk-Kunst wurde bereits hingewiesen. Vorsicht ist allerdings bei der Verwendung der Punk häufig zugeschriebenen Parole „No Future" angebracht. So handelte die *Sex Pistols*-Hymne *God Save The Queen* davon, dass es für die Queen „keine Zukunft" geben würde. Sicher ist die Vorstellung des Lebens für den Augenblick unter Vernachlässigung der Vernunft und der Pläne für die Zukunft, ist der Slogan „Live fast, die young" punk-immanent. Und es wäre ein Leichtes, x Songtexte zu diesem Thema zu zitieren. Diese Philosophie wurde auch von vielen Punks „umgesetzt". Sie war allerdings bereits Teil der Rock'n'Roll-Ideologie und ist in diesem Sinne nichts wirklich Neues, das erst durch Punk entstanden wäre. Punk tradierte diese Philosophie allenfalls, unterfütterte sie durch Endzeitstimmung und Krisenbeschwörung neu und verhalf ihr zu einer gewissen neuen Blüte.

Interessant ist hierbei, dass Punk in der DDR, wo er auf einen völlig anderen Resonanzboden fiel, die Parole „too much future" nachgesagt wird. Kritisiert wurde damit der vorgezeichnete Lebensweg jedes DDR-Bürgers, der keine existenziellen Unsicherheiten im Leben, aber auch keine von den Vorstellungen der Staatspartei abweichenden Lebensentwürfe vorsah.

Waren bereits die „Ur"-Punks der späten Siebziger bezüglich ihrer Motivation und ihren Inhalten nicht wirklich zusammenzufassen, wurde die Entwicklung von Punk im Laufe der weiteren Jahre immer unübersichtlicher. Spätestens mit dem neuen Jahrzehnt kam Politik in Punk. Es war die große Zeit der Hausbesetzer und Autonomen, an denen viele Punks, im Gegensatz zu den Hippies, die sie immer abgelehnt hatten, die Radikalität attraktiv fanden. Auch die „Endzeitstimmung" bezüglich Atomkriegs-Ängsten passte gut zu ihrer Vorstellung, die existierende Welt stehe kurz vor ihrem Ende. Gleichzeitig machten jedoch nicht alle Punks diesen Polit-Schwenk mit. Manche mutierten zu un- oder antipolitischen Skinheads. Andere trieben die „Provokation" noch eine Spur weiter und gerierten sich fortan gar als rechtsradikale Skinheads.

Eine Politisierung fand auch als Reaktion auf Repressionen statt, was besonders im DDR-Punk zu beobachten war, der sich vom „unpolitischen Gag" zu einer Bewegung entwickelte, die offen staatsfeindliche Texte hervorbrachte. Hier war Punk, anders als in den meisten westlichen Gesellschaften, ein „Spaß", der oft mit mehreren Jahren Freiheitsentzug endete.

Festzuhalten bleibt, dass es bis heute Punks gibt und auch immer weiter Punks nachwachsen. Je nachdem, mit welchen Inhalten von Punk sie sozialisiert sind, differieren ihre Einstellungen zum Teil erheblich. Eine gemeinsame Klammer mag die Musik beziehungsweise die Vorstellung, was Musik ausdrücken sollte, sein. Eine individuelle Befreiung ist es bis heute, Punk zu werden.

Andreas Kuttner ist Historiker und langjähriger Mitarbeiter im Archiv der Jugendkulturen, Berlin.

Anmerkung:

1. Dem positiven Revolutionsbegriff von Bands wie *Clash* oder *Crass*, die nach Schmidt ein „konstruktives Bild von Punk" prägten, wird an dieser Stelle nicht weiter nachgegangen, da sie erst nach den *Sex Pistols* aktiv wurden und als erste Weiterentwicklung von Punk angesehen werden können.

Literatur:

– Boehlke, M., Gericke, H. (Hrsg.): Too much future. Punk in der DDR. Substitut, Berlin 2007
– Faulstich, Werner: Die Kultur der 70er Jahre. Verlag Wilhelm Fink, München 2004
– Hebdige, Dick: Subculture. Die Bedeutung von Stil. In: Hebdige, D.; Diedrichsen, D.; Marx, O.-A. (Hrsg.): Schocken. Stile und Moden der Subkultur. Reinbek 1983, Seite 8–120
– IG Dreck auf Papier (Hrsg.): Keine Zukunft war gestern. Punk in Deutschland. Verlag Archiv der Jugendkulturen, Berlin 2008
– Schmidt, Christian: Punk-Fanzines in der BRD 1977–80. Zur Entstehung eines Szene-Mediums und seinen kulturellen Bedeutungen. Magisterarbeit im Fach Europäische Ethnologie, HU Berlin 2006

Zeitpunkt

In unserer kurzlebigen Zeit ist „Zeitpunkt“ ein beliebter Begriff.[1] Im *Alltagsgebrauch* meint Zeitpunkt einfach einen bestimmten *Augenblick* oder *Moment* (so auch die englische, französische, russische und tschechische Übersetzung: „moment“). Dieser Zeitpunkt ist in der Regel kurz und präzise benennbar, doch in der Praxis nicht ausdehnungslos wie ein Punkt in der Mathematik. Er bezieht sich auf eine beliebige, aber zu definierende *Zeitskala*, ist also datierbar – sogar normiert (DIN 69 900). Häufig wird mit einem Zeitpunkt auch eine besondere Bedeutung mitgedacht: ein Termin, ein wichtiger Augenblick oder Wendepunkt, mitunter sogar der fruchtbare, rechte Moment (altgriechisch *kairos*) für etwas Entscheidendes im Leben.[2]

Identifiziert man die Gegenwart mit einem – oder sogar *dem* – Zeitpunkt, ergibt sich ein Rätsel oder Paradoxon: die fragwürdige Natur der Zeit selbst. Das haben bereits die vorsokratischen antiken Philosophen erkannt. Augustinus brachte es später so auf den Punkt: „Die Zeit kommt aus der Zukunft, die nicht existiert, in die Gegenwart, die keine Dauer hat, und geht in die Vergangenheit, die aufgehört hat zu bestehen.“ Gibt es Zeit und Zeitpunkt überhaupt? Wenn ja: (Wie) kann dann der Schnitt oder Zeitpunkt der Gegenwart, der scheinbar Vergangenheit und Zukunft trennt, im „Fluss der Zeit“ mitschwimmen und überhaupt existieren? Wenn aber nein: Woher kommt dann das Bewusstsein der Zeit?

Kognitionspsychologisch und neurowissenschaftlich lassen sich jedenfalls einzelne Zeitpunkte konzeptualisieren, die dem vermeintlichen Kontinuum unseres Erlebens zugrunde liegen und eine gewisse temporale „Ausdehnung“ besitzen.[3] So müssen zwei Reize mindestens 0,03 Sekunden auseinander liegen, damit wir unterscheiden können, welcher zuerst auftrat. Diese *temporale Ordnungsschwelle* ist unabhängig von der Wahrnehmungsmodalität, das heißt, das Bemerken einer Reihenfolge geschieht im Gegensatz zum Übergang von der Gleich- zur Ungleichzeitigkeit für verschiedene Sinnesorgane (Sehen, Hören, Tasten) gleich schnell. Dies deutet darauf hin, dass für das Erkennen einer zeitlichen Ordnung im Gehirn ein einheitlicher Mechanismus abläuft. Er könnte auch festlegen, dass Reaktionen (für die man mindestens 0,1 Sekunden benötigt) nur innerhalb von 0,03 Sekunden langen „Zeitfenstern“ erfolgen. Sie scheinen als Bausteine für die subjektive Gegenwart notwendig zu sein und den Übergang von der Parallelität der physischen Prozesse zur erlebten Reihung der mentalen Ereignisse zu ermöglichen. Die *Dauer der subjektiven Gegenwart* selbst ist freilich länger, etwa 2 bis 3 Sekunden.

Auch aus physikalischer Sicht ist es unwahrscheinlich, dass beliebig kurze Zeitpunkte – außer in der Abstraktion – existieren, also in der Natur vorkommen. Dafür gibt es mehrere Gründe.

Ein Argument geht auf eine Überlegung von Max Planck aus dem Jahr 1899 zurück. Er kombinierte drei fundamentale (oder zumindest als grundlegend postulierte) Naturkonstanten zu „natürlichen“ Einheiten: die Gravitationskonstante G, die Lichtgeschwindigkeit c und das Plancksche Wirkungsquantum h (besser: das reduzierte Wirkungsquantum $\hbar = h/2\pi$, sprich: „h quer“). Diese *Planck-Einheiten* für Zeit, Länge, Energie, Masse und Dichte sind universell. Schon Planck hatte betont, dass sie „ihre Bedeutung für alle Zeiten und für alle, auch außerirdische und außermenschliche Culturen nothwendig behalten und … daher als ‚natürliche Maaßeinheiten‘ bezeichnet werden können“.

Die Planck-Zeit $t_P = (\hbar G/c^5)^{1/2}$, der kürzeste in der Natur auftretende Zeitabschnitt, beträgt, in unserer Alltagseinheit ausgedrückt, $5{,}391 \cdot 10^{-44}$ Sekunden. Sie ist also außerordentlich klein und für die Alltagswelt und selbst für die Kurzzeit-Physik praktisch Null, folglich bedeutungslos. Nicht aber im Prinzip. Denn auch als theoretisches Konstrukt gibt die Planck-Zeit einen wichtigen Hinweis: Auf dieser Skala löst sich die Zeit gleichsam auf, wird unscharf und nicht weiter unterteilbar. Das gilt analog ebenfalls für den Raum, bei der Planck-Länge $l_P = ct_P = (\hbar G/c^3)^{1/2}$ von etwa $1{,}6162 \cdot 10^{-35}$ Metern. Mehr noch: Auf der Planck-Skala werden Raum und Zeit gewissermaßen schaumartig wabernd und ununterscheidbar. Dafür spricht auch die von Werner Heisenberg entdeckte und inzwischen experimentell gut bestätigte Unschärferelation. Ihrzufolge sind Energie und Zeit nicht jeweils beliebig genau bestimmbar und bestimmt; dasselbe gilt für Ort und Impuls (Masse mal Geschwindigkeit).

Die Planck-Skala legt nahe, dass es Raumzeit-„Atome" gibt – und somit Zeit-„Quanten", zuweilen *Chrononen* genannt. Das spricht für einen körnigen Unterbau der Welt. Auf der allerkleinsten Skala sind Raum und Zeit also nicht kontinuierlich, wie die klassische Physik von Isaac Newton bis Albert Einstein lehrte, sondern quantisiert – ähnlich wie ein Foto, das aus der Ferne glatt und ebenmäßig erscheint, von Nahem betrachtet jedoch aus separaten Bildpunkten besteht.

Was die Planck-Skala bedeutet, ist allerdings nicht völlig klar. Fest steht, dass bei der Beschreibung dieser raumzeitlich kleinsten Verhältnisse die Allgemeine Relativitätstheorie mit der Quantentheorie zu einer umfassenderen Theorie vereinigt werden muss – zu einer Theorie der *Quantengravitation* (mitunter unbescheiden auch „Weltformel" genannt). Das ist keineswegs nur ein akademisches Glasperlenspielchen. Ohne eine solche Theorie, für die es immerhin bereits ein paar Kandidaten gibt, wird man die Fragen nach dem Urknall sowie den Zentren Schwarzer Löcher und einige andere große Rätsel der Physik wohl nicht lösen können.[4]

Die *Kosmologie*, die die Entstehung, Entwicklung und Struktur des Universums beschreibt, ist auch anderweitig eine Herausforderung für den Begriff des Zeitpunkts. So ist umstritten, ob es einen „ersten Moment" gab, ob der Urknall der Anfang der Zeit war oder ein Übergang, und ob eine „Zeit vor der Zeit" existiert hat, vielleicht ohne Zeitrichtung.[5] Außerdem implizieren viele aktuelle Weltmodelle eine „Ewige Wiederkehr", wie sie besonders vehement bereits Friedrich Nietzsche postuliert hatte.[6] Perpetuiert sich jeder Zeitpunkt unendlich oft oder ist die Zeit gar ein Kreis?

Schon in der Physik der *Relativitätstheorie* kommen Zeitpunkte strenggenommen nicht vor. Denn die Zeit hängt vom Bezugssystem ab (etwa von der Geschwindigkeit einer Uhr oder vom Gravitationsfeld, in dem sie sich befindet) und existiert nicht unabhängig vom Raum. Wenn zwei Ereignisse für einen Beobachter gleichzeitig stattfinden, können sie für einen anderen Beobachter zu unterschiedlichen Zeiten geschehen. Insofern ist Zeit eigentlich illusionär, und Zeitpunkte sind es erst recht.[7] Hermann Minkowski hat diese revolutionäre physikalische wie erkenntnistheoretische Einsicht bereits 1908 als „radikal" bezeichnet und pointiert so formuliert: „Von Stund' an sollen Raum für sich und Zeit für sich völlig zu Schatten herabsinken, und nur noch eine Art Union der beiden soll Selbstständigkeit bewahren."

Wenn es mit der Relativitätstheorie keine universelle Gleichzeitigkeit gibt, liegen zwei miteinander unvereinbare philosophische Positionen nahe: der Präsentismus und der Eternalismus.[7]

Dem *Präsentismus* (von lateinisch *praesens*: anwesend, gegenwärtig) zufolge gibt es streng genommen nur die subjektive Gegenwart. Vergangenheit und Zukunft sind demnach nicht real, sondern existieren lediglich als Erinnerung und Vorstellung. So war schon der griechische Philosoph Heraklit (circa 520–460 v. Chr.) der Auffassung, dass alles fließt (*panta rhei*) und alles sich bewegt (*panta chorei*). Und Aristoteles (circa 384–322 v. Chr.) zufolge ist alles nur in der Gegenwart wirklich, welche „Vergangenheit und Zukunft verbindet", die beide nicht existieren: „Ein Teil der Zeit war und ist nicht, während der andere sein wird und noch nicht ist." Doch diese Auffassung hat die paradoxe Konsequenz, dass Aussagen über Aristoteles, der vor gut 2300 Jahren lebte und die Zeit als „Zahl der Bewegung nach dem Früher oder Später" definierte, eigentlich sinnlos wären. Genauso wie Aussagen über eine Station auf dem Mars, die in den nächsten 40 Jahren erbaut werden soll. Denn wenn es nur eine subjektive Gegenwart gibt, verlieren die Sätze über Aristoteles oder die Marsstation ihren „Referenten" und die Eigenschaft, wahr oder falsch zu sein.

Für die Gegenposition, den *Eternalismus* (von lateinisch *aeternus*: ewig), sind alle Zeitpunkte und ihre Bezugssysteme gleich wirklich. Die Raumzeit ist quasi zeitlos oder ewig und bildet eine Art vierdimensionales *Block-Universum* (der Begriff wurde schon 1884 von William James geprägt). Es entwickelt sich nicht, sondern ist gleichsam als Ganzes und „auf einmal" da. Objekte existieren dementsprechend nicht nur in der Gegenwart, sondern auch in Vergangenheit und Zukunft, sind also räumlich wie zeitlich – genauer „raumzeitlich" – ausgedehnt. Aristoteles und die Marsstation wären dann gleichsam in der Raumzeit des Block-Universums fixiert. Diese Vorstellung geht auf die Eleatische Philosophenschule um Parmenides (circa 540–475 v. Chr.) und Zenon (circa 490–430 v. Chr.) zurück, die die Realität der Zeit leugnen: Nicht das von Heraklit propagierte Werden, sondern das ewige, unveränderliche Sein ist ihnen zufolge die Wirklichkeit – Zeitblock statt Zeitpunkt. Auch Albert Einstein hat mit dieser Auffassung sympathisiert. 1955 schrieb er, für ihn habe „die Scheidung zwischen Vergangenheit, Gegenwart und Zukunft nur die Bedeutung einer wenn auch hartnäckigen Illusion."

Rüdiger Vaas ist Philosoph, Dozent sowie Redakteur für Physik und Astronomie des Monatsmagazins *bild der wissenschaft*.

Anmerkungen:

1. Siehe zum Beispiel Thomsen, C. W.; Holländer, H. (Hrsg.): Augenblick und Zeitpunkt. Wissenschaftliche Buchgesellschaft, Darmstadt 1984
2. Siehe den Lexikonbeitrag Kairos in dieser Ausgabe. Zu dem, was im Leben wichtig ist, siehe zum Beispiel Vaas, R.: „Werde der du bist!" – Unterwegs zu sich selbst. Universitas, Band 65, Nr. 767 & 768, Seite 478–489 & 592–611 (5 & 6/2010), „Wohlan! Noch einmal!" – Im Spiel des Lebens. Universitas, Band 66, Nr. 777, Seite 14–33 (3/2011), Lesen und Leben. Universitas, Band 66, Nr. 779, Seite 68–84 (5/2011)
3. Pöppel, E.: Grenzen des Bewußtseins. Stuttgart 1985; A hierarchical model of temporal perception. Trends in Cognitive Sciences, Band 1, Seite 56–61 (1997); Vaas, R.: Zeit und Gehirn. In: Lexikon der Neurowissenschaft. Spektrum Akademischer Verlag. Heidelberg/Berlin 2001, Band 4, Seite 154–167
4. Vaas, R.: Tunnel durch Raum und Zeit. Kosmos Verlag, Stuttgart 2010, 4. Auflage
5. Vaas, R.: Die Zeit vor der Zeit. Universitas, Band 64, Nr. 762, Seite 1124–1139 (11/2009)
6. Vaas, R.: „Ewig rollt das Rad des Seins": Der „Ewige-Wiederkunfts-Gedanke" und seine Aktualität in der modernen physikalischen Kosmologie. In: Heit, H.; Abel, G.; Brusotti, M. (Hrsg.): Nietzsches Wissenschaftsphilosophie. de Gruyter, Berlin 2012, Seite 367–386
7. Ausführlich dazu, auch kritisch, Vaas, R.: Hawkings neues Universum. Kapitel 5. Kosmos Verlag, Stuttgart 2010, 5. Auflage

Stefan Baur

Bücherrätsel

Die Großen der Philosophie des Augenblicks sind in diesem *blauen reiter* gut vertreten, sowohl die großen Themen als auch die großen Namen. Mit Ausnahme einer Angelegenheit, die vermutlich immer zu allerletzt in Betracht kommt, wenn ein philosophischer Kopf nach einer Beschäftigung sucht. Heute aber soll ihre Stunde schlagen; nicht nur, weil der Rätselschreiber die fragliche Angelegenheit in hohen Ehren hält. Sondern auch wegen ihres augenblicklichen, gänzlich gegenwartsbezogenen Charakters. Und weil sich ausnahmslos jeder Leser dieser Zeitschrift, wie überhaupt jeder Leser (und auch jeder Nichtleser!), täglich damit beschäftigen muss. Hierzu möchten zwei Bücher erraten werden, ein ganz altes und ein ganz neues.

Der passende erste Philosoph ist rasch gefunden, er hat seit klassischen Zeiten den einschlägigen Ruf, Diesseits und Genuss – auch und gerade des Augenblicks – zum wichtigsten Prinzip erhoben zu haben. Das ist natürlich zu einfach wiedergegeben, aber da fast keine seiner Schriften überliefert ist, hatten es die zahlreichen Feinde und Spötter des gesuchten Autors seit jeher leicht, ihn zu diffamieren. Aus einer recht differenzierten und uns Postmodernen ganz einleuchtend vorkommenden Wertschätzung der Genüsse wurde allmählich ein Pappkamerad, auf den so mancher Asket einprügelte. Bis hin zum groben Spott, von dem Diogenes Laertius berichtet: „Der mit ihm verfeindete Stoiker Diotimos aber verleumdete ihn in kränkendster Weise … Epiktet nennt ihn einen Wollüstling und ergeht sich in den heftigsten Schmähungen …“. Diogenes kommt aber rasch zu einem eigenen Urteil über den Sachverhalt: „Doch sie alle sind nicht recht bei Sinnen.“ Der gesuchte Autor hatte sich nämlich etwas dabei gedacht, warum er die platonische Genussfeindlichkeit nicht teilte.

Ein Grund für die ungerechte Häme vieler Kritiker war gewiss seine Wertschätzung der besagten Angelegenheit, die sich auch im gesuchten Werk zeigt. Das Werk ist übrigens ein Splitter, kaum umfangreicher als dieses Rätsel. Überliefert durch den genannten Diogenes, der den Brief in sein üppiges Werk übernahm, in dem eine Zusammenfassung einiger wichtiger Ideen des verschollenen Hauptwerks gegeben wird. Ironischerweise hat er damit einen der wenigen Originaltexte des gesuchten Autors erhalten, der Diogenes' Angaben zufolge „ein Vielschreiber ersten Ranges" war. Im gesuchten kurzen Stück geht es unter anderem um Lust und Genuss, und beispielhaft – keineswegs zufällig – bemüht der Autor darin mehrfach die oben bereits umschriebene Spielart von Genuss: „Wenn wir also sagen, dass die Lust das Lebensziel sei, so meinen wir nicht die Lüste der Wüstlinge und das bloße Genießen, wie einige aus Unkenntnis und weil sie mit uns nicht übereinstimmen oder weil sie uns missverstehen, meinen, sondern wir verstehen darunter, weder Schmerz im Körper noch Beunruhigung in der Seele zu empfinden. Denn nicht Trinkgelage und ununterbrochenes Schwärmen und nicht Genuss von Knaben und Frauen und von Fischen und allem anderen, was ein reichbesetzter Tisch bietet, erzeugt das lustvolle Leben, sondern die nüchterne Überlegung, die die Ursachen für alles Wählen und Meiden erforscht und die leeren Meinungen austreibt, aus denen die schlimmste Verwirrung der Seele entsteht."

Warum der erste Autor soviel Verachtung provozierte, ist eines der Themen im zweiten gesuchten Buch. Hier handelt es sich um ein modernes Werk, die Habilitationsschrift eines Philosophen, der sich gerne in der Tradition des ersten gesuchten Autors sieht. Er zeichnet darin die Genealogie der Geringschätzung bestimmter Genüsse nach, die schon in der antiken Philosophie wirkungsmächtige Fürsprecher fand. Und wie mancher prägende und wegweisende Beginn, so zieht sich auch diese Geringschätzung bis heute durch die philosophische Orthodoxie; umso mehr, als sich viele christliche Motive gut in eine solche genussfeindliche, dem Augenblicklichen abgetane Sichtweise einbringen lassen. In der eigenwilligen, aber angemessenen Gliederung des Werks ist das Gegenstand des ersten „Hauptgangs".

Lösung des Bücherrätsels der 30. Ausgabe

Gefragt wurde nach dem Traktat *De monetae mutatione* (*Über die Münzveränderung*) des Juan de Mariana, veröffentlicht 1609 in Köln als Teil der *Tractatus VII* (*Sieben Abhandlungen*). In dieser polemischen, dennoch hellsichtigen Schrift beklagt de Mariana, dass die (Geld-)Politik des spanischen Königs den Geldwert so sehr verringert habe, dass es einem Raub am Volk gleichkomme. Es ist eine Kritik der Inflation, die ihrer Zeit weit vorausreicht. Bei der erwähnten Verschwörung handelt es sich um die Schießpulververschwörung gegen Jakob I. In seiner Schrift *De rege et regis institutione* (1598) hatte de Mariana den Mord an einem tyrannischen Fürsten gerechtfertigt.

Abbildung: CANIA

Der zweite „Hauptgang" des gesuchten Buchs widmet sich dann denjenigen Überlegungen, die zwar kaum je mehrheitsfähig wurden, aber doch ein Gegengewicht zu der im ersten Teil beschriebenen Strömung bilden – und von einer erstaunlich vielfältigen Truppe bekannter Philosophen geteilt werden. Es ist tatsächlich ein erfrischend anderer Leitfaden durch die Geistesgeschichte, wenn man, wie im gesuchten Werk, einer notwendigen, lustvollen, wichtigen, unterschätzten und doch außerordentlich folgenreichen Alltagshandlung nachgeht. So lehrt der gesuchte Autor derzeit von Norddeutschland aus, wie man ein verachtetes Handwerk besser als große Kunst lesen kann und die unvermeidliche Beschäftigung damit sogar als Teil eines gelungenen Lebens und wesentliche ethische Frage. Diese Lesart hat schon vor rund 150 Jahren einen hübschen, mit dem geläufigen „-sophie" endenden akademischen Namen bekommen, welchen das gesuchte Buch im Titel trägt.

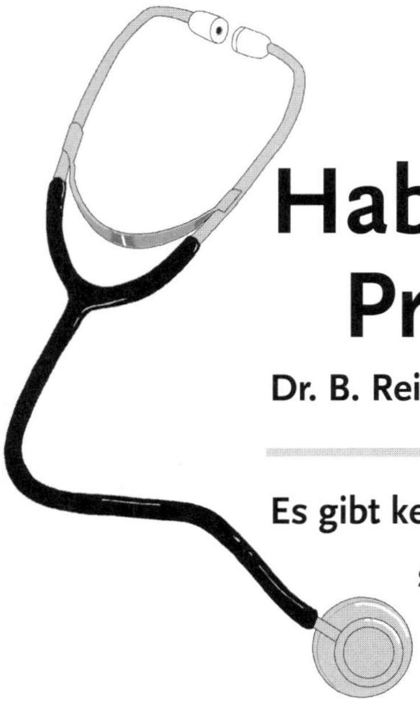

Dr. B. Reiter

Haben Sie Probleme philosophischer Art?

Dr. B. Reiter sorgt für Aufklärung!

Es gibt keine Frage, zu der er nicht die passende Antwort hätte. Wenden Sie sich vertrauensvoll an unseren Spezialisten für philosophische Aufklärung.

Sehr geehrter Herr Dr. B. Reiter,

im Band 22 – Freiheit – Seite 23 – Aphorismenschneise – steht der Satz „Wer ich sagt, hat etwas zu verbergen". Ich bitte um Erläuterung, da ich mit der Aussage sehr wenig anfangen kann.

B. Weishaupt

Sehr geehrter Herr Weishaupt,

ich weiß nicht, was sich Jürgen Große, der Autor der Aphorismenschneise, beim Verfassen dieses Satzes gedacht hat. Aber gerne antworte ich Ihnen mit Bezug auf die Theorie der Subjektivität von Johann Gottlieb Fichte: Wer „Ich" sagt, verbirgt all das, was ihn dazu auffordert, „Ich" zu sich zu sagen: fichtesch gesprochen alles, was „Nicht-Ich" ist. Anders ausgedrückt: „Ich sagen" ist die Konzentration der Welt in drei Buchstaben durch Negation der Welt qua Schöpfung einer eigenen Welt als je eigenes Bild von Welt! Ich kann Ihnen also nur empfehlen, zukünftig nicht mehr „Ich" zu sagen – dann entbirgt sich das zuvor Verborgene von selbst! Alles klar?

Sehr geehrter Herr Dr. B. Reiter,

in der letzten Ausgabe des Journals für Philosophie „der blaue reiter" hatten Sie die Frage nach dem Stuttgarter Bahnhof karikiert. Anstelle des unterirdischen Durchgangsbahnhofs haben Sie einen unterirdischen Flughafen vorgeschlagen. Das ist ja ganz lustig, aber wenig hilfreich ... Ich frage Sie nun ganz ernsthaft: Was halten Sie von Heiner Geißlers Schlichtungsvorschlag?

E. Stadler

Sehr geehrter Herr Stadler,

ähnlich medienwirksam wie beim Konflikt um den Stuttgarter Bahnhofsneubau werden Schlichtungen alljährlich bei den Tarifkonflikten zwischen Arbeitgeber- und Gewerkschaftsvertretern zelebriert. Es ist daher naheliegend, die geißlersche Schlichtung auf solch einen Konflikt zu übertragen. Bezeichnen wir im Folgenden also einfach die Gegner des Neubaus als Arbeitnehmer und die Neubaubefürworter als Arbeitgeber und reduzieren die Diskussion auf einen der Hauptstreitpunkte: die Baukosten. Die Gegner eines Neubaus, in unserem Beispiel die Arbeitnehmer, monieren, dass der Neubau des Bahnhofs zu teuer sei. Die Befürworter, in unserem Beispiel die Arbeitgeber, gestehen zwar zu, dass der Bahnhofsneubau viel Geld kosten würde, behaupten aber, dass die Baukosten in Relation zu den zu erwartenden Gewinnen stünden, also eine betriebswirtschaftliche Investition darstellen, und dass der avisierte Kostenrahmen nicht überschritten würde.

Trotz vieler Diskussionen sind die Positionen zu gegensätzlich, als dass man noch eine Lösung im gemeinsamen Gespräch finden könnte. Wie bei einem Tarifkonflikt kommt es zu lautstarken Demonstrationen der Arbeitnehmer mit Trillerpfeifkonzerten, Sitzblockaden und ähnlicher Streikfolklore. Die Arbeitgeber fordern den Gesetzgeber auf, ihr Eigentum zu schützen sowie Recht und Ordnung wieder herzustellen, was entsprechende Polizeieinsätze bis hin zu Einsätzen von Wasserwerfern nach sich zieht. Um die Situation zu befrieden und einen Kompromiss zu erzwingen, wird ein Schlichter engagiert. Nach langen Diskussionen tritt dieser mit folgendem Schlichterspruch an die Öffentlichkeit: Die Planung des Bahnhofs sei mangelhaft – die Arbeitnehmer jubeln und sehen sich bestätigt –, es müsse eventuell noch ein zusätzliches Gleis gebaut werden, um hinreichend Züge abfertigen zu können, fährt der Schlichter fort, mehr Rampen für Rollstuhlfahrer seien vonnöten und so weiter und so fort. Auf den Punkt gebracht: Der Schlichter empfiehlt zur Befriedung des Konflikts, noch mehr Geld auszugeben. Der Dialektik des greisen Wirrkopfs mit ADS-Syndrom (**A**ufmerksamkeits**d**efizit-**S**yndrom), als der er von führenden Stuttgarter Parteifreunden bezeichnet wurde, konnten spätestens an diesem Punkt selbst die Arbeitgeber nicht mehr folgen. Anders ausgedrückt: Was glauben Sie, würden Arbeitgeber von einem Schlichter halten, der in einem Tarifkonflikt, in dem die Arbeitnehmer 7 Prozent mehr Lohn fordern, die Arbeitgeber aber nur 3 Prozent bieten, als Schlichtungsvorschlag allen Ernstes eine Lohnerhöhung um 10 Prozent vorschlägt? Oder was glauben Sie, hielten Arbeitnehmer von einem Schlichter, der in diesem Tarifkonflikt 1 Prozent Lohnerhöhung für angemessen und den Tarifkonflikt für befriedet halten würde? Eben!

Merke: Bei politischen Konflikten geht es nie um vernünftige Argumente. In politischen Konflikten im Allgemeinen und mit derartigen Schlichtersprüchen im Besonderen wird die Vernunft *per definitionem* tiefer gelegt (nicht der Bahnhof), ist der geistige Tiefflieger weitaus gefragter als der an rationalen Argumenten Geschulte. Nicht von ungefähr beantwortet Carl Schmitt in seinem für alle politischen Idealisten überaus lehrreichen Text *Gespräch über die Macht und den Zugang zum Machthaber* die Frage eines „J." (im Vorspann „ein junger Jahrgang" genannt), ob ein Mensch in einem konkreten Fall gut oder böse sei, damit, dass das keine Frage der Philosophie wäre, sondern viel eher eine der Macht: „Dass einer die Macht hat, bedeutet doch vor allem, dass er selber darüber entscheidet. Das gehört doch zu seiner Macht. Entscheidet ein anderer darüber, so hat dieser Andere eben die Macht oder nimmt sie jedenfalls in Anspruch" – *quod erat demonstrandum* (was zu beweisen war)!

Sofern Sie Interesse an meinen fertig ausgearbeiteten Bauplänen für einen unterirdischen Flughafen in Stuttgart oder einen U-Boot-Hafen in Bern haben, lassen Sie es mich wissen. Gerne übersende ich Ihnen diese per Post gegen eine kleine Schutzgebühr von 10 Milliarden Euro. Die wegen ausufernder Proteste der Bevölkerung zu erwartenden Schlichtungsverfahren überlassen wir dann wiederum Heiner Geißler, der mit treffsicherer Logik dann sicherlich vorschlagen wird, dass sich die Schweizer Armee bis zum Mittelmeer oder der Nordsee durchkämpfen soll, um die ebenfalls zu beschaffenden U-Boote auch nutzen zu können. Den Diskutanten der baden-württembergischen Autostadt wird der tiefgründige Denker aufgrund von deren ausgeprägtem Hang zu Tiefergelegtem dann vermutlich die Philosophie der Maulwürfe empfehlen …

Noch Fragen?
Fragen Sie Dr. B. Reiter!

Abbildung: CANIA

Stefan Reusch

Die Zukunft wird ein Spaß

Frage: „Sind Sie sicher, dass Sie die Erhaltung des Menschengeschlechts, wenn Sie und alle Ihre Bekannten nicht mehr sind, wirklich interessiert?" Egal, wie Sie auf diese Frage Max Frischs antworten: Macht die Vorstellung, hier nichts mehr verloren zu haben, nichts mehr verlieren zu können, nicht einiges leichter? Für den Augenblick?

Nutzen wir den Augenblick! Werden wir fröhlich. Ruhig grundlos. Spekulieren wir: Die Zukunft – haben wir eine? Hier ist eine: Die Zukunft wird ein Spaß. Wir sind lustig. Wir finden uns in der Welt zurecht. Wir können Produkte vergleichen. Was soll uns noch überraschen?

Der frühe Toaster ist nichts anderes als ein später I-Pod, nur größer und um Brot aufzuwärmen. Es gibt nicht Neues, es gibt Werte.

Wer seinen Wert halten kann, dem wird das Prädikat „nachhaltig" verliehen.

(Auch über die Nachhaltigkeit ließe sich einiges sagen, so etwa, dass sie in gewissen grünen – also zur Zeit allen – Kreisen in aller Munde ist. Die „Mode der Nachhaltigkeit" – sie lebe hoch.) Für den Augenblick.

Aus dem Augenblick werden Trends geboren. Jetzt, in diesem Augenblick, irgendwo. Vielleicht hier. Vielleicht das:

Beispiel I. P. – „Intercorporales Peeling" – ein Plädoyer.

Das will man doch: etwas erleben. Erleben, dass etwas passiert. Jemandem. Das befreit. Entschlackt innerlich. Darum der Begriff „Intercorporales Peeling". Aaaah …

Abbildung: Tomaschoff

Diese alternative Heilmethode mag man gleichsetzen mit Voyeurismus. Sie ist aber Methode gewordene Zukunftsteilhabe. Mehr: gegenwärtiges Erleben. Da sein, wo etwas passiert. Von „Voyeuren" wird nicht mehr die Rede sein, nein: von „Menschen auf der Suche". Genauer: Menschen auf der Suche nach Sehenswürdigkeiten. Und dass das die gleichen Menschen sind, die heute bei jedem Auffahrunfall Schlange stehen, das mag sein. Aber das heißt doch nur, dass eben nichts Richtiges mehr passiert. Oder?

Beispielende.

Gegenbeispiel – das Waldsterben: ein Non-Event. Da kann man ja nicht mehr hingucken. Und das macht auch keiner mehr. Man sieht ja nichts. Bäume bekommen Blätter, verlieren Blätter, kämpfen jedes Jahr aufs Neue um ihre Laubwürdigkeit. Wozu? Wie elend. Wie elend langsam.

Das Waldsterben gibt es.

Das „Intercorporale Peeling" gibt es nicht. Nicht als Trend noch als Mode. Zumindest nicht als Marke, also unter diesem Namen. Der hinter „I. P." – sei es oder nicht – stehende Zynismus ist augenfällig. Das Schicksal des einen als Mittel zum Zweck der Katharsis eines anderen – widerlich. Noch.

Was wäre, wenn sich eines nicht so schönen Tages der Wert eines Menschenlebens steigerte mit dem Grad der Erregung des ihn Beobachtenden, des (vormals) Voyeurs, des Peeling-Genießers? Und der Wert eines Menschenlebens würde an der Börse gehandelt werden? Wer weiß: In der Zukunft wird man dem, der wissen will, was er wert ist, raten, er solle sich mal bei *ebay* zum Verkauf einstellen. Dann wisse er es. Für den Moment. „I. P." – wäre, grob gesagt, die Unterteilung in Subjekte und Objekte. Wären/Sind Sie Objekt? A la Ludwig Börne? „Wir leben immer für die Zukunft: Ewiges Stimmen, und nie beginnt das Konzert."

Sind/Wären Sie Subjekt? Für Max Frisch war Leben „Standhalten in der Zeit beziehungsweise Ewigkeit im Augenblick".

Und noch mal: „Sind Sie sicher, dass Sie die Erhaltung des Menschengeschlechts, wenn Sie und alle Ihre Bekannten nicht mehr sind, wirklich interessiert?"

Stefan Reusch ist freier Autor für Funk und Bühne. Zu hören ist er unter anderem auf SWR3 (*Reuschs rigoroser Rückblick*) und beim DLF (*Is' was? – Kulturrückblick*). Auf WDR5 moderiert er die Sendung *Spielart*. Zuletzt ist von ihm die CD *Glückwunsch Deutschland – 60 Jahre Bundesrepublik. Stefan Reusch bedankt sich rau, aber herzlos* erschienen (Hörbuch, Navarra-Verlag, Köln 2009). www.stefanreusch.de

Wolfgang Korfmacher

Der Philosophenkönig

Für Jann Holl

Es gibt keine menschliche Handlung, die nicht der Anfang einer so langen Kette von Folgen ist, dass keine Vorsehung weit genug reicht, um das Ende erblicken zu können. So konnte auch das Volk eines großen Reichs nicht absehen, was es tat, als es nach langen und blutigen Bürgerkriegen beschloss, sich einen Philosophen zum König zu wählen. Ein Philosoph sei unparteiisch und unbestechlich, meinten die Leute, weil irdische Güter ihm nichts bedeuten. Auch könne kein Einzelner sich vervollkommnen, solange nicht ein Philosoph im Staate herrsche. Kurzum, ein Philosoph müsse sich des Staates annehmen, er möge nun wollen oder nicht.

Und in der Tat zierte sich der Philosoph, auf den man sich schließlich geeinigt hatte, ein wenig, das schwere Amt zu übernehmen. Nachdem ihm aber in Aussicht gestellt worden war, dass er sich im Alter wieder ganz der Philosophie widmen dürfe, nahm er die Königswürde im Bewusstsein der Pflicht an: Nicht als verrichte er damit etwas Schönes, sondern etwas Notwendiges.

Nun hatte jenes Reich also einen Philosophenkönig zum Herrscher, einen Seelenführer, der erfüllt war von den besten Absichten. Dieser König hatte ein großes Herz, unerforschlich in seiner Güte. Sein ganzes Streben ging dahin, sein Reich und sein Volk zu beglücken. In der Erkenntnis, dass Handeln aus vernünftiger Einsicht hervorgehen müsse, setzte er zunächst eine Kommission zur Lösung des Problems der Willensfreiheit ein. Bevor dieses Problem nicht gelöst sei, verkündete er, könne an sinnvolles politisches Handeln nicht gedacht werden. Das sah das Volk ein. In vereinter Anstrengung gelang es den besten Köpfen des Reichs tatsächlich, in verhältnismäßig kurzer Zeit die so lange vergeblich gesuchte Lösung zu finden. (Leider ist sie in der Zwischenzeit wieder verloren gegangen.)

So konnte man endlich die Ärmel hochkrempeln und das große Werk der Ordnung des Reichs in Angriff nehmen: Um das Gemeinwesen vor Pöbelherrschaft, Dekadenz und Unordnung zu bewahren, befand es der König in seiner Weisheit für gut, alle Dichter und Künstler des Reichs in die Verbannung zu schicken. In einem Staat, in dem Ordnung und Gesetz herrschen sollen, ist für sie kein Platz. Die Dichter beispielsweise sind nicht in der Lage, maßvolle und disziplinierte Menschen darzustellen, sondern nur aufgeregte und unbeständige Charaktere, mit denen sie dem Pöbel zu gefallen suchen. Kunst strebt eben nicht nach Wahrheit, sondern ist bewusste und verwerfliche Täuschung. Die Künstler entwerfen ihre Scheinwelt, weil sie unfähig sind, ein solides Handwerk auszuüben. Wenn sie ihre Existenzberechtigung nur nachweisen könnten, würde er die Dichter ja gerne im Lande lassen, sagte der König (der für literarische Schönheit durchaus nicht unempfänglich war), aber so gehe es in einem Gemeinwesen nun einmal nicht.

Da der Philosophenkönig, dem die allgemeine Glückseligkeit als das höchste Gut wahrhaft am Herzen lag, nicht zuletzt angetreten war, das metaphysische Bedürfnis der Bürger zu befriedigen, verfiel er auf den Einfall, die Philosophieprofessoren der Hauptstadt als Boten in alle Provinzen des Reichs zu senden, um das „Ding an sich" zu suchen, welches den Reichskleinodien beigesellt und dem Publikum zugänglich gemacht werden sollte. Die Gouverneure des Reichs, bis hin zu den Statthaltern der Grenzmarken, waren angewiesen, den Boten jede nur denkbare Unterstützung zukommen zu lassen. Zur Legitimation bekam jeder Professor einen Ausweis mit der Aufschrift „Ich denke" mit auf den Weg, weil das „Ich denke", wie ein berühmter Philosoph festgestellt hatte, alle unsere Vorstellungen müsse begleiten können.

Das Volk staunte nicht schlecht, als in allen Winkeln des Reichs die weißbärtigen Philosophieprofessoren auftauchten und sich emsig an die Arbeit machten. Ebendas aber war vom König beabsichtigt: Ist doch das Staunen der Anfang aller Philosophie.

Das Unternehmen zeitigte die schönsten Resultate. Zwar wissen wir heute, dass jenes Ding an sich, für dessen Auffindung ein schon etwas hinfälliger Logiker damals den begehrten Konkordatslehrstuhl erhielt, eine – zugegeben meisterhafte – Fälschung war. Auch dauerte es viele Jahre, bis die letzten Boten in die Hauptstadt zurückgekehrt waren. (Philosophieprofessoren sind nicht gut zu Fuß.) Aber was sie von ihren schwierigen und nicht ungefährlichen Expeditionen mitbrachten, übertraf (wie man so sagt) die kühnsten Erwartungen. Nur als Beispiel sei erwähnt, dass es einem bis dahin fast unbekannten phänomenologischen Existenzialhermeneutiker gelungen war, bei einem Trödler in einem entlegenen Landstädtchen eine einzigartige Kollektion

Abbildung:
Ohne Titel
Hans Beck, 2011

fensterloser Monaden zu erwerben, noch dazu zu einem Spottpreis.

Natürlich gab es auch Rückschläge. So behauptete ein Vertreter der analytischen Sprachphilosophie, unweit der Grenze die „Idee“ des Tischs gefunden zu haben, die ihm aber auf dem Rückweg in die Hauptstadt abhanden gekommen sei. Einige Gelehrte erklärten dies für unmöglich, weil es keine Ideen von Artefakten gebe. Eine andere Partei war jedoch gegensätzlicher Meinung und konnte sich nicht genug tun, den Verlust dieser lang gesuchten Idee zu beklagen. Da sich der Sprachphilosoph entweder der Lüge oder zumindest der Unachtsamkeit schuldig gemacht hatte, wurde er dazu verurteilt, künftig Handlangerdienste im Ministerium für Metaphysik und Ontologie zu verrichten.

Eine schöne Folge der Herrschaft des Philosophenkönigs war es, dass im Volk der Sinn für Philosophie und damit die Liebe zur Weisheit geweckt wurde. Bald kam es soweit, dass die Bürger des Reichs die Behandlung philosophischer Fragen zu ihrer hauptsächlichen Beschäftigung machten. Ein beliebtes Spiel war es etwa, das Dasein in die Alltäglichkeit und Durchschnittlichkeit zu werfen, aus der es zu allgemeiner Erheiterung stets als „Man“ wieder hervorging. (Das Man beruhigte sich übrigens schnell über diese Scherze und ließ den Mut zur Angst vor ihnen nicht aufkommen.) Eine gewichtige Minderheit der hauptstädtischen Bevölkerung bastelte gar an einem werdenden Gott, der vom Philosophenkönig in der Ordnung des Reichs gar nicht vorgesehen war.

Kaum hatte ein Oberkellner des vornehmsten Restaurants einer Provinzstadt ein dickleibiges Werk mit dem Titel *Vernünftige Gedanken von Gott, der Welt und der Seele des Menschen, auch von allen Dingen überhaupt* veröffentlicht, antwortete ihm ein Nähmädchen mit *Anweisung von Weg und Weise, alle Dinge zu erkennen*, einer Schrift, die (obwohl vielleicht ein wenig schwach in der Argumentation) in ihrer epigrammatischen Kürze von jener erfrischenden Kessheit war, welche die jungen Frauen der Hauptstadt des Reichs so liebenswert machte.

Die Gegenstände der Philosophie stiegen bei solch allgemeiner Hochschätzung unermesslich im Wert, ein Umstand, den sich jenes Gelichter zunutze machte, dem es noch nie um die Wahrheit, sondern immer nur um kruden Gewinn zu tun war. So kam es etwa vor,

Analytische Sprachphilosophie
Richtung der Philosophie des 20. Jahrhunderts, die sich philosophischen Fragestellungen durch eine Analyse von Strukturen und Funktionen der Sprache nähert.

Artefakt
Vom Menschen hergestellter oder zumindest geformter Gegenstand.

Ding an sich
Bezeichnung Immanuel Kants für die hinter der erkennbaren „Erscheinung“ eines Dings verborgene und von uns nicht erkennbare eigentliche Wirklichkeit desselben. Da alles, was wir erkennen, von unserem Bewusstsein geformt ist, können wir laut Kant die Dinge nie so erkennen, wie sie „an sich“ sind, sondern eben nur so, wie sie uns „erscheinen“.

empirisch real
Der Ausdruck bezieht sich in der Philosophie Kants auf Raum und Zeit und meint: vom Standpunkt der Erfahrung aus wirklich.

Existenzialismus
Philosophische Richtung des vorigen Jahrhunderts, die sich um eine Deutung der „Existenz“ des Menschen bemüht. Besonders durch die Analyse menschlicher Grenzerfahrungen wie Leid, Angst, Tod, Scheitern, Schuld, Sinnlosigkeit, Verzweiflung wird versucht, zu einem Entwurf „eigentlichen“ Daseins vorzustoßen, das im Gegensatz zu einem entfremdeten (fremdbestimmten) Leben steht.

fensterlose Monaden
Bei Gottfried Wilhelm Leibniz die empfindungs- und vorstellungsbegabten Grundelemente der Wirklichkeit, aus denen sich die Welt zusammensetzt. Eine Art „beseelte Atome“, die (da jede Monade wie eine kleine Welt für sich ist) gleichsam „fensterlos“ sind und nicht aufeinander einwirken können.

Hermeneutik
Geisteswissenschaftliche Methode, die nicht wie die Methoden der Naturwissenschaften auf „Erklärung“, sondern auf einfühlendes „Verstehen“ der Dinge zielt.

Idee
In Platons Denken sind alle Dinge nur unvollkommene individuelle Abbilder ihrer eigentlich wahren, unvergänglichen und unveränderlichen Urbilder, der „Ideen“. (So wären alle auf Erden wachsenden Bäume nur unvollkommene Abbilder eines vollkommenen Baums im Reich der Ideen.)

Manichäer
Anhänger einer spätantiken Erlösungslehre, der zufolge die Welt Schauplatz eines Kampfs zwischen den Mächten des Lichts und der Finsternis ist.

Metaphysik
Zweig der Philosophie, der sich mit der „hinter“ der Erfahrungswelt vermuteten, übersinnlichen (transzendenten) Wirklichkeit beschäftigt (An-sich-Sein der Dinge, Urgrund des Seins, Weltgesetze, Dasein Gottes, Unsterblichkeit der Seele, Willensfreiheit).

Nominalismus/Realismus
Zwei Richtungen der Scholastik: Der Nominalismus vertritt die Auffassung, dass die Gattungsbegriffe (Universalien) lediglich durch Abstrahieren gewonnene oder durch Konvention vereinbarte Bezeichnungen ohne eigene Wirklichkeit sind. Der Realismus schreibt den allgemeinen Begriffen hingegen eigenständige Wirklichkeit zu, die ganz unabhängig von der Existenz und Beschaffenheit der Einzeldinge ist (Begriffsrealismus).

Ontologie
Die allgemeine Lehre vom Seienden.

Phänomenologie
Von Edmund Husserl begründete philosophische Richtung, die durch „Wesensschau“ den Wesensgehalt von Bewusstseinsphänomenen wie Wahrnehmung, Denken, Emotionen unter Ausklammerung alles Individuellen sichtbar machen und so „zu den Sachen selbst“ gelangen will.

Scholastik
Die theologisch bestimmte, dabei stark von Aristoteles beeinflusste Philosophie des Mittelalters.

Synthetische Urteile a priori
Nach Kant alle Aussagen, deren Wahrheit von vornherein als gültig eingesehen werden kann (zum Beispiel: „Jede Veränderung muss eine Ursache haben“), ohne dass ihre Wahrheit schon aus den verwendeten Ausdrücken ersichtlich ist (wie das etwa bei dem Satz „Jeder Kreis ist rund“ der Fall ist).

transzendental
Kants Bezeichnung für „erkenntniskritisch“: die Bedingungen von Erfahrung und Erkenntnis betreffend. (Nicht mit transzendent = übersinnlich zu verwechseln.)

dass einige Spitzbuben eine kostbare Sammlung „synthetischer Urteile a priori" aus der Nationalbibliothek entwendeten und ins Ausland schmuggelten, wo sie bei einer Auktion unter den Hammer kam, von einer fremden Macht erstanden und als diplomatisches Druckmittel verwendet wurde.

Kurz darauf musste eine vollständige Sammlung von Gottesbeweisen, die (durch einen Kurssturz bedingt, der in dieser erhitzten Atmosphäre nicht ausbleiben konnte) nicht mehr an den Mann zu bringen war, durch Stützkäufe gesichert werden, was den Haushalt des Reichs erheblich belastete.

In dieser Situation wagte sich die längst tot geglaubte scholastische Schule (hinter der der Staatsschutz mit guten Gründen die Kirche vermutete) wieder hervor und erhob frech ihr Haupt. Es gelang dem Staatsschutz aber, einen seiner fähigsten Agenten in die scholastische Gruppe einzuschleusen, der sie in eine realistische und eine nominalistische Fraktion spalten und ihre Wirkung damit neutralisieren konnte, denn beide Fraktionen waren bald ganz davon in Anspruch genommen, sich erbittert zu befehden.

Viel gefährlicher, weil von äußerster Radikalität, war ein Aufstand der Manichäer in einer entlegenen Provinz, der nur mit großer Mühe und unter Einsatz schwerer Folianten niedergeschlagen werden konnte.

Schließlich herrschte eine heillose Verwirrung im Reich. Jene Lust an der Theorie nämlich, die (wie wir inzwischen wissen) wenig zu tun hat mit Liebe zur Wahrheit, machte sich in verschiedenen Schulen, Gruppen, Untergruppen und Fraktionen breit. Obwohl der Philosophenkönig ein anerkannter Meister der Synthese war, stand die Einheit des Reichs auf dem Spiel.

Um diese Gefahr abzuwenden, trafen Vertreter der wichtigsten philosophischen Schulen zusammen und überlegten, wie man den König (dem sie höchst einseitig die Schuld an der allgemeinen Konfusion gaben) absetzen könnte. Ein zwielichtiges Individuum (ein gescheiterter Privatdozent und frei schwebender Intellektueller, der zwischen den verschiedenen Schulen hin und her schwankte) hatte schließlich den Einfall, dem König zu diesem Zweck eine Frage zu stellen, die er unmöglich beantworten könnte, womit er seine Unfähigkeit, die Angelegenheiten des Staats weiter zu lenken, klar und deutlich unter Beweis stellen würde.

Bei der nächsten Versammlung des aus den Mitgliedern des denkenden Standes bestehenden Staatsrats stand das übel beleumundete Subjekt auf und fragte den weisen König geradeheraus: „Warum gibt es überhaupt etwas und nicht vielmehr nichts?" Darauf wusste der König keine Antwort und sagte nach einigem Nachdenken: „Worüber man nicht reden kann, davon muss man eben schweigen." Dieser Gedanke wurde allgemein als undialektisch verworfen. Der hochsinnige König wurde abgesetzt und mit viel Pathos eine Gelehrtenrepublik ausgerufen.

Im Bewusstsein, dass die Zeit nur empirisch real, transzendental aber ideal ist, fand der Philosophenkönig sich mit der relativen Kürze seiner Amtszeit ab, zumal er sich nun wieder in beschaulicher Muße ganz den Gedankengeschäften widmen konnte. Das Volk murrte zwar über die Absetzung des wohlmeinenden Landesvaters, aber im Wissen darum, dass der allgemeine Wille nicht notwendig der Wille der Allgemeinheit ist, konnte das Gelehrtendirektorium keine Rücksicht darauf nehmen. Gleichwohl hat das Volk jenes Reichs den durch Einsicht königlichen Mann bis heute nicht vergessen und hält ihn als „Auge des Reichs" und „lebendig gewordene Gattungsvernunft" in gedanklichen Ehren.

Die Zustände im Reiche besserten sich freilich nicht, denn auch die regierenden Gelehrten waren der philosophischen Maxime verpflichtet, dass sich nicht die Erkenntnis nach den Gegenständen richten müsse, sondern umgekehrt die Gegenstände sich nach der Erkenntnis zu richten hätten. Der Weg zu Wahrheit und Erkenntnis aber führe über Rede und Gespräch. Über diesen Gesprächen, die sich mit kurzen Unterbrechungen monatelang hinzogen, vergaßen sie das Volk, das sie schließlich zum Teufel jagte. Fortan nahm jenes Reich eine Entwicklung wie andere Reiche auch, weshalb es seitdem unter philosophischen Gesichtspunkten nicht weiter interessant ist.

Die meisten Historiker sind heute der Meinung, dass der Untergang der Philosophenherrschaft auf die Vernachlässigung der Mittelstandspolitik zurückzuführen sei: Ist doch ein gesunder Mittelstand die Stütze und Zierde eines jeden Staates. Die Verwaltung des Reichs hatte sich aber seinerzeit im Einordnen der Dinge unter ihre Wesensbegriffe erschöpft, was offenbar nicht ganz ausreichend war.

Und doch: Was würden wir darum geben, wenn der Philosophenkönig die Grundsätze seiner Regierungskunst aufgeschrieben und uns damit die Möglichkeit einer kritischen Aneignung hinterlassen hätte! Leider fand er, dass der Ohnmacht der Sprache wegen kein Verständiger es wagen dürfe, in ihr seine Gedanken niederzulegen, noch dazu in unwandelbarer Form, wie es bei schriftlicher Fassung der Gedanken der Fall sei.

So haben wir uns damit abzufinden, dass, wie für alles auf Erden, auch für die Philosophen und ihre Herrschaft der Satz gilt: Woher die Dinge ihre Entstehung haben, dahin müssen sie auch zu Grunde gehen nach der Notwendigkeit; denn sie müssen Buße zahlen und für ihre Ungerechtigkeit gerichtet werden, gemäß der Ordnung der Zeit.

Dr. Wolfgang Korfmacher ist Konfliktberater und Mediator in Münster.

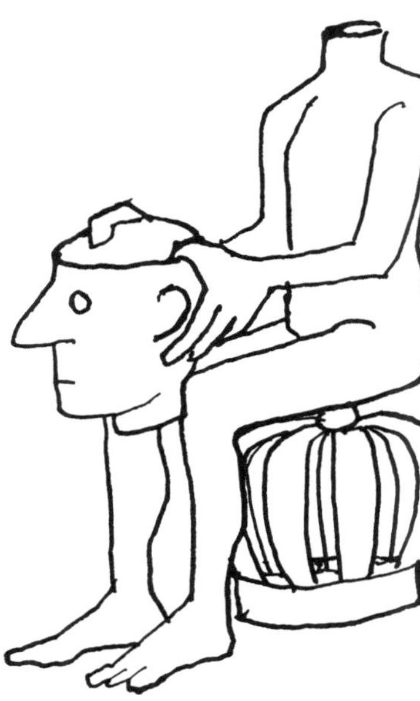

Abbildung:
Ohne Titel
Hans Beck, 2011

Stefan Artmann

Wider den Augenblick!

Henri Bergsons Suche nach dem letzten Grund des Bewusstseins

Ein Professor der höchsten Bildungsanstalt seines Landes, der den gesunden Menschenverstand als Ausgangspunkt des Philosophierens ernst nahm. Ein Analytiker des alltäglichen Weltzugangs, der gegen die Denktraditionen des Abendlands den Vorwurf erhob, spekulative Probleme mit den unzureichenden Kategorien der Umgangssprache formulieren und lösen zu wollen. Ein Metaphysiker, der sich so intensiv in die exakten Wissenschaften seiner Zeit eingearbeitet hatte, dass seine Bücher von bedeutenden Naturforschern ausgiebig diskutiert wurden. Ein Verfasser detailliert argumentierender Texte, deren eleganter Stil voller prägnanter Metaphern aus geistigen Expeditionen philosophische Bestseller machte. Ein Nobelpreisträger für Literatur, der keinen Roman, kein Drama und kein Gedicht veröffentlicht hat, dessen Wirkung auf die moderne Kunst jedoch häufig die Auseinandersetzung mit seiner Theorie motiviert. Ein Musterbild des gelehrten Lebens, das aufgrund seiner inneren Folgerichtigkeit schnell vergessen lässt, wie eng es mit der Weltpolitik verknüpft gewesen ist.

der blaue reiter

Abbildung:
Henri Bergson 1
Manfred Mahsberg, 2011;
Holz, Nessel, Ölfarbe, 7,5x7,5 cm

Abbildung rechte Seite:
Henri Bergson 3
Manfred Mahsberg, 2011;
Holz, Nessel, Ölfarbe, 7,5x7,5 cm

Fotos: Anne Gold

Diese spannungsreichen Eigenschaften kennzeichnen *einen* Denker: den französischen Philosophen Henri Bergson. Ihren inneren Zusammenhang versteht, wer Bergsons Leben und Werk am Leitfaden der Frage nach der Zeit durchdenkt.

Alles, was existiert, ist zeitlich: Das gilt gemäß Bergson nicht nur für die sinnlich wahrnehmbaren Gegenstände der materiellen Welt, die Natur, sondern auch für die Welt des Geistigen. Es wäre ungenau zu sagen, dass Gedanken und Körper *in* der Zeit existieren – eine solche Formulierung ließe die Möglichkeit offen, dass ein Seiendes in seinem Wesen durch Verweis auf etwas Überzeitliches bestimmt werden müsste (beispielsweise die Uhr, die ich gerade sehe, durch die platonische Idee der Uhr, an die ich mich soeben erinnere – siehe Erläuterung). Vielmehr behauptet Bergson: Gedanken und Körper *sind* Zeit. Zwischen ihnen gibt es nur Unterschiede in der Weise, wie sie Zeit sind. Das muss allerdings unverständlich bleiben, wenn der Augenblick als zeitliches Grundelement gilt. Zeit jedoch, so Bergson, ist nicht aus Augenblicken zusammengesetzt, Zeit ist Dauer.

Metaphysik
lateinisch *metaphysica*, zu griechisch *tà metà tà physiká*: Das, was hinter der Natur steht. Philosophische Lehre von den ersten Prinzipien und Ursachen sowie den über die Naturerscheinungen hinausgehenden Fragen des Seins.

I

1859 als Sohn jüdischer Eltern (eines polnischstämmigen Komponisten und einer englischen Arzttochter) in Paris geboren, lebt und wirkt Bergson in einer Zeit radikaler Modernisierung. Bis zur Jahrhundertwende durchläuft er einen Bildungs- und Forschungsweg, der ihn zuerst als Studenten, dann – nach dem üblichen Umweg über Gymnasien der Provinz und in Paris – als Professor an die Elitehochschule Frankreichs, die *École normale supérieure*, führt. Seine beiden Dissertationsschriften, der 1889 erschienene *Essai sur les données immédiates de la conscience* (*Zeit und Freiheit*) und eine auf Latein verfasste Analyse von Aristoteles' Theorie des Orts, werden nur von Fachkollegen wahrgenommen. Bergsons Auseinandersetzung mit dem Leib-Seele-Problem (siehe Erläuterung) in der 1896 veröffentlichten Schrift *Matière et mémoire* (*Materie und Gedächtnis*) stößt auf ein großes, aber überaus geteiltes Echo, das zu einer ersten heftigen Kontroverse über Bergsons neuartige Philosophie führt.

Es wirkt nachträglich geradezu übertrieben symbolisch, dass Bergson 1900 – zur Hälfte seines Lebens – als Professor in das *Collège de France* gewählt wird: bezeichnenderweise erst für antike, vier Jahre später dann doch für zeitgenössische Philosophie. Mit seinen dort gehaltenen Vorlesungen beginnt er, das intellektuelle und mondäne Paris zu erobern. Aufsätze wie *Introduction à la métaphysique* (*Einführung in die Metaphysik*, 1903) und das Werk *L'Évolution créatrice* (*Schöpferische Entwicklung*, 1907) führen schließlich dazu, dass Bergsons Name auf der ganzen Welt für die Bezeichnung einer geistigen Bewegung verwendet wird, die weit über die Grenzen der akademischen Philosophie hinaus wirkt: *le bergsonisme*.

Warum wurde Bergson zum Modephilosophen der späten *belle époque* (wörtlich: schöne Epoche. Die für das Bürgertum „schöne Zeit" von zirka 1884 bis zum Ausbruch des Ersten Weltkriegs)? Immer noch kann sein Denken eine starke Anziehungskraft ausüben, weil er, ausgehend von der eindringlichen Beschreibung des individuellen Erlebens, versucht, dessen überindividuellen Ursprung so prägnant, wie es mit sprachlichen Mitteln nur geht, zur Anschauung zu bringen. Die Suche nach diesem letzten Grund des eigenen Bewusstseins muss gemäß Bergson von traditionellen Bestimmungen des Absoluten Abschied nehmen. Trotz aller Streitigkeiten zwischen den philosophischen Hauptströmungen ist diesen gemeinsam, dass sie sich zu sehr an jene Kategorien halten, mittels derer die Umgangssprache den gesunden Menschenverstand (*sens commun*) ausdrückt. Da dieser aus dem Grundproblem des Lebens entspringt, zweckgerichtete Handlungen zu planen und durchzuführen, überträgt jede Philosophie, die sich an das alltägliche Welt- und Selbstverständnis hält, das Begriffsinstrumentarium des praktischen Denkens ungerechtfertigt auf den Bereich des im ursprünglichen Sinne theoretischen, also anschauenden Denkens. Insofern der Mensch als ein Organismus analysiert wird, dem es um sein eigenes Wohlergehen zu tun ist, gibt es keinen strengeren Pragmatiker als Bergson; zugleich ist er aber der schärfste Kritiker eines naiven Pragmatismus (siehe Erläuterung), der die Wahrheit einer Weltanschauung mit deren Nutzen für ihre Anhänger identifiziert, ohne sich um den metaphysischen Hintergrund (siehe Erläuterung) einer solchen Gleichsetzung zu kümmern.

Exemplarisch zeigt Bergson in *Matière et mémoire* die Grenzen traditioneller Philosophien am Leib-Seele-Problem auf: Wie kann die Selbsterfahrung des Menschen als eines geistigen und körperlichen Wesens auf den Begriff gebracht werden? Bergson kritisiert die allzu bekannten Auseinandersetzungen zwischen monistischen und dualistischen Antwortstrategien: Der Mensch ist weder ein rein geistiges noch ein rein materielles Wesen (Monismus), und er ist auch nicht auf eine mysteriöse Weise aus Geist und Körper zusammengesetzt (Dualismus). Bergson hält die traditionellen Definitionen dessen, was Geist und Körper seien, für ungeeignet, um zu einer befriedigenden Bestimmung ihrer Identität oder Differenz zu gelangen. Warum? Bergsons Antwort hierauf klingt zuerst abseitig; in ihr liegt aber das wahrhaft Neue seines Denkens.

II

Für Bergson hat die traditionelle Metaphysik, da sie sich zu sehr auf den gesunden Menschenverstand verlassen hat, nichts anderes als verräumlichende Bestimmungen eigentlich zeitlicher Beziehungen hervorgebracht. Auch die Wissenschaften entgehen diesem Verdikt nicht, weil sie letztlich nur den gesunden Menschenverstand kontrolliert auf Fragen anwenden, die sich ein biologisches Wesen angesichts seiner Umwelt stellt, um zu überleben. Das gilt selbst für solche wissenschaftlichen Revolutionen wie die durch Einsteins Relativitätstheorie im physikalischen Verständnis von Raum und Zeit ausgelöste. Deren Kritik in Bergsons *Durée et simultanéité* (*Dauer und Gleichzeitigkeit*, 1922) hat eine bis heute andauernde Diskussion um die wissenschaftliche Relevanz dieses Werks ausgelöst.

Es gibt keinen Moment, der soeben noch nicht war, jetzt ist und gleich nicht mehr sein wird.

Wie interpretieren der gesunde Menschenverstand und die Wissenschaft laut Bergson die Erfahrung von Zeit? Beim Schreiben dieses Textes am Computer spüre ich, wie meine Finger die Tastatur vor mir berühren, und ich sehe dies auch nebenbei. Je konzentrierter ich am Text arbeite, desto stärker werde ich diese Wahrnehmungen ausblenden – ich schreibe dann gleichsam blind und mit tauben Fingern. Die Formulierung von Sätzen in meinem Bewusstsein, das Niederschreiben dieser Sätze am Rechner, ihre Lektüre auf dem Display erfahre ich als einen umfassenden und kontinuierlichen Prozess, in dem ein mir äußerlicher Gegenstand (der Computer), mein Körper und mein Geist harmonisch zusammenarbeiten. Doch ich weiß, dass ich, wenn ich einen anderen Satz formuliert hätte, auch andere Tasten niedergedrückt haben könnte; ja, ich hätte bei jedem einzelnen Buchstaben andere Entscheidungen treffen können. Je weiter ich diese Analyse meines Handelns treibe, desto stärker wird es in eine immer feiner unterteilte Reihe von Momenten zerfallen, an denen mir verschiedene Entschlüsse und Bewegungen möglich gewesen wären. Ist die Erfahrung, die mich und die Welt umfasst, wenn ich am Computer schreibe, dann nicht in Wirklichkeit das Resultat einer Zusammensetzung solcher Augenblicke der Wahl in meinem Geiste? Wäre das der Fall, existierte vor dem zeitlichen Ablauf meiner Handlungen bereits ein Raum, in dem sich der Computer befände und sich mein Körper bewegen könnte; die Elemente dieses Raums wären Orte, an denen in einem unteilbar kleinen Zeitpunkt Entscheidungen darüber stattfänden, wo ein sich dort gerade befindlicher Körper im nächsten Augenblick sein würde.

Ohne eine solche verräumlichende Analyse unserer Handlungen könnten wir nicht leben. Sie ist notwendig, wenn man über seine Zukunft nachdenkt, um ein bestimmtes Ziel zu erreichen und um sich mit

Idee
von altgriechisch *idéa*, ursprünglich für Aussehen, Gestalt, Form. Platon zufolge sind alle Dinge nur unvollkommene individuelle Abbilder ihrer eigentlich wahren, unvergänglichen und unveränderlichen Urbilder, der „Ideen". So seien zum Beispiel alle auf Erden wachsenden Bäume nur unvollkommene, je verschiedene Abbilder eines vollkommenen Baums im Reich der Ideen.

anderen Menschen zu koordinieren. All dies leistet der gesunde Menschenverstand, der von Geburt an pragmatisch ist und mit dem jedes Philosophieren beginnt. Bergson fordert aber vom Philosophen, dass er die individuelle Erfahrung als den sein ganzes Leben umfassenden Prozess des Selbst- und Welterlebens gerade nicht einer pragmatischen Zweck-Mittel-Analyse unterzieht, sondern von seiner Erfahrung aus zur Intuition der Zeit als unmittelbarer Anschauung der überindividuellen Dauer gelangt. Er muss die Kontinuität seines Zeiterlebens ernst nehmen und es so, wie es ursprünglich vor aller planenden Verstandestätigkeit verläuft, beschreiben.

Im vierten Kapitel von *Matière et mémoire* stellt Bergson das Programm seines Philosophierens mit prägnanter Metaphorik vor: „Man könnte die Erfahrung an ihrer Quelle aufsuchen, oder vielmehr oberhalb jener entscheidenden *Biegung*, wo sie von ihrem ursprünglichen Wege in der Richtung auf unseren Nutzen hin abweicht und im eigentlichen Sinne die *menschliche* Erfahrung wird ... Wenn man sich an den Punkt des Weges, den wir die *Biegung* der Erfahrung nannten, versetzt hat, wenn man das anbrechende Licht benützt hat, welches den Durchbruch vom *Unmittelbaren* zum *Nützlichen* erhellt und die Morgenröte unserer menschlichen Erfahrung einleitet, dann bleibt uns noch, mit den unendlich kleinen Elementen, welche wir so von der wirklichen Kurve wahrnehmen, die Form der Kurve selbst wiederherzustellen, welche hinter ihnen in die Dunkelheit verläuft."

Abbildung:
Henri Bergson 4
Manfred Mahsberg, 2011;
Holz, Nessel, Ölfarbe, 7,5x7,5 cm

Foto: Anne Gold

Die zeitliche Gestalt der ursprünglichen Erfahrung und die Methode, sie von unserem alltäglichen Erleben aus zu rekonstruieren, tragen Namen, die zu Schlagwörtern des Bergsonismus geworden sind. Dauer (*durée*), die wirkliche, unmittelbar erfahrene Zeit, ist der Grundbegriff seiner Metaphysik und unmittelbare Anschauung (*intuition*) seine Leitmethode. Im analytischen Verstand sieht Bergson ein Instrument zur technischen Beherrschung der Natur. Die Fülle der dem Bewusstsein in ihrer Einmaligkeit eröffneten Wirklichkeit erschließt sich ihm zufolge nur der philosophischen Intuition.

Um zur Intuition der Dauer zu gelangen, muss der Philosoph laut Bergson eine übermenschliche Anstrengung vollbringen. Das Übermenschliche besteht darin, die Erfahrung jenseits der Beschreibung ihres Vollzugs nicht für irgendeinen Handlungszweck nutzbar machen zu wollen. Auf diese Weise kann der Philosoph veranschaulichen, wie in ihm Körper und Geist einen zeitlichen Zusammenhang bilden.

Je naturhafter ein Gegenstand ist, desto stärker beschränkt sich seine Existenz auf das Gewärtigsein des Jetzt. Falls die Quantenphysik uns nicht eines Besseren belehrt, besitzt ein Elektron kein Gedächtnis – es ist reine Wahrnehmung von Kräften, die auf es ausgeübt werden, und muss naturgesetzlich immer das Gleiche „tun" wie alle anderen Elektronen auch. Lebende Körper besitzen hingegen eine ihnen eigene Vergangenheit, die ihr gegenwärtiges Verhalten mitbestimmt: Je komplexer ein Organismus ist, desto stärker ist er aufgrund der „Speicherung" seiner Vergangenheit vor allem im Aufbau seines Nervensystems individualisiert. Über diese körperliche Präsenz der Vergangenheit hinausgehend, ist der Geist für Bergson eine neue Art des Gedächtnisses. Seine Vergangenheit bedarf keiner materiellen Basis, um ihm gegenwärtig zu sein; seine Erinnerungen sind nicht im Gehirn zu lokalisieren. Der Geist ist reine Dauer, die Vergangenheit, Gegenwart und Zukunft untrennbar verknüpft. Gerade als Kontinuum schafft er fortwährend ohne einen ihm übergeordneten Zweck etwas Neues, das über die naturgesetzliche Wiederholung dessen, was war und jetzt ist, hinausgeht. Der Geist erinnert seine Vergangenheit in verschiedenen Intensitätsgraden und bringt sie vermittels des Organismus in die reine Gegenwart der Natur ein, um sie, mehr oder weniger unabhängig von den jetzigen Umständen, für seine Zukunft zu beeinflussen.

Aus einer Perspektive, die Seiendes in seinem Wesen räumlich bestimmt, ist Bergson Dualist: Zwischen dem materiellen und räumlichen Körper einerseits, dem immateriellen und unräumlichen Geist andererseits besteht ein prinzipieller Unterschied. Aus der Perspektive seines eigenen Philosophierens, das Seiendes zeitlich bestimmt, ist Bergson sowohl Monist – alles ist Dauer – als auch Pluralist – jedes Seiende ist eine unterschiedlich intensive Dauer. Das Sein des Seienden: das, was jedes Seiende als solches ausmacht, ist die kontinuierliche Zeit, die sich am einzelnen Seienden

Leib-Seele-Problem
Die Frage nach dem Wechselspiel von Körper und Geist. Unter anderem wird in diesem Zusammenhang diskutiert, wie Willensentscheidungen zu Handlungen führen können und wie äußere Reize innere Empfindungen auslösen.

als schöpferische Entwicklung zeigt. Der ursprünglichen Kreativität der Dauer sind keine Grenzen gesetzt – daher strebt das Sein auch nicht einem vorgegebenen Ziel zu.

III

Warum also wurde Bergson in der ausgehenden *belle époque* zum weltberühmten Philosophen? Seine Beschreibungskunst erhob die zeitgenössisch hochempfindsame Aufmerksamkeit des Einzelnen auf das eigene Selbst- und Welterleben zur philosophischen Tugend. Seine Methode der Intuition koppelte diese Sensibilität von den radikal modernisierten gesellschaftlichen Randbedingungen ab, in denen die Individuen zu handeln gezwungen waren. Schließlich eröffnete seine Metaphysik der Dauer den Weg zu einer begeisternden Anschauung des Seins als überindividueller Dauer, in welcher der Einzelne das ihm eigentümliche Neue schafft und dennoch mit allem anderen Seienden gemeinschaftlich verbunden ist, ohne sich deshalb einer der unglaubwürdig gewordenen Zwecksetzungen für Welt, Mensch und Geschichte unterordnen zu müssen.

Der Bergsonismus wendet sich gegen jeden Versuch, die moderne Infragestellung aller herkömmlichen Lebensverhältnisse mittels einer intensivierten Augenblickserfahrung zu überwinden. Wer die Zeit vom Augenblick her denkt, kann sie sich nur als Zusammenstückung von unzeitlichen Elementen verständlich machen. Für Bergson gibt es aber keinen Moment, der soeben noch nicht war, jetzt ist und gleich nicht mehr sein wird. Der Augenblick ist nichts anderes als die pseudozeitliche Form, die das ewig Unveränderliche annimmt, wenn es oberflächlich verzeitlicht wird – daher stammt die innere Verwandtschaft moderner Ästhetiken (siehe Erläuterung) des Augenblicks mit Metaphysiken des an- oder abwesenden Gottes, etwa bei Charles Baudelaires *frisson* (Schauder), James Joyces *epiphanies* (Erleuchtungen) oder Ernst Jüngers Stereoskopie.

Wenn es aber Zeit als Augenblick gar nicht gibt, kann ich auch keine authentische Erfahrung von ihr machen, die meine individuelle Identität schockhaft erschüttern, mich aus den problematischen Umständen meiner Vergänglichkeit herausreißen und durch

Pragmatismus
ursprünglich auf Charles Sanders Peirce zurückgehende philosophische Richtung, deren Vertreter das Handeln als notwendigen Bezugspunkt des Erkennens betrachten. Die bekanntesten Vertreter eines weiterentwickelten Pragmatismus sind die US-Amerikaner William James, der den Wahrheitsbegriff auf (praktische) Nützlichkeit zurückführt, und John Dewey.

Ästhetik
von altgriechisch *aísthesis* für „sinnliche Wahrnehmung". Die philosophische Lehre von der sinnlichen Erkenntnis, der Schönheit und der Kunst.

die blitzhafte Erkenntnis des Überzeitlichen erlösen könnte. Die Intuition der Dauer weist stattdessen Vergehen und Bewahren als zwei kontinuierlich ineinander übergehende Aspekte desselben Geschehens auf, in das jede Erfahrung eingebunden ist. Die Dauer stiftet ein totales Gedächtnis, indem sie kontinuierlich Neues hervorbringt, und sie zeigt sich am einzelnen Seienden als schöpferische Entwicklung, indem die Erinnerung als *élan vital* (lebendiger Schwung) gegenwärtig wirksam ist. Weder das Gedächtnis noch das Erinnerte ist überzeitlich. Die reale Existenz dessen, was ich gegenwärtig vor dem Hintergrund meiner Handlungsabsichten wahrnehme, ist nur graduell von der virtuellen Existenz dessen unterschieden, an das ich mich erinnere. Der Geist verwirklicht kontinuierlich von ihm erinnerte Möglichkeiten für zukünftiges Handeln und erinnert ständig die Wirklichkeit als Einflussfaktor auf mögliche Entwicklungen der Zukunft.

Kulturpolitisch betrachtet ist Bergsons Metaphysik der Dauer eine Form philosophischer Gegenwartsbewältigung durch Mobilisierung der Vergangenheit. Bergson wäre ein herausragender Gesprächspartner für einen Konservativen gewesen, der sich in der entfesselten Moderne an der Wende vom 19. zum 20. Jahrhundert seiner philosophischen Grundlagen hätte versichern wollen – oder es im Zeitalter der Vergangenheitspolitiken zu Beginn des 21. Jahrhunderts immer noch will. Ein solcher Konservativer bejahte die Dauer als seine geistige Existenz und fragte sich, wie sein handlungsleitender Wille zur Bewahrung mit seiner Intuition der Dauer verknüpft werden könnte. Dies wäre ein Programm metaphysischer Zeitkritik: im Sinne einer Verortung der eigenen Kultur durch die Anschauung der Dauer. Der Bergsonismus könnte auch eine politisch verstandene Zeitkritik inspirieren: als Widerstand gegen das augenblicksfixierte Gegenwartsverständnis und den zeitlichen Provinzialismus der Moderne.

Die Literatur ist am besten dafür geeignet, einen bergsonianischen Konservatismus zu verwirklichen, weil sie von allen Medien die komplexeste zeitliche Struktur besitzt und die Erinnerung ihrer Leser unvergleichlich präzise schult. Bergson, der den Nobelpreis für Literatur 1927 erhielt, um ihn für die herausragende Fähigkeit zu ehren, mit der er seine Philosophie präsentierte, beeinflusste nicht nur Marcel Prousts *À la recherche du temps perdu* (*Auf der Suche nach der verlorenen Zeit*, 1913–27). Bergsons Darstellungsmethode, durch eine Vielzahl genau ausgearbeiteter Bilder, die aus den unterschiedlichsten Erfahrungsbereichen stammen mögen, aber den Leser gemeinsam zur Anschauung der Dauer bringen sollen, wird in der deutschsprachigen Gegenwartsliteratur von Peter Handke am eindringlichsten eingesetzt – am offensten in seinem *Gedicht an die Dauer* aus dem Jahre 1986. Für den Dichter ist die Dauer „das Lebensgefühl" schlechthin, und er spricht sich deutlich gegen die „Augenblicksentgeisterten" aus (die *Be*-geisterung für den Augenblick ist Bergson zufolge in Wahrheit eine *Ent*-geisterung, da Verräumlichung): „Die Ekstase ist immer zu viel,/ die Dauer dagegen ist das Richtige", denn sie „... entrückt nicht,/ sie rückt mich zurecht." Erst die Dauer eröffnet für den Dichter die Möglichkeit des Erzählens: Sie lässt „... mein Denken das reine Bedenken der Welt" werden und erlaubt es, ein Geschehen mit langem Atem gemäß seiner eigenen Dynamik zu beschreiben.

Abbildung rechte Seite:
Die philosophischste Bäckerei Deutschlands
Verkaufstheke der Bäckerei Gier mit zwei Ausgaben des *blauen reiters*, Aachen-Oberforstbach; 2011

der blaue reiter

IV

Bergson starb 1941 an den Folgen einer Lungenentzündung: ein Jude im besetzten Paris, der seine Konversion zum Katholizismus nicht vollzogen hatte, um kein in jenen Zeiten missverständliches Zeichen zu setzen. Schon dieser Umstand seines Todes bezeugt, dass Bergsons weltpolitische Bemühungen der vorangegangenen Jahrzehnte, an ihrem letzten Ziel gemessen, gescheitert waren. Nachdem er als weltweit berühmter Repräsentant der französischen Kultur diplomatische Bemühungen unterstützt hatte, ein militärisches Engagement der USA auf Seiten der Entente im Ersten Weltkrieg herbeizuführen, wurde Bergson in den Zwanzigerjahren zum Präsidenten einer internationalen Kommission des Völkerbunds für geistige Zusammenarbeit gewählt, die als Vorläufer der UNESCO gilt. So erfolgreich Bergsons Anstrengungen im Einzelnen auch gewesen sein mögen: Wer die Ausführungen in seinem letzten Hauptwerk *Les deux sources de la morale et de la religion* (*Die beiden Quellen der Moral und der Religion*, 1932) über die offene Gesellschaft liest, in welcher der Einzelne auf der Grundlage einer universellen Moral die eigene Freiheit in der geistigen Teilhabe am kulturellen Gedächtnis seiner Gemeinschaft erfährt, und wer darüber hinaus Bergsons Einsicht in die Fragilität demokratischer Institutionen, die eine solche Offenheit verwirklichen helfen, als Konsequenz aus seiner Metaphysik der Dauer nachvollzieht – der sieht sich versucht, die welthistorisch düsteren Umstände von Bergsons Tod als Bestätigung der tragischen Wahrheit seiner Philosophie zu verstehen.

Stefan Artmann ist Referent für Politikberatung an der Nationalen Akademie der Wissenschaften Leopoldina in Halle (Saale) und Privatdozent für Philosophie an der Friedrich-Schiller-Universität Jena.

Literatur:

– Bergson, Henri: Materie und Gedächtnis. Eine Abhandlung über die Beziehung zwischen Körper und Geist. Mit einer Einleitung von Erik Oger. Übersetzung von Julius Frankenberger. Philosophische Bibliothek Band 441, Hamburg 1991
– Bergson, Henri: Die beiden Quellen der Moral und der Religion. Übersetzt von Eugen Lerch. Frankfurt am Main 1992
– Handke, Peter: Gedicht an die Dauer. Bibliothek Suhrkamp Band 930, Frankfurt am Main 1986

Presseschau · Presseschau
Leserbriefe · Leserbriefe

Presseschau

Zu *Freitod. Frauen, die Hand an sich legten. Von Eleanor Marx bis Hannelore Kohl* von Angela Staberoh, mit einer Einführung von Eugen Drewermann (der blaue reiter Verlag für Philosophie, Aachen 2010)

Angela Staberoh im Interview

Ist damit auch ein Stück weit Verarbeitung Ihres eigenen Schicksals im Zusammenhang mit Ihrer schwerstkranken und verstorbenen Tochter Anja verbunden?

Der Tod ist in meiner Familie zur Normalität geworden. Mit der Verarbeitung des Schicksals unserer Tochter haben mein Mann und ich wahrscheinlich abgeschlossen – das Thema ist geblieben. Zur Auseinandersetzung mit der eigenen Endlichkeit gehört auch der Freitod mit dazu.

Eugen Drewermann nennt in seiner Einführung zu Ihrem Buch den Suizid eine „Gnade der Natur". Wie sehen Sie das?

Für mich ist der Suizid ein Recht, welches jedem Menschen zusteht – so wie das Recht, den Lebenspartner selbst auszusuchen oder die Entscheidung, ob man Kinder haben will oder nicht ... Mir geht es um eine Enttabuisierung des Themas Suizid ... Primär geht es allerdings um die Suizidverhütung, der Freitod sollte wirklich nur der letzte Ausweg sein.

Südkurier, 13. März 2010

Zu *Spiel und Widerspiel. Der Mensch in seiner Natur* von Stefan Diebitz (der blaue reiter Verlag für Philosophie, Stuttgart 2009)

Das spezifisch Humane ... In *Spiel und Widerspiel* beschreibt Stefan Diebitz unter Zuhilfenahme von biologischer, psychiatrischer und philosophischer Fachliteratur systematisch das Verhältnis der verschiedenen Formen des Lebens zueinander. Dabei wird eingangs gezeigt, dass der Mensch erst in dem Augenblick, in dem er über Erinnerung verfügt, auch ein Selbstbewusstsein und damit die Anfänge der Moral entwickeln kann. Das Verhältnis zwischen einem unbewussten und einem bewussten Wesen spiegelt sich wider in dem Verhältnis von Gedächtnis und Erinnerung. Das Gedächtnis beobachten wir auch bei Tieren, und zwar schon bei den primitivsten Lebensformen, die Erinnerung hingegen findet sich einzig und allein beim Menschen ... Bewusstsein ist weit mehr als das bloß formale

Wissen darum, dass ich selbst es bin, der das alles sieht und erfährt, denkt und träumt, denn Bewusstsein ist die Fähigkeit, von sich selbst eine bildhafte Vorstellung zu besitzen und zu pflegen.

www.literaturkritik.de, Nr. 10, Oktober 2010

Leserbriefe

Zu *der blaue reiter* Nr. 30
Philosophie & Wirtschaft

Ein brillantes und geistreiches Heft!

Ob es sich um Fußballtore, Angelhaken und Anschaffung einer Säge handelt, um nur einige Beispiele zu nennen, alles wunderbare alltagstaugliche und treffende systemische Erläuterungen, warum Exzesse „geschehen".

Erich Feldmeier, Hamburg

Es gibt genug Menschen, genug Wissen, genug Technik, genug Rohstoffe, um für alle eine liebenswürdige Lebensentwicklung zu ermöglichen. Die Organisation des Lebens über Geld ist ein Lebensbehinderungsfaktor und schafft Probleme in allen Lebensbereichen ... Wenn sich die circa 6,8 Milliarden Menschen die zur Lebensgestaltung erforderlichen Produkte aufteilen und ohne Gegenwert-Denken verteilen, wäre für jeden ein sinnvolles Einbringen in lebensentfaltender Weise in Harmonie mit der Natur und Umwelt möglich. Verteilen statt verkaufen und handeln macht Geld natürlicherweise überflüssig.

Dieter Müller, Freiburg

Bücher · Bücher Bücher · Bücher

Rolf Siller

Meister Eckhart – Das Brennholz Gottes

Verlag Josef Knecht, Freiburg 2010.
299 Seiten, € 9,95

Christian Jung

Meister Eckharts philosophische Mystik

Tectum Verlag, Marburg 2010.
127 Seiten, € 24,90

Meister Eckhart (circa 1260–1327 n. Chr.) war einer der bedeutendsten und bekanntesten deutschen Prediger, Theologen und Philosophen des Spätmittelalters und gehörte dem Orden der Dominikaner an. Ebenso war er der wirkmächtigste Vertreter der deutschen Mystik – was ihm teils entstellende Würdigungen in esoterischen und Lebenshilfe-Publikationen einbrachte. Entstellend deshalb, weil es Eckhart nicht um ekstatische Gotteserfahrung oder Gottesschau zu tun ist, sondern um den Weg der Vernunft, also intellektuelles Erkennen. Umso erfreulicher sind die beiden hier besprochenen Bücher: Während sich Rolf Sillers Buch dem Leben und Denken Eckharts in Form einer fundierten und fesselnden Romanbiografie nähert, beschäftigt sich Christian Jungs philosophische Untersuchung mit Eckharts zentraler „Lehre der Identität von Gott und Seele" und bringt dabei lateinische und deutsche Texte Eckharts in Einklang.

Rolf Sillers *Meister Eckhart – Das Brennholz Gottes* ist eine Romanbiografie, begibt sich also auf das schwierige Terrain zwischen einer reinen Biografie und einem sogenannten historischen Roman. Biografien bestehen meist aus nüchternen Fakten, Geschehnissen und Lebenszeugnissen, die sich zu einem ganzen Leben zusammenfügen. In historischen Romanen hingegen sind historische Fakten das (nahezu) beliebig modellierbare Bühnenbild für Plots, die ebenso vor einer Westernkulisse oder auf der „Enterprise" aufgeführt werden könnten.

In einer Romanbiografie stellen sich folgende Fragen: Welche fiktionale Handlung und welche Charaktere können den Roman tragen? Wie können fiktionale Handlung und Fakten miteinander verwoben werden? Welchen Grad an Plausibilität haben fiktionale Ergänzungen? Welchen Gewinn hat der Leser von dieser Form der Biografie?

Siller entscheidet sich dafür, den Sekretär Eckharts, Conrad von Halberstadt, als fiktionale Leitfigur des Romans einzusetzen. Der Roman beginnt mit der Rückkehr Conrads und einiger Gefährten nach Köln vom laufenden Prozess gegen Eckhart in Avignon, kurz nach dem Tod Eckharts. In Köln angekommen entschließt sich Conrad, das schriftliche Vermächtnis Meister Eckharts vor der Vernichtung durch die Inquisition zu bewahren; er flieht aus dem Dominikanerkloster in Köln und reist zu den wichtigsten Lebens- und Lehrstationen Eckharts, um dessen Schriften einzusammeln: Erfurt, die Thüringer Heimat Eckharts um das Städtchen Tambach, Paris, Straßburg und Köln. In seiner Motivation, das Vermächtnis seines Meisters zu retten, ist Conrad überzeugend gezeichnet.

Zudem gelingt es dem Autor, nach und nach auf den Stationen der Reise ein lebendiges Bild von Eckharts Werdegang und den sozialen, kirchlichen und politischen Verhältnissen der damaligen Zeit zu zeichnen. Familienmitglieder, alte Bekannte und Freunde Eckharts, die Conrad begegnen, schildern Episoden aus Eckharts Jugend und den ersten Jahren bei den Dominikanern. Der Leser erfährt Interessantes über den Klosteralltag sowie über die Unterschiede und Spannungen zwischen den verschiedenen Orden der damaligen Zeit. Dabei werden historische Personen ebenso präsent wie einige vom Autor eingeflochtene fiktionale Begebenheiten und Charaktere (wie Eckharts Schwester oder eine Anhängerin der Lehren Eckharts), die den Plot bereichern. Besonders in der Konstruktion der fiktionalen Anteile macht sich Sillers fundierte Kenntnis von Eckharts Leben und Werk sowie seiner Zeit bezahlt. Zudem begegnet Conrad auf seiner Reise auch Beginen, wodurch auch die religiösen geistlichen Frauenbewegungen seiner Zeit und besonders Margarete Porete und ihre Lehren lebendig werden.

Weiter flicht Siller im Roman immer wieder Originaltexte Eckharts ein, die kursiv abgesetzt sind. Die Ausschnitte sind gut gewählt und in den Erzählfluss eingefügt. Insgesamt ist die Informationsdichte durch Textausschnitte und Berichte sehr groß, behindert jedoch nicht die im Roman aufgebaute Spannung, die den Leser fesselt. Hier liegt auch die Stärke der Form der Romanbiografie: Gerade Leser, die vor einer trockenen Monografie zurückscheuen und sich erst über Meister Eckhart informieren wollen, bevor sie zu Originaltexten greifen, finden hier eine fundierte, kenntnisreiche und spannende Lektüre! Abgerundet wird das Buch durch gut ausgewählte Literaturhinweise, einen Quellennachweis der zitierten Originaltexte, Zeittafeln und ein ausführliches Nachwort, in dem der Autor zu seinem fiktionalen Verfahren Stellung nimmt.

Abbildung:
Ohne Titel
Hans Beck;
Tuschezeichnung

Christian Jung diskutiert in *Meister Eckharts philosophische Mystik* die Frage, „wie Meister Eckhart die Geistigkeit Gottes und die Vernünftigkeit des Menschen, das Seelenfünklein, in eins setzt“. Jung zieht dabei alle von Meister Eckhart erhaltenen Schriften zu Rate, von den frühen Schriften der Pariser Zeit über das *Opus tripartitum* bis zu den deutschen Predigten. Dabei legt er ein besonderes Augenmerk auf die Verflechtung von mystischer, emphatisch rhetorischer Predigt und philosophischer Begründung: „Die deutschen und lateinischen Werke enthalten dieselben Lehren, nur unterschiedlich dargestellt und dem jeweiligen Zweck angepasst.“

Entsprechend besteht Jungs Untersuchung aus zwei Hauptteilen: Der erste Teil beschäftigt sich mit der Frage nach dem Wesen Gottes mit besonderer Beachtung der teils divergierenden Lehren in Eckharts frühen (*Quaestiones Parisienses*) und späten lateinischen Schriften (*Opus tripartitum*). Das Augenmerk des Autors liegt darauf, wie sich die – scheinbar – gegensätzliche Charakterisierung von „Gott ist Intellekt“ (*deus est intelligere*) und „Gott ist Sein“ (*esse est deus*, zum Beispiel bei Thomas von Aquin) in den frühen und späten Schriften in Einklang bringen lässt. Jung argumentiert, dass sich der Widerspruch zwischen beiden Positionen auflösen lässt, wenn man die Analogielehre Eckharts berücksichtigt. Der Autor fasst die Unterscheidung von *intelligere* und Sein als eine Funktion in Meister Eckharts Gottesverständnis auf: „Der innere Grund Gottes, den Eckhart in den deutschen Schriften Gottheit nennt, ist identisch mit dem *intelligere* der *Quaestionen*.“ So erweist sich am Ende des Abschnitts der Intellekt als Grund der Einheit in Gott und der Einheit mit Gott.

Im zweiten Teil der Arbeit untersucht der Autor die Seelenlehre Eckharts und in welchem Vermögen der Seele die Einheit mit Gott zu erreichen ist. Der Schwerpunkt verschiebt sich von theologischen und ontologischen Fragen (Fragen nach dem Aufbau und der Struktur der Wirklichkeit) zu einer anthropologischen und psychologischen Blickrichtung. Im Zentrum steht die Lehre Eckharts von der Seele, die auch im Hinblick auf aristotelische und biblische Bezugspunkte analysiert wird. Als wichtigste oberste Seelenkräfte erweisen sich Wille und vor allem Vernunft. Die Vernunft als edelste Kraft hat das Fünklein der Seele (*scintilla animae*) als Zentrum, das mit der Gottheit wesensgleich ist (*univok Intellekt*), und über das der Mensch zur Gottheit gelangen kann. In der angestrebten Einheit ereignet sich nach Eckhart die Sohnesgeburt. Jungs Pointe liegt darin, aufzuzeigen, wie sich die Ergebnisse des ersten Teils der Untersuchung (die der theologisch philosophischen Spekulation) und die des zweiten Teils (der Seelenlehre) als harmonisierbar und konsistent erweisen.

Insgesamt gelingt es Jung konzise und stringent (und dabei gut lesbar) die philosophische Begründung der *unio mystica* (die Einheit des Menschen mit Gott) bei Meister Eckhart darzulegen. Dabei weist er immer aus, wo er mit der Eckhart-Forschung konform geht und wo er eine andere Perspektive einnimmt.

Studierenden und Interessierten, die schon fortgeschrittene Kenntnis vom Werk Meister Eckharts haben, ist Jungs gut strukturierte und anregende Untersuchung zu empfehlen. Das Buch wird durch ausführliche Verweise in Fußnoten und ein Literaturverzeichnis abgerundet. Als Einführung oder aber auch als erholsame Abwechslung von schweren Texten eignet sich Sillers Buch besser.

Stefan Gammel

Hannelore Schlaffer

Die intellektuelle Ehe.
Der Plan vom Leben als Paar

Carl Hanser Verlag, München 2011.
224 Seiten, € 18,90

Aristoteles bestimmt den Mensch als Gemeinschaftswesen (griechisch: *zoon politicon*). Hannelore Schlaffer hat die kleinste Einheit menschlicher Gemeinschaft am Beispiel der „intellektuellen“ Ehen von Max und Marianne Weber sowie von Jean-Paul Sartre und Simone de Beauvoir untersucht.

Schlaffers Interesse gilt einer Partnerschaft, deren „Partnerwahl und Form des Zusammenlebens einem eigenen, rational begründbaren Entwurf folgen, weil sie aus einer Idee entsteht und fortlebt und aus dieser Idee heraus Stabilität zu gewinnen hofft“. Weitgehend freigestellt von Reproduktion, Familienpflichten und gesellschaftlicher Rücksichtnahme, beschäftigen sich die Partner einer sogenannten intellektuellen Ehe ausschließlich miteinander und setzen sich kein anderes Ziel als das ihrer Partnerschaft. Das Ideal der intellektuellen Ehe ist eine Verbindung zweier Menschen, in der die individuelle Zuneigung mit der Leidenschaft zu einem weiteren Partner übereinkommt und in der das Selbstbewusstsein eines jeden Partners felsenfest und der Glaube an die Unzertrennbarkeit der Verbindung unerschütterlich ist. Die Besonderheit der Verbindung, die Schlaffer zufolge zu den künstlerischen und lebenspraktischen Projekten gehört, welche die Moderne ausmachen, liege darin begründet, dass alle Bereiche, auch der sexuelle, einer bewussten Entscheidung und nicht mehr einer gesetzlich gesicherten Selbstverständlichkeit unterliegen. Nicht mehr Gesetz und Sitte sollen die Gemeinschaft zweier Menschen begründen, sondern das je private Glück. Konterkariert wird diese Privatheit allerdings durch den Anspruch einiger Paare, mit ihrer neuen, öffentlich gelebten Form der Verbindung der Menschheit in ein neues Zeitalter der Freiheit voranzuschreiten. Formuliert und ausprobiert um die vorletzte Jahrhundertwende, wurde die Idee einer intellektuell und erotisch toleranten Ehe im Rahmen der Studentenbewegung der 50er und 60er Jahre des letzten Jahrhunderts wieder aufgegriffen und zwischenzeitlich vom Glück der „Singleexistenz“ abgelöst, so Schlaffer.

Anhand der Werke und Briefe der Protagonisten der intellektuellen Ehe zeigt die Literaturwissenschaftlerin schonungslos auf, dass die gewählte Form der Beziehung zumeist eine Überforderung für alle Beteiligten darstellte. Der Irrtum besteht im Glauben, dass man sich für oder gegen seine Gefühle – seien diese nun revolutionär oder antiquiert –, für oder gegen sexuelle Treue bewusst entscheiden könne. Wird Sexualität durch ideologisch geforderte Treue verdrängt, hat das ähnlich negative Konsequenzen wie ideologisch geforderte Polygamie. Infolge des „aufklärerischen Programms“, als das zum Beispiel Sartre und Beauvoir ihre Beziehung konzipierten und lebten (ohne Trauschein und mit getrennten Wohnungen), mussten denn auch lustlose, einzig zwecks Vertragserfüllung ausgeführte Sexualakte und rasende Eifersucht wegrationalisiert und Verletzungen der von beiden eher für die eigenen Obsessionen benutzten denn beglückten Frauen und Männer ignoriert werden. Nicht von ungefähr sah Georg Wilhelm Friedrich Hegel in der freien Liebe nurmehr „substanzlose Subjektivität". Auch das eigentliche Ziel der intellektuellen Ehe, die Herstellung einer intellektuellen Balance, wurde nur allzu oft verfehlt. Abzuwarten bleibt, ob das von Schlaffer konstatierte heutige Singleglück dem Selbst der Protagonisten mehr entspricht.

Schlaffers hervorragend geschriebene Untersuchung ist eine anregende Lektüre für alle, die sich die Frage nach dem geistigen und körperlichen Zwischenmenschlichen stellen, und macht neugierig auf eine Fortsetzung. Denn auch wenn man erfährt, dass einer der „ehelich geborenen" Söhne Martin Heideggers gar kein leiblicher Sohn des mehr als konservativen Philosophen ist, bleibt dessen intellektuelle und sexuelle Beziehung zu Hannah Arendt doch ausgespart. Auch die grundsätzliche Frage der Paarbeziehung unter den Bedingungen unserer Zeit, sprich die ganz grundsätzliche Frage, warum Menschen jenseits materieller und sexueller Erwägungen nach Partnerschaft streben, wäre einer vertiefenden Erörterung wert.

Siegfried Reusch

Michael Steinmann

Martin Heideggers „Sein und Zeit"

Wissenschaftliche Buchgesellschaft,
Darmstadt 2010.
192 Seiten, € 34,90

Martin Heideggers *Sein und Zeit* ist ein äußerst vielschichtiges Werk, das in verschiedenste Richtungen deutet, mannigfaltige Aspekte eröffnet und so unterschiedliche Lesarten ermöglicht. Wie also soll man dieses Werk lesen? Michael Steinmann bietet in seiner Einführung zu diesem unbestrittenen Klassiker der Philosophie eine gelungene Antwort.

Steinmann, der dem Fachpublikum als Heidegger-Interpret bereits durch seine Studie *Die Offenheit des Sinns. Untersuchungen zu Sprache und Logik bei Martin Heidegger* bekannt ist, geht dabei von der Prämisse aus, dass *Sein und Zeit* vor allem „eine große Syntheseleistung" darstellt, die „mindestens sechs verschiedene Stränge" miteinander verbindet: die Phänomenologie seines Lehrers Edmund Husserl, die Hermeneutik – hauptsächlich vermittelt durch Wilhelm Dilthey –, die Existenzphilosophie Søren Kierkegaards, Fjodor M. Dostojewskis und Karl Jaspers', seinen religiösen Denkhintergrund katholischer Prägung, die Philosophie Immanuel Kants sowie die der Antike, vor allem die des Aristoteles. Das Denken von Husserl und Aristoteles stellt die beiden Klammern dar, welche „die verschiedenen Stränge dieser Synthese umgreifen und zusammenhalten".

Folgerichtig sieht Steinmann einen „Schlüssel", von dem aus sich dieses vielschichtige Gedankengebäude angemessen und gewinnbringend „aufschließen lässt", nicht in der phänomenologischen Existenzphilosophie, also dem Rückgang auf das jeweilig „faktisch" gelebte Leben, den Heidegger in einer Analyse des menschlichen Daseins vollzieht, sondern in der phänomenologischen Ontologie, sprich in Gestalt des Versuchs einer Bestimmung des „Sinns von Sein".

Der Autor ist sich von vornherein bewusst, dass er Heideggers Hauptwerk im Rahmen einer Einführung unmöglich in Gänze systematisch darstellen und interpretieren kann. Entsprechend erläutert Steinmann in einer *tour d'horizon* die wesentlichen Ideen und Argumente des Textes, insoweit sie für Heideggers „Weg einer Phänomenologie der Einheit" von Bedeutung sind. In einer kurzen Einleitung und vierzehn Abschnitten, die im Wesentlichen der Kapitel- und Paragraphengliederung von *Sein und Zeit* entsprechen, wird das Werk vorgestellt und interpretiert. Ein Schlusskapitel, das ein Resümee zieht, einen Ausblick bietet oder die enorme Wirkungsgeschichte des Werks kurz umreißt, sucht der Leser leider vergeblich. Eine ausgewogen zusammengestellte Auswahl weiterführender Literatur und ein hilfreiches Personen- und Sachregister runden den Band ab.

Insgesamt lässt die Einführung gut erkennen, wie hoch der Anspruch ist, der in Heideggers Vorhaben liegt, zu zeigen, worin der „Einheitssinn" des Seins besteht, um so „nicht weniger als ein neues Einheitsdenken zu stiften". Auch der hiermit eng verknüpften Frage, mit welchen Schwierigkeiten sich dieses heideggersche Projekt konfrontiert sah und warum der ambitionierte Plan ein Fragment blieb, geht der Autor kompetent nach. Seine im Rückgriff auf spätere Schriften Heideggers plausibel begründete Antwort lautet, dass es „die Darstellungsform war, an der die Fertigstellung von *Sein und Zeit* gescheitert ist". Denn was Heidegger „eigentlich sagen wollte, benötigt eine Form, die dem, was zu ihm führt, nicht mehr entspricht".

Steinmann bietet eine differenzierte und solide Werkinterpretation, die dem Leser von *Sein und Zeit* eine willkommene, weil verständlich geschriebene Hilfe ist, sich den Zeitcharakter von Sein zu erschließen, auf den Heideggers komplexer und vieldeutiger Text „formal anzeigend" hinweist.

Michael Ruppert

Karen Gloy

Unter Kannibalen. Eine Philosophin im Urwald von Westpapua

Primus Verlag, Darmstadt 2010.
128 Seiten (mit 10 S/W-Fotos), € 19,90

Philosophie versteht sich als rational reflektierte Selbstvergewisserung. Daher gehört das Nachdenken über Wesen und Werden der eigenen Kultur stets mit dazu. Bei Beschränkung auf die Innenperspektive geraten die Bedingtheiten dessen, was uns selbstverständlich scheint, leicht aus dem Blick. Eine gründliche Kultur- und Zeitdiagnose erfordert es, andere Zivilisationsformen und „Natur-Ethnien", die von den Prägungen unserer Fortschrittswelt noch unberührt geblieben sind, in die Analyse mit einzubeziehen.

Karen Gloys philosophischer Erfahrungsbericht von ihrer Expedition zu dem noch auf steinzeitlicher Stufe lebenden Baumnomaden-Stamm der Kombai in Papua-Neuguinea fesselt den Leser auf jeder Seite. Es gelingt der Autorin stets, eigene Reiseerlebnisse, ethnologische Informationen und philosophische Analyse in leicht lesbarer Sprache und luzider Gedankenführung zu verbinden. Das philosophische Erkenntnisinteresse macht die Verfasserin zu einer sensiblen Beobachterin für Details, deren Bedeutung sich erst auf dem Hintergrund ihrer bewusstseinstheoretischen Analyse zeigt. Die in vielen Zusammenhängen wiederholt gemachte Beobachtung, dass die Ureinwohner physisch sehr stark, aber psychisch sehr labil sind, erweist sich im Blick der Philosophin als Kennzeichen einer Kultur, die noch nicht stark von rationalen Elementen dominiert ist. Diese Unterbestimmtheit der Rationalität hat als Kehrseite eine bemerkenswerte, subtile Wahrnehmungsfähigkeit, besonders für Naturvorgänge.

Im Zusammenhang mit der Gefühlsdominanz beobachtet die Autorin ein Phänomen, das vergleichbar auch bei Kindern und tief Gläubigen auftritt: die sogenannte Alexithymie, eine Unfähigkeit, bei sich und anderen Gefühle wahrzunehmen. Das hat zur Folge, dass die Emotionen bei den Ureinwohnern nicht individuell, sondern kollektiv empfunden werden. Bei den Papuas herrscht eine Form von kollektivem Bewusstsein vor, das sich stark vom bei uns dominierenden Individualbewusstsein absetzt. Die Dominanz des Kollektivbewusstseins ergibt sich bei den Urwaldbewohnern zunächst aus einer puren Überlebensnotwendigkeit. Nur wenn alle Lebensvollzüge gemeinschaftlich verrichtet werden, ist ein Leben unter diesen Naturbedingungen überhaupt möglich. Das ebenso arbeitsaufwendige wie eintönige Leben im Urwald ist – wie die Autorin nachdrücklich betont – entgegen den verbreiteten Klischees alles andere als ein Paradieszustand. Jede Gefährdung des Kollektivs hat unweigerlich eine Vertreibung oder gar rituelle Tötung der „Tabubrecher" zur Folge.

Als typische Ausdrucksgestalten eines kollektiven Bewusstseins interpretiert die Philosophin auch den die spirituelle Welt der Papuas dominierenden Glauben an Zauberei. Für den westlichen Besucher mag es zunächst unerklärlich scheinen, dass durch einen vom „Zauberer" symbolisch abgeschossenen und mit magischen Worten versehenen Pfeil der Tod eines Menschen bewirkt wird. Für Gloy ist dies im Rahmen eines gruppengebundenen, magisch-mythischen Weltbilds aber durchaus wissenschaftlich nachvollziehbar. Da der „Zauberspruch" in den allermeisten Fällen eine gesellschaftliche Ächtung des davon Betroffenen zur Folge hat, die „Individuen" in den archaischen Kulturen aber in vollständiger Abhängigkeit vom sie tragenden Kollektivgefühl leben, ist der Tod des Verhexten aus psychosomatischer Sicht ein typischer Fall der Selbstverursachung.

Ziel von Karen Gloys philosophischer Exkursion zu den Naturethnien Papuas war es nicht, in Europa eine Rückkehr auf die vorzivilisatorische Stufe zu propagieren. Vielmehr geht es ihr darum, unsere eigene Zivilisation aus dem Vergleich mit der „steinzeitlichen" Lebensweise der Urvölker besser zu verstehen. Karen Gloys philosophische Reisebeschreibung in die Welt des „kollektiven Bewusstseins" wird jeder Leser fasziniert in Erinnerung behalten, der das Eigene und das Fremde in ihrer wechselseitigen Abhängigkeit zu erkennen sucht.

Martin Thurner

Hans Jörg Sandkühler (Hrsg.)

Enzyklopädie Philosophie

Felix Meiner Verlag, Hamburg 2010.
3 Bände, 2180 Seiten,
inkl. CD-Rom, € 348,00

Die neue Enzyklopädie Philosophie (EP) ist eine Aktualisierung und Erweiterung (+ zirka 250 Artikel) des 1999 erschienenen Vorgängers in bibliophiler Ausstattung. Mit Beiträgen von 350 Autoren und durch die Aufnahme aktueller Themen wie „Multikulturalismus", „Rechte zukünftiger Generationen" und „Nachhaltigkeit" ist sie ein interessantes Zeitzeugnis der (deutschen) Philosophie.

In der Einleitung bezieht der Herausgeber klar Stellung: Die EP orientiert sich am Pluralismus begründeter philosophischer Theorien und Prinzipien und hält an der engen Beziehung zwischen Philosophie und Wissenschaft fest. Sie versteht sich dabei als aufklärerisches Vorhaben, das der Verbreitung und Sicherung philosophischen Wissens dienen soll. Die Artikel sind einführend und wissenschaftlich hochwertig geschrieben, ohne dem oft trockenen Stil lexikalischer Hilfsmittel zu verfallen. Die Artikel umfassen etwa vier bis zehn Seiten, „Sein/Seiendes" oder „Philosophiegeschichte" über 12 Seiten, während der Artikel „Wollen" mit nur drei Seiten auskommt. Das Sachregister und das Verzeichnis der Siglen, Abkürzungen... erlauben dem Leser eine rasche Orientierung. Die Querverweise ermöglichen darüber hinaus ein noch tieferes Verständnis des jeweiligen Problems/Begriffs: es darf quergelesen werden. Unklarheiten der alphabetischen Reihenfolge wurden gegenüber dem Vorgänger verbessert. Bis auf wenige, meist sinnvolle Ausnahmen wird nach dem jeweiligen Substantiv gegliedert. In Kombination mit der Suchfunktion des durch CD-Rom beigefügten Programms wird eine Verbesserung zur 1999 erschienenen Enzyklopädie deutlich.

Verständlichkeit und Tiefe der Artikel stehen in einem ausgewogenen Verhältnis, die Anwendungsmöglichkeiten sind dementsprechend vielfältig. Die meisten Artikel sind verständlich geschrieben. Die Formalismen des Artikels „Abstraktion" dürften dem einen oder anderen allerdings Schwierigkeiten bereiten.

Die Gliederung der Artikel wird nicht mit absoluter Strenge eingehalten, meist jedoch sinnvoll unterbrochen beziehungsweise erweitert. In der Regel sind die Artikel in vier Abschnitte gegliedert:

1. Zum Begriff: Einführende Erläuterung des Begriffs im Sinne von Verwendungsweisen, die im Idealfall durch eine kurze Begriffsbestimmung ergänzt wird. Diese oft gelungenen Hinführungen, die das Grundverständnis des Sachverhalts und der Probleme ermöglichen, stellen meist den kürzesten Teil der Artikel dar.

2. Zur Begriffs- und Problemgeschichte: Darstellung bedeutsamer Entwicklungen des Begriffs. Da die Geschichte eines Begriffs verschieden lang und relevant sein kann, schwankt das Verhältnis zwischen systematischer und historischer Betrachtungsweise. So ist der Artikel „Identität/Diversität" stark systematisch, sogar formal-logisch dominiert, während die Artikel „Kritik" und „Politik/politische Philosophie" eine ausführliche Einführung in die Problemgeschichte enthalten.

3. Philosophische Probleme und Stand der Forschung: Erläuterung der Problemstellungen, die der Philosophie noch aufgegeben sind. Der Schwerpunkt dieses Teils liegt auf der systematischen Analyse, obschon vor allem Positionen des 20. und 21. Jahrhunderts zum Teil ausführlich dargestellt werden. Gerade eine Enzyklopädie sollte die prinzipielle Streitbarkeit einer jeden These ins Zentrum stellen. Einige Artikel sind hier fragwürdig, da auch Stellungnahmen zum Problem oder zur aktuellen Forschung vertreten werden, die den Problemgehalt als gelöstes Problem kennzeichnen.

Doch sollten die Herausgeber an die Autoren, die ja zeitgenössische Philosophen sind, dergestalt inhaltliche Vorschriften richten? Eher nicht. Der Philosoph *muss* bestimmen, also sei es auch den Verfassern der Artikel gestattet. Außerdem widerspricht es der Intention des Herausgebers, die EP a-historisch und ‚neutral' erscheinen zu lassen: „Wir kommen nicht von Nirgendwo." – Auch hier ein Lob.

4. Bibliographie/Fußnoten: Die in der Regel ausreichend lange Literaturliste ermöglicht einerseits Transparenz und bietet andererseits erste Hinweise zum Weiterforschen an. Ihr folgen die Fußnoten.

Die EP entpuppt sich als Hilfsmittel hoher Qualität, das als lexikalische Darstellung nicht im Kryptischen verweilt. Darüber hinaus lädt sie ob des gelungenen Verhältnisses von Tiefe und Verständlichkeit zum Schmökern ein. Die EP ist daher Bibliotheken, Akademikern, Philosophen und Interessierten zu empfehlen. Gerade dem Philosophen, der sich darauf verstehen möchte über das Tradierte *hinauszukommen*, ohne an ihm *vorbeizugehen*, kann man die EP nahe legen. Das Vorhaben Enzyklopädie wird in diesem Sinne hoffentlich weiter betrieben.

Wolf Kettering

Peter Strasser

Sehnsucht

Wilhelm Fink Verlag, Paderborn 2010.
212 Seiten, € 19,90

Als ich die Augen wieder öffnete war es dunkel geworden. Ich blickte in die klare Nacht und versank in der Unendlichkeit des Sternenhimmels. Meine Vernunft zerteilte die Welt nicht länger. Tief in mir regte sich das Gefühl einer unstillbaren Sehnsucht. Sie war es, die mich nach den Sternen greifen ließ.

„Das haben Sie aber schön geschrieben“, sagt der Realist, „doch seien wir ehrlich: Mit dem Kitsch der Romantik haben wir schon lange abgeschlossen. Was sollen wir denn heute noch mit den Sternen und dem Gefasel von Unendlichkeit? Ich, für meinen Teil, baue mein Leben lieber auf ein sicheres Fundament.“

Peter Strasser greift in seinem Buch die Spannung zwischen dem Sehnsüchtigen und dem Sehnsuchtslosen auf. Er versteht sie nicht nur als Spannung zwischen dem Realisten und dem Sehnsüchtigen, sondern als Zwiespalt im Menschen selbst. Sehnsucht ist ein Gefühl, das jeder Mensch kennt, manche ihr Leben lang begleitet und heute gerne wegrationalisiert wird.

Das Unerreichbare zu wünschen ist im Moment nicht wirklich angesagt – sollte es aber sein, da die Sehnsucht ein Grundgefühl des Menschen ist. Sobald wir zu Sehnsuchtslosen werden, beginnen wir Nietzsches Erdflohmenschen zu gleichen, die das Verlangen über sich selbst hinauszuwachsen als irrational vom Tisch wischen und sich in ihrer Innerweltlichkeit einschließen. Und das ist nicht nur schade, sondern auch unmenschlich. Es gehört zum Wesen des Menschen, über das, was der Fall ist, immer schon hinaus zu sein und nach dem Unerreichbaren zu greifen. In allem was wir sehen, was wir erleben und erreichen, bleibt ein unerfüllter Rest. Auch am Realisten nagt es: Ist es bloß Liebe oder die wahre Liebe, ist es bloß Glück oder das wahre Glück? Und was hat es eigentlich mit dem Guten auf sich?

Wer ein Buch über die Sehnsucht schreibt, bewegt sich auf einem schmalen Grat zwischen Kitsch und Banalität. Strasser gelingt es, sich mit diesem Thema in nüchterner, amüsanterweise auseinanderzusetzen. In essayistischem Stil versucht er, uns die Welt des Sehnsüchtigen näher zu bringen. Marcel Proust und Peter Handke kommen ebenso zu Wort, wie die fiktiven Charaktere Mädi und Bärli, die auf die Musikvideos von Pink stehen und sich von dieser *fucking world* doch irgendwie mehr erwarten als Karriere und ein schönes Eigenheim. Die postmoderne Kunstszene wird durch den Kakao gezogen, und die Neuro-Realisten werden in ihre eigenen Widersprüche verstrickt. Auch die Religion bekommt ihren Platz.

Trotz dieser Themenvielfalt zerbricht das Buch nicht in seine Einzelteile. *Sehnsucht* ist ein buntes, leicht erschließbares Buch, das sich nicht romantisch liest und selbst für den Realisten nicht abgeschmackt wirkt.

Claudia Reitinger

Wolfgang Rother

Verbrechen, Folter, Todesstrafe. Philosophische Argumente der Aufklärung

Schwabe Verlag, Basel 2010.
141 Seiten, € 13,80

Ist es erlaubt, das Folterverbot aufzuheben, wenn auf diese Weise ein großes Übel verhindert werden kann? Ist es vielleicht sogar geboten, einen Menschen durch Folter gefügig zu machen, wenn mithilfe dieser Verhörmethode das Leben anderer gerettet werden kann? Darf der Staat besonders grausame Verbrechen mit dem Tod bestrafen?

Obwohl wir als Bürger einer rechtsstaatlichen politischen Kultur diese Fragen mit einem vehementen „Nein!“ beantworten müssten, mehren sich seit den Terroranschlägen auf das World Trade Center die Stimmen, die eine Relativierung des Folterverbots verlangen. Die Liste der Länder, in denen die Todesstrafe vollstreckt wird, wird zwar von Jahr zu Jahr kürzer, dennoch gibt es immer noch sogenannte Rechtsstaaten, in denen schwerste Verbrechen mit dem Tod sanktioniert werden und Folter erlaubt ist.

Wolfgang Rother möchte mit seinem Buch an die aufklärerischen Wurzeln der Ablehnung von Folter und Todesstrafe erinnern, welche die Grundlagen unseres heutigen Verständnisses von Rechtsstaatlichkeit und humanem Strafvollzug darstellen. Der Leser wird in die Gedankenwelt dreier Denker des 18. Jahrhunderts eingeführt: in die der Mailänder Adligen Pietro Verri und Cesare Beccaria sowie in die des Leipziger Gelehrten Karl Ferdinand Hommel. Die drei Aufklärer werden als die ersten Gegner von Folter und Todesstrafe vorgestellt. Durch zahlreiche Querverweise auf andere Philosophen erhält der Leser einen guten Überblick über die historische Einbettung und den vorherrschenden Tenor im Strafvollzug vor dem 19. Jahrhundert.

Gut zwei Drittel des Buchs sind Beccarias Werk *Über die Verbrechen und die Strafen* und dessen weitreichendem Einfluss auf die Handhabung der Todesstrafe in vielen europäischen Ländern gewidmet. Die beiden Eckpfeiler, auf die sich dessen Ablehnung der Todesstrafe bezieht, sind einerseits die Theorie des Gesellschaftsvertrags von Jean-Jacques Rousseau, andererseits die utilitaristische Maxime des größten Glücks für die größtmögliche Zahl von Menschen. Das Revolutionäre an diesem Werk ist der Wechsel vom Vergeltungsgedanken hin zum Präventionsgedanken im Strafrechtsdenken. Beccaria dient in weiterer Folge als Folie für die Auseinandersetzung mit Hommels Position.

Der Abschnitt über die Frage nach der Legitimität von Folter fällt im Vergleich zur ausführlichen Besprechung der Todesstrafe knapp aus. In einem Kapitel führt Rother den Leser übersichtartig durch die einzelnen Argumentationsschritte von Verri und Beccaria. Beide stimmen darin überein, dass Folter unter allen Umständen abzulehnen ist, insbesondere, weil sich diese Methode nicht dazu eigne, die Wahrheit ans Licht zu bringen. Ein Großteil der Menschen gestehe unter Schmerzen jedes nicht begangene Verbrechen, manche Verbrecher würden schweigen.

Das Überraschende an den aufklärerischen Denkern ist, dass sich weder Hommel noch Beccaria gegen ein absolutes Verbot der Todesstrafe aussprechen. Während Beccaria die Todesstrafe nur für Hochverrat in Erwägung zieht, finden sich bei Hommel eine Reihe von Vergehen, für die ihm die Tötung des Verbrechers als angemessen erscheint. Diese Tatsache schmälert das Anliegen des Buchs, den humanen Strafvollzug als Errungenschaft der Aufklärung darzustellen. In Bezug auf die Folter bleibt ungewiss, ob Beccarias und Verris Argumente auf die dringliche Frage der Legitimität von Präventionsfolter übertragen werden können. Rother geht auf diese spannende Thematik leider nicht weiter ein. Insofern ist das Buch vor allem für historisch Interessierte zu empfehlen.

Die Aufklärung liegt mehr als zweihundert Jahre zurück. Auch wenn es Rother zu zeigen gelingt, dass wir bis zu einem gewissen Grad an das Denken dieser Epoche anknüpfen können, ist es an der Zeit, umfassendere Argumente gegen Folter und Todesstrafe zu finden. Bis sie gefunden sind, gilt: im Zweifel für die Humanität.

Claudia Reitinger

James Tully

Politische Philosophie als kritische Praxis

Campus Verlag, Frankfurt 2009.
273 Seiten, € 34,90

Welche Relevanz hat Politische Philosophie heute? Der Kanadier James Hamilton Tully zeigt, wie sie helfen kann, kritisch zu denken und sich den gesellschaftlichen und politischen Problemen unserer Zeit konstruktiv zu stellen. Dabei veranschaulicht er verschiedene theoretische Ansätze mittels deren Bedeutung für die Praxis. Die Anwendungen sind sehr konkret gewählt, so bezieht er sich beispielsweise auch auf die Strukturen der Europäischen Union.

Bislang kennt man Tully hierzulande fast nur unter Fachkundigen der politischen Theorie und Ideengeschichte. Dabei ist Tully ein interdisziplinärer Grenzgänger zwischen Philosophie, Politik-, Rechts- und Geschichtswissenschaft. Gemäß seiner eigenen Absicht wäre sein Werk nirgendwo schlechter aufgehoben als im Elfenbeinturm der Experten. Vielmehr handelt es sich um „öffentlichkeitsorientierte" Philosophie in zweifacher Bedeutung, „die zu den gegenwärtigen politischen Auseinandersetzungen um Fragen der sozialen Gerechtigkeit in einer Beziehung des wechselseitigen Lernens stehen soll". Die behandelten Themen bedürfen in der Tat eines umfassenden Dialogs.

Mit dem Sammelband sind erstmals Schriften von James Tully in deutscher Übersetzung erschienen. Es handelt sich dabei um eine Auswahl von Aufsätzen, die seine wichtigsten neueren Tätigkeitsfelder repräsentieren sollen.

Es geht dabei um kritische Auseinandersetzungen mit vorherrschenden Normen in heutigen Demokratien. Dabei werden das „Bürgersein" und die Formen der Partizipation überdacht. Tully spannt hierbei den Bogen von klassischen Nationalstaaten hin zu einer globalen Politik. Er richtet den Blick auf andauernde, postkoloniale Strukturen der Gewalt und attestiert der „konstitutionellen Demokratie" einen inhärenten Imperialismus. Seine Lösungsvorschläge basieren auf neuen Partizipationsmöglichkeiten, bei denen diejenigen die Verhandlungspraktiken festlegen, die diesen letztlich unterworfen sind.

Ein großes Thema stellen die Herausforderungen multikultureller und multinationaler Gesellschaften mit ihren zu lösenden Wertekonflikten dar. James Tully kann man hierzu einen achtbaren Experten nennen; so forscht er beispielsweise schon seit Jahrzenten zu Anerkennungs- und Beteiligungsproblematik indigener Völker (in Kanada die „first nations") und Bürgerbewegungen. Die jeweils notwendigen philosophischen Grundbegriffe wie etwa Partizipation, Staat & Recht, Anerkennung, Integration und Dialog werden diskutiert.

James Tully schafft es, auf eine verständliche Art komplexe gesellschaftliche „Baustellen" und sich aufdrängende politische Änderungen zu fassen und mit Verweisen auf deren philosophische Grundannahmen zu verbinden. Das Buch gibt so hilfreiche Einblicke in aktuell relevante Themenfelder der Politischen Philosophie. Allerdings setzt Tully den Fokus primär auf reale Strukturen, ihre Akteure und Probleme. Politische Theorien und deren Urheber (von John Locke bis Jürgen Habermas) werden themenspezifisch zunächst nur angesprochen, so dass man sie aber einzuordnen lernt. Dem interessierten Leser bietet der Band mit seinen Verweisen eine gute Motivation und Startmöglichkeit in ein tieferes Studium. Tullys Leistung besteht vor allem darin, dass er die Politische Philosophie beziehungsweise Politische Theorie und Ideengeschichte als stets relevant gebliebene Disziplin vermittelt. Seine Argumentationen wie im Kapitel „Ein neues Europa? Demokratische Integration in der Europäischen Union" sind adäquat zu realen Problemen, vermitteln sie doch Perspektiven und konstruktive Vorschläge in einer Art, wie man sie sich zum Beispiel zur letztjährigen Integrationsdebatte medial stärker vertreten gewünscht hätte. Tully ist wahrlich ein kluger Kopf und er zeigt, dass Politische Philosophie heute mehr ist als das Studium (vermeintlich) altbackener Schriften zur griechischen *polis*.

Peter Buhr

María Isabel Pena Aguado,
Bettina Schmitz (Hrsg.)

Klassikerinnen des modernen Feminismus

Band 24 der Reihe „Philosophinnen"
ein-FACH-verlag, Aachen 2010.
322 Seiten, € 19,80

Vorgestellt werden in diesem Band aus der Reihe *Philosophinnen*, die seit vielen Jahren im ein-FACH-verlag erscheint, sechs Klassikerinnen der feministischen Philosophie anhand von je zwei bis drei ausgewählten Texten. Die Autorinnen – Elisabeth List, Carola Meier-Seethaler, Herta Nagl-Docekal, Luise F. Pusch, Senta Trömel-Plötz und Brigitte Weisshaupt – haben sich als Feministinnen der heutigen Zeit einen Namen gemacht.

Die Idee dieses Buchs entstand – so im Vorwort der beiden Herausgeberinnen geschildert – bei dem Kongress der Internationalen Assoziation von Philosophinnen (IAPh) im Sommer 2008 in Seoul. Die IAPh ist es auch, die diese acht Frauen seit den 1990er Jahren miteinander verbindet und ihnen ein gemeinsames Arbeits- und Wirkungsfeld bietet. Gemeinsames Grundanliegen ist die Bereicherung und Erweiterung der wissenschaftlichen Disziplinen und der Philosophie durch die nicht zu vergessenden Beiträge von Frauen, wofür jede mit ganz eigenen Mitteln eintritt. Es finden sich in diesem Band sechs Ansätze und Herangehensweisen der Autorinnen, deren individuelle Lebensgeschichten mitunter für das Entstehen der Texte von großer Bedeutung sind. So gilt es auch, „die Neutralität des Denkens als eine Illusion zu entlarven", was von den beiden Herausgeberinnen als eine bedeutende Erkenntnis des Feminismus angesehen wird und sich auch als roter Faden durch alle sechs Lebensgeschichten zieht. Die unterschiedlichen Wege zur feministischen Philosophie, die hier aufgezeigt werden, ergeben in diesem Band eine Mischung von Ansätzen, nicht nur aus der Philosophie, auch aus Bereichen wie zum Beispiel der Sprachwissenschaft oder der Psychoanalyse. Dabei stehen stets das Anliegen der Frauen und ihre nicht zu verkennenden Leistungen im Vordergrund, da bei Missachtung derselben „die ganze Gesellschaft erkrankt", wie die Herausgeberinnen schreiben.

Die einzelnen Beiträge sind alphabetisch nach Namen der Autorinnen angeordnet, weshalb eine inhaltlich oder zeitlich schlüssige Abfolge der Thematik leider fehlt – die historische Entwicklung des Feminismus in Deutschland sowie die Entstehung und Einordnung der einzelnen Texte sollten also dem Leser für ein Überblicksverständnis im Voraus bekannt sein. Nichtsdestotrotz ist der facettenreiche Einblick in die feministische Arbeit deutscher Philosophinnen, nicht nur in philosophischer, auch in politischer, psychoanalytischer, historischer und sogar linguistischer Weise in diesem Band vereint worden. Simone de Beauvoirs feministischer Leitsatz „Wir sind nicht Frauen von Geburt an, wir werden dazu gemacht“ ist neben Themenkomplexen wie Tugend, Körperlichkeit, Gleichstellung, Symbolik, Ethik und vielen anderen Teil einer stets wiederaufgegriffenen Analyse. Leider bleibt es auch bei einer Analyse der Problematiken, deren Ergebnisse nicht reflektiert oder objektiviert werden, was ja – wie bereits oben erwähnt – auch illusorisch ist. Dadurch entsteht leider der Eindruck, als sei die Thematik auch sehr von individueller Frustration und Wut geprägt. Für feministische Denkerinnen oder auch für alle diejenigen, die sich eine Meinung zu diesem Denken einholen wollen, ist dieser Band dennoch eine gelungene Zusammenstellung.

Anna Pegam

Georg Wilhelm Friedrich Hegel

Phänomenologie des Geistes. Vorrede, Einleitung, Sinnliche Gewissheit

Bearbeitet und gelesen von Martin Grimsmann und Lutz Hansen
Hegel-System Verlag, Hamburg 2007.
3 CDs, Laufzeit 210 Minuten, € 21,00

Hörbücher erfreuen sich seit Jahren wachsender Beliebtheit. Ob dies gut oder schlecht ist, mag jeder für sich selbst entscheiden. Man muss da auch nicht gleich den Teufel des Analphabetismus an die Wand malen. Hörbücher gehören nun mal zu unserer Zeit wie der Kaffee zum Mitnehmen vom Bäcker an der Ecke. Dass auch der philosophische Unterhaltungssektor von diesem Trend profitieren möchte, ist verständlich. Die Frage ist nur: Lässt sich die Philosophie auch so einfach konsumieren? Der Hegel-System Verlag hat sich jedenfalls ganz der Vertonung eines unserer großen philosophischen Klassiker verschrieben und eine ganze Reihe von Hegels Werken vollständig oder in Auszügen als Hörbuch herausgebracht.

Legt man die erste der insgesamt drei CDs der *Phänomenologie des Geistes* in den Spieler, dann ertönt zunächst eine im tonalen Gehalt sparsam reduzierte, nachdenklich stimmende Klaviermusik (komponiert von Hanna Marie Hansen), bevor eine freundlich helle Kinderstimme (Charlotte Hansen) den Hörer kurz in das Projekt einführt: Dazu wird die *Phänomenologie* zeitlich datiert, als bedeutsamstes Werk Hegels vorgestellt und dann werden die Beteiligten erwähnt, zunächst die Sprecher („Papa Lutz Hansen“ und „Patenonkel Martin Grimsmann“), aber auch der Gastsprecher, der für das Cover zuständige befreundete Maler und der tontechnische Fußballfreund. Schon die Einleitung zeigt: Es beginnt ganz familiär. Aber das muss ja nicht schlecht sein, zumal das alles nicht länger als eine starke Minute in Anspruch nimmt.

Dann geht es aber auch schon los mit dem ersten Satz der *Vorrede*: „Eine Erklärung, wie sie einer Schrift in einer Vorrede nach der Gewohnheit vorausgeschickt wird ... scheint bei einer philosophischen Schrift nicht nur überflüssig, sondern um der Natur der Sache willen sogar unpassend und zweckwidrig zu sein.“ Die Lesestimme ist angenehm tragend und nur wenige Silben werden vernuschelt. Im Hintergrund herrscht Stille, selten raschelt es und es gibt während der Lesung zum Glück auch keine musikalische Berieselung. Der Text wird ruhig verlesen, wobei die zweite Sprecherstimme später etwas mehr Emphase in die Worte legt. Dass es sich um eine Bearbeitung handelt, merkt man beim Vergleich mit dem Original. Hier fallen aber wohl nicht so sehr die kleinen Modifikationen im Wort- und Lautbestand ins Gewicht (gleich im ersten Track wird aus „vorgesetzt“ „vorsetzt“ und aus „begrifflosen“ „begriffslosen“) als vielmehr die Anreicherungen des Textes durch bestimmte oder unbestimmte Artikel, Hilfsverben, Wiederholungen und so weiter, welche Hegels zum Teil sperrigen Sätze wohl für den Hörer aufbereiten sollen. Die größte Panne ist, dass im ersten Track der letzte Halbsatz fehlt („eine solche Kenntnis und Beurteilung in der Konversation ihre schickliche Stelle behalten“, ein Halbsatz, der natürlich besser auch in der Lesung seine schickliche Stelle behalten hätte). Aber solche Pannen können passieren und sie sind die Ausnahme. Die CD endet mit einer musikalischen Reprise und dasselbe musikalische Spiel wiederholt sich bei der zweiten CD, womit dann auch schon die *Vorrede* zuende wäre. Auf der dritten CD folgen die *Einleitung* und das erste Kapitel über *Sinnliche Gewissheit*.

Nun steht hier nicht der Inhalt des Verlesenen zur Beurteilung an. Vielmehr geht es um die Form, also darum, ob das Medium Hörbuch in diesem Falle seinem Inhalt, der Philosophie Hegels, gerecht werden kann. Diese Frage muss aber wohl jeder Hörer für sich selbst beantworten. Wem es gelingt, das flüchtige gesprochene Wort über den Augenblick hinaus festzuhalten, wer sich die im Hören erfahrene sinnliche Gewissheit des Textes einprägen kann, der wird sicherlich Gewinn aus diesem Hörbuch ziehen. Wem dies nicht so gut gelingt, der kann dieses Hörbuch dazu nutzen, mit Hegel vertrauter und bekannter zu werden. Anders als bei Literaturhörbüchern wird das Hörbuch die Anschaffung des echten Buchs aber kaum überflüssig machen. Und dieses steht im Regal des Fachphilosophen, dem der verlesene Hegel (da das gesprochene Wort bekanntlich flüchtig ist und im gesprochenen Text keine Anstreichungen vorgenommen werden können) helfen kann, von seinen zahlreichen alten Anstreichungen loszukommen.

Thomas Bach

Bernd-Olaf Küppers

Wissen statt Moral. Fünf Thesen zur Wissensgesellschaft

Fackelträger Verlag, Köln 2010.
192 Seiten, € 19,95

„Wissen statt Moral“: Schon im Titel hört man förmlich noch den Hammer klingen, mit dem Bernd-Olaf Küppers seine „Fünf Thesen zur Wissensgesellschaft“ an die akademischen und politischen Tore der Republik angeschlagen hat. An ihnen werden sich alle diejenigen stoßen, die es etwas differenzierter mögen oder keine Anhänger eines verabsolutierten Technik- und Fortschrittsoptimismus sind. Anhängern eines objektivistischen Wissenschaftsverständnisses und einer positivistischen Wirklichkeitsauffassung hingegen dürfte es beim Lesen wohlige Schauder der Zustimmung entlocken. Worum geht es?

These 1: „Unwissenheit, die sich vermehrt, wird unsichtbar.“ Wissen, so Küppers, ist zwar immer nur partikulär. In den Naturwissenschaften kann es sich jedoch, durch methodisches Vorgehen abgesichert, objektiver Wahrheit durch die Erkenntnis des Allgemeinen und Regulären annähern. Das

Gegenteil davon sind nach Küppers Formen des „Unwissens“ wie Esoterik, Alternativmedizin, Anthroposophie – und die Geisteswissenschaften, die den hermeneutischen Prozess des Verstehens bevorzugen und am Besonderen interessiert sind. Angesichts des etwas holzschnittartigen Argumentationsmusters mag eine Gegenthese genügen: „Eindimensionales Wissen, das sich unkontrolliert vermehrt, wird arrogant und menschenfeindlich.“

These 2: „Unsere Zukunft liegt in unserer Urteilsfähigkeit.“ Wissen, so Küppers, ist immer relativ, und Wahrheit hängt vom verwendeten Wahrheitsbegriff ab. Deshalb benötigt man zu seiner Evaluation nicht nur „logisches“, sondern auch „intuitives Wissen“. Das allerdings wussten die gescholtenen Geisteswissenschaften schon lange. Deshalb nur eine erweiterte These: „Unsere Zukunft liegt in einer nicht nur-rationalen (provokativ formuliert: ganzheitlichen) Urteilskraft.“

These 3: „Das Fundament der Wissensgesellschaft ist der Relativismus.“ Küppers Dogmenkritik ist zwar philosophiegeschichtlich zuweilen eigenwillig, aber nachgerade sympathisch – und zudem erstaunlich „subjektiv“ begründet, da das Individuum als Paradebeispiel für Relativität aufgerufen wird. Leider kann aber dessen hochgeschätzte Besonderheit niemals der Gegenstand einer objektiven Wissenschaft sein, die primär auf „großartige Errungenschaften“ und „medizinisch-technischen Fortschritt“ zielt. Insofern auch hier ein Erweiterungsvorschlag: „Das Fundament der Wissensgesellschaft ist ein toleranter und qualitativ begründeter Relativismus.“

These 4: „Der Mensch ist das Maß aller Dinge.“ Aber welcher Mensch in diesem zutiefst relativistischen Universum? Wenn es das biologische Gattungswesen ist, lebt es in einer Natur, die laut Küppers ein „gigantisches Räuber-Beute-System“ ist, und steht in einem „gnadenlosen Konkurrenzkampf“. Zwar mag ein solches Räuber-Beute-System für ein in Grenzen stabiles System sorgen, aber wahrscheinlich auf Kosten der Beute. Deshalb vielleicht doch eher: „Die Menschen – in ihrer biologischen und kulturellen Verschiedenheit – sind die Maße aller Dinge.“

These 5: „Nur Wissen kann Wissen beherrschen.“ In dem philosophisch interessantesten Kapitel stellt Küppers sein Konzept einer die Kluft zwischen Geistes- und Naturwissenschaft überwindenden „Strukturwissenschaft“ nach dem Beispiel der Kybernetik oder der Systemtheorie vor. Hier gesteht er immerhin zu, die Moral gehöre zum „biologischen Erbe des Menschen“ – warum sie dann allerdings dem „Streben nach Erkenntnis“ prinzipiell nachgeordnet werden sollte, bleibt offen. Insofern haben sogar unsere Verkehrsregeln, die Küppers selbst als Beispiel für ein nicht-wertendes Normensystem anführt, etwas mehr moralische Substanz als ein moralisch neutralisierter Wissensbegriff: Schützen sie doch die schwächsten Verkehrsteilnehmer, die Fußgänger, vor den zweifellos fortschrittlicher bewegten Automobilisten – in Räuber-Beute-Systemen braucht man keine Zebrastreifen. Eine letzte Gegenthese deshalb, im Gedenken an Sokrates: „Nur das Wissen um das eigene Nicht-Wissen kann menschliches Wissen beherrschen.“

Jutta Heinz

Robert Harrison

Gärten. Ein Versuch über das Wesen der Menschen

Hanser Verlag, München 2010.
336 Seiten, € 24,90

Philosophie war nie eine bloße Abfolge von Texten oder eine in Frage und Antwort sich entfaltende Reihung von Argumenten. Seit ihren Anfängen war sie vielmehr Praxis, eine Unterweisung in Lebenskunst, nicht selten eine sektenhafte Ersatzreligion. Michel Foucault hat in seinen späten Vorlesungen wirkmächtig auf die philosophische Schulung zur Selbstsorge hingewiesen, die ihre Anfänge bereits bei Platon hat. Die antike Philosophie erweist sich bei genauer Betrachtung als Praxis in den Gärten der Lüste.

Robert Harrison nimmt in seinem beeindruckenden Buch diese Perspektive auf und geht in der Entgrenzung des Philosophischen einen entscheidenden Schritt weiter: Er führt uns in die Gärten der abendländischen Geistesgeschichte, um dort etwas über den Menschen zu erfahren. Nicht nur die Abhandlungen René Descartes' unterrichten uns über die Geisteshaltung des Rationalismus, so Harrison, sondern auch und vor allem die Gärten von Versailles. Damit rückt nicht nur der Fokus von den philosophischen Texten weiter zu den literarischen Imaginationen des Gartens. Harrison betrachtet die abendländische Geistesgeschichte durch das Prisma ihrer Gärten – und macht damit auf faszinierende Weise Neues sichtbar: Willst du eine Epoche, eine Denkschule, eine Kultur verstehen, so lese in ihren Gärten.

Meist bilden die imaginierten Gärten der großen literarischen Texte, die Gärten Giovanni Boccaccios, Dante Alighieris oder Ezra Pounds, Harrisons Ausgangspunkt. Im Falle der Epikureer ist es jedoch auch der ganz konkrete Garten einer philosophischen Schule, in dem die Schüler durch die tägliche Ansicht von Entstehen und Vergehen alle Angst vor dem Tod ganz natürlich verlieren sollen: In Analogie zum Garten galt es, die Seele zu hegen und zu pflegen. Harrison macht damit nicht nur verständlich, warum der Garten ein so bedeutender Erinnerungsort werden konnte, sondern hilft auch verständlich zu machen, warum noch heute der Garten eine solche Faszination ausübt.

Wo vom Wesen des Menschen die Rede ist, erwarten wir schweres philosophisches Geschütz – doch bei Harrison finden wir eine ebenso präzise wie packende Reflexion über die vermeintlich leichten Imaginationen unserer Kultur. Harrison lässt den Leser auf diesem Rundgang an vielen interessanten Entdeckungen teilhaben; ohne sich je belehrt zu fühlen, werden wir in abgeschiedene Winkel, grüne Labyrinthe und paradiesische Oasen geführt. Zum Lesevergnügen trägt bei, dass die Übersetzung so makellos und zugleich klar ist, dass man gar nicht glauben will, einen übersetzten Text zu lesen. Dieses Buch ist eine Entdeckung und zugleich ein eindringlicher Appell an alle Fachphilosophen, die Scheuklappen abzulegen.

Felix Heidenreich

Jürgen Große

Lebensphilosophie

Reclam, Stuttgart 2010.
140 Seiten, € 9,90

Der Titel des Buchs wirft zwei Gedanken auf. „Das hat doch hoffentlich nicht etwas mit Lebensberatung oder Lebensmanagement zu tun“ und: „Ich kann mich nicht erinnern, dass diese Teildisziplin auf dem Lehrplan des Philosophiestudiums stand.“

Beide Gedanken werden von Jürgen Große auf den ersten Seiten seines Werks aufgegriffen. Lebensphilosophie handelt nicht von Lebensmanagement, sondern einer philosophischen Strömung, die dem Leben beziehungsweise dem Erleben einen hohen Stellenwert zuschreibt. Es geht um die Spannung zwischen Leben und Gefühl auf der einen Seite, und Vernunft und Denken auf der anderen Seite.

Auch das Fehlen dieser philosophischen Teildisziplin auf einem heutigen Lehrplan im Studium wird verständlich, wenn Große versucht, den Themenbereich der Lebensphilosophie einzugrenzen. Schnell wird deutlich, dass es sich um eine Denkrichtung handelt, die weder ein großes Traditionsbewusstsein hat noch sich leicht definieren lässt. Sie ist mehr eine Sammlung von Denkweisen, Theorien und Philosophen, die erst im Nachhinein unter dem Terminus „Lebensphilosophie" zusammengefasst wurden.

Große geht in seiner Darstellung chronologisch vor, mit dem Ende des 18. Jahrhunderts beginnend, in dem der Begriff Lebensphilosophie beziehungsweise Philosophie des Lebens erstmals auftaucht. Die einzelnen Kapitel sind jeweils einem Zeitabschnitt gewidmet. Dabei wird immer zuerst beschrieben, wie sich im jeweiligen Zeitraum eine lebensphilosophische Position herausgebildet hat. Dieser Abschnitt der Kapitel macht deutlich, dass es sich bei der Lebensphilosophie nicht um eine Disziplin handelt, die in sich stimmig ist und einer bestimmten Methode folgt, sondern eher durch gesellschaftliche Veränderungen entsteht oder in Abgrenzung an bestimmte philosophische Denkansätze Form annimmt. Darüber hinaus werden anhand von Philosophen wie Friedrich Heinrich Jacobi, Arthur Schopenhauer, Wilhelm Dilthey, Ludwig Klages und Hans-Georg Gadamer die Kernthesen lebensphilosophischer Positionen dargestellt und erläutert. Den Schluss jedes Kapitels bildet eine Betrachtung über die Wirkung dieser Positionen auf andere philosophische Strömungen, Naturwissenschaften und gesellschaftliche Verhältnisse. Zudem werden die Kernthesen und Positionen einer kritischen Betrachtung unterzogen.

Abgerundet wird das Werk durch eine Auflistung und Erläuterung von Schlüsselbegriffen sowie eine Zeittafel, in der die einzelnen Zeitabschnitte, ihre wichtigsten Vertreter und deren Positionen kurz zusammengefasst werden. Das Buch ist als erster Einstieg in das Thema bestens geeignet, da Große dem Leser einen guten Überblick über die Disziplin „Lebensphilosophie" vermittelt, sich sehr verständlich ausdrückt und wenig Fachwissen voraussetzt.

Sebastian Otta

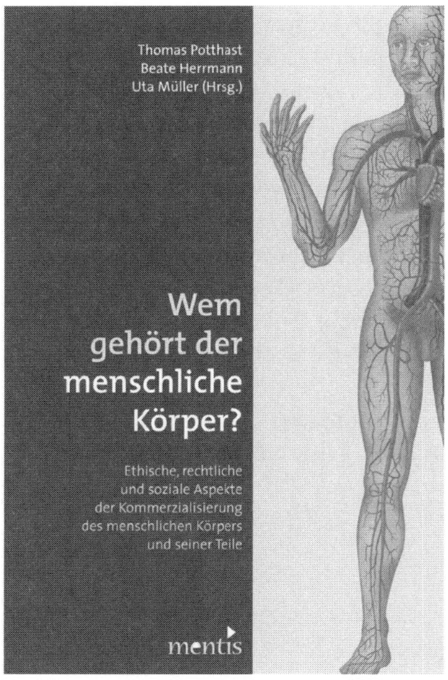

Thomas Potthast, Beate Herrmann, Uta Müller (Hrsg.)

Wem gehört der menschliche Körper? Ethische, rechtliche und soziale Aspekte der Kommerzialisierung des menschlichen Körpers und seiner Teile

Mentis Verlag, Paderborn 2010.
397 Seiten, € 39,80

Die zunehmende ökonomische Bedeutung des menschlichen Körpers als „Rohstoff" für die biotechnologische und medizinische Forschung bietet gegenwärtig Zündstoff für eine Vielzahl ethischer Diskussionen. Die Herausgeber des vorliegenden Bands haben es sich zur Aufgabe gemacht, die kontrovers geführte Diskussion um die Verfügbarkeit des menschlichen Körpers interdisziplinär nachzuzeichnen.

Das Phänomen der Körpersubstanzen als marktförmiger Ware wird vor dem Hintergrund neuer therapeutischer Maßnahmen und möglicher Gefahren der Instrumentalisierung und Entfremdung des menschlichen Körpers diskutiert. In fünf Blöcken wird die Frage nach der Begründung, den Grenzen und der Reichweite der Selbstverfügung über den Körper aus philosophischer, rechtswissenschaftlicher, kultur- und medizintheoretischer sowie soziologischer Perspektive in 19 Beiträgen systematisch diskutiert und bewertet.

Die Autoren des ersten Blocks führen anhand der Frage nach der Verfügbarkeit des menschlichen Körpers mit klarer ethischer Stoßrichtung in die philosophischen Grundlagen des Diskurses um die Kommerzialisierung des menschlichen Körpers ein. Dabei wird kritisch auf die Sonderstellung des menschlichen Körpers verwiesen, der als Träger personaler Eigenschaften sowie in seiner stofflichen Verfasstheit vorgestellt wird. Die Beiträger des zweiten Blocks stellen die Problematik der Kommerzialisierung des weiblichen Körpers in den Zusammenhang mit der Frage nach den Geschlechterverhältnissen. Der dritte Block ist den aktuellen Prozessen der Bildung von Normen im Umgang mit der Kommerzialisierung des menschlichen Körpers und deren potenziellen gesellschaftspolitischen Auswirkungen gewidmet, die zum Beispiel durch die Erkenntnisse der Biomedizin, deren Vertreter sich vor allem mit zell- und molekularbiologischen Fragestellungen beschäftigen, notwendig werden. Die letzten beiden anwendungsorientierten Blöcke bilden eine gelungene Ergänzung zum vorangehenden wissenschaftlich-theoretischen Diskurs. Am Beispiel konkreter Praxisfelder werden rechtliche und ethische Probleme der postmortalen und der Lebendorganspende sowie der Verwertung und Lagerung von Körpersubstanzen in Biodatenbanken auf die Aspekte von Persönlichkeitsrechten sowie Datenschutz und -missbrauch hin kontrovers beleuchtet. Als besonders sensibles Thema erweist sich dabei die Frage nach der Legitimität der monetären Vergütung von Organspenden. Eine Bezahlung von Organspenden steht dem im Band oft bemühten, aus der Selbstzweckformel Immanuel Kants abgeleiteten Gebot der Unveräußerlichkeit des Körpers entgegen. („Handle so, dass du die Menschheit sowohl in deiner Person, als in der Person eines jeden anderen jederzeit zugleich als Zweck, niemals bloß als Mittel brauchst.")

Die Beiträge sind leserfreundlich formuliert. Wenngleich philosophische als auch juristische Vorkenntnisse von Vorteil sind, empfiehlt sich die Lektüre auch für fachfremde Leser, da wichtige Begriffe und Problemzusammenhänge in den Beiträgen eingangs erläutert werden. Allerdings stehen sie weitgehend unverbunden nebeneinander, sodass sich der Leser einen systematischen Zusammenhang der unterschiedlichen Perspektiven auf die verhandelte Thematik selbst erschließen muss. Wenngleich der Leser aufgrund der in den Beiträgen durchweg moralisch ambivalenten Beurteilung der Kommerzialisierung des Körpers kein einhelliges Ergebnis erwarten kann, steuert der Band wichtige inhaltliche Beiträge zur Diskussion bei. Anhand des Spektrums der Standpunkte wird deutlich, welche relevanten, auch strukturierenden Aspekte in der aktuellen und künftigen biopolitischen Debatte um die Kommerzialisierung des menschlichen Körpers, etwa die Schaffung eines konsistenten Rechtsrahmens, zu berücksichtigen sind.

Susanne Vaaßen

ABO · FÖRDER-ABO · ABO · FÖRDER-ABO · ABO

Das Jahresabonnement des *blauen reiters* (zwei Ausgaben) kostet € 26,90. Sie sparen € 4,90 gegenüber der Einzelbestellung.

Dank vieler Freunde des Denkens ist das vorliegende Journal für Philosophie *der blaue reiter* zwischenzeitlich die meistverkaufte Philosophiezeitschrift deutscher Sprache. Gleichwohl ist der *blaue reiter* nach wie vor auf die ehrenamtliche Arbeit vieler philosophiebegeisterter Mitarbeiter angewiesen (alle Autoren, Künstler, Redakteure und Herausgeber arbeiten ohne Honorar).

Darüber hinaus erhält *der blaue reiter* Unterstützung durch Förderabonnenten, die einen erhöhten Abonnementspreis bezahlen. Mit einem Förderabonnement können Sie dazu beitragen, dass *der blaue reiter* weiterhin erscheinen kann. Ein Förderabonnement kostet € 47,50 pro Jahr (alle angegebenen Preise verstehen sich zuzüglich Versandkostenpauschale).

Und so bekommen Sie Ihren *blauen reiter* direkt zu Ihnen nach Hause geschickt: Einfach den Bestellschein kopieren oder ausschneiden, ausfüllen und per Post oder Fax senden an:

der blaue reiter

der blaue reiter
Verlag für Philosophie
Siegfried Reusch e. K.
(**vormals**: omega verlag, Stuttgart)
Kroitzheider Weg 21
D-52076 Aachen
Tel.: 0 24 08 / 9 50 99 00 • Fax: 0 24 08 / 9 29 96 66

Bestellen können Sie alle lieferbaren Ausgaben des *blauen reiters* sowie die Bücher des Verlags *der blaue reiter* auch über unsere Homepages unter:

www.derblauereiter.de/bestellen.html
www.derblauereiter.de/pdf/Bestellung.pdf

In der Schweiz und Liechtenstein sind *der blaue reiter* sowie die Bücher des Verlags *der blaue reiter* lieferbar über:

B+M Buch- und Medienvertriebs AG
Hochstraße 357 • CH-8200 Schaffhausen
Tel.: 052 / 64 354 30 • Fax: 052 / 64 354 35

der blaue reiter Patenschaften

Unterstützen können Sie unsere Zeitschrift *der blaue reiter – Journal für Philosophie* durch eine Patenschaft. Ab einem Druckkostenzuschuss von € 500,– wird Ihr Name (respektive der Name Ihrer Firma) als „Förderer dieser Ausgabe" in der entsprechenden Nummer des *blauen reiters* aufgeführt. Nähere Auskünfte erhalten Sie beim Verlag.

Förderer dieser Ausgabe: Sophisticated Art und Ralf Dellert

Bibliografische Information der Deutschen Nationalbibliothek

Die Deutsche Nationalbibliothek verzeichnet diese Publikation in der Deutschen Nationalbibliografie; detaillierte bibliografische Daten sind im Internet über http://dnb.d-nb.de abrufbar.

Impressum

der blaue reiter – Journal für Philosophie
Ausgabe 31 (1/2012)

der blaue reiter Verlag für Philosophie
Siegfried Reusch e. K.
Kroitzheider Weg 21, D-52076 Aachen
Tel.: 02408/9509900
Fax: 02408/9299666
E-Mail: info@verlag-derblauereiter.de
Homepages: www.derblauereiter.de, www.verlag-derblauereiter.de
Facebook: www.facebook.com/derblauereiter.VerlagfuerPhilosophie

Bankverbindung:
Baden-Württembergische Bank
BLZ 600 501 01 · Kto.-Nr.: 1 268 944

Herausgeber
Dr. phil. Dipl.-Chem. Siegfried Reusch, Prof. Dr. Dr. Otto-Peter Obermeier, Prof. Dr. Dr. h. c. Klaus Giel

Chefredakteur
Siegfried Reusch

Redaktion
Klaus Erlach, Manfred Matheis, Stefan Gammel, Karl-Heinz Mamber, Rüdiger Vaas, Elke Uhl, Anna Pegam, Udo Grün, Thomas Bach, Jan Urbich, Jutta Heinz

Freie Mitarbeiter
Sabine Toussaint, Thomas Gutknecht, Richard Seidel, Per Guth, Markus Rapp, Wolfgang Foldenauer, Anne Guth, Otto Pannewitz, Luzia Schuhmacher, Doris Engels-Schröter, Uta Kaune, Jan Guth

Korrektorat
Marianne Kreuels

Künstler dieser Ausgabe
Michael Dohle lebt und arbeitet in Hergenrath (Belgien) und Aachen.
www.michael-dohle.com

Gestaltung
s+p mediendesign GmbH
Bismarckstraße 50 · 70197 Stuttgart
www.sundp-mediendesign.de

Anzeigenleitung
Hartmut Olpp

Druck
Offizin Chr. Scheufele, Stuttgart

V. i. S. d. P.
Siegfried Reusch

ISSN: 0947-6563
ISBN: 978-3-933722-33-1

Bestellschein

der blaue reiter

der blaue reiter • Verlag für Philosophie
Siegfried Reusch e. K.
Kroitzheider Weg 21 • 52076 Aachen
Tel.: 02408/9509900 • Fax: 02408/9299666
info@verlag-derblauereiter.de • www.derblauereiter.de

der blaue reiter – Journal für Philosophie

	Nr.	Titel		Nr.	Titel
❑	4	Grenzpunkt Mensch	❑	20	Gefühle
❑	6	Eros des Denkens	❑	21	Wissen
❑	7	Mythos Staat	❑	22	Freiheit
❑	8	Sinn – Unsinn	❑	23	Heimat
❑	9	Naturlos	❑	24	Echt sein
❑	10	Götter	❑	25	Wozu Philosophie?
❑	11	Geld	❑	26	Unser Körper
❑	12	Schön sein	❑	27	Metaphysik
❑	13	Welt-Bilder	❑	28	Das gute Leben. Philosophie der Lebenskunst
❑	14	Glück	❑	29	In Bewegung. Philosophie der Veränderung
❑	15	„Ich“	❑	30	Philosophie & Wirtschaft
❑	16	Sex	❑	31	No Future! Philosophie des Augenblicks
❑	17	Das Böse	❑	32	Freundschaft (Frühjahr 2012)
❑	18	Erinnern	❑		Sonderausgabe – Philosophie im Gespräch
❑	19	Was ist gerecht?	❑		Sonderausgabe – Philosophie im Gespräch II

Einzelpreis: bis Ausgabe 23 € 15,10; sFr. 27,50 / ab Ausgabe 24 € 15,90; sFr. 29,50

❑ Abonnement ab Ausgabe Nr. ________ zum Preis von € 26,90/Jahr
❑ Förderabonnement ab Ausgabe Nr. ________ zum Preis von € 47,50/Jahr
❑ Geschenkabonnement ab Ausgabe Nr. ________ zum Preis von € 26,90/Jahr

Buchprogramm (alle Bücher sind gebunden)

❑ Reschika, Richard: Nietzsches Bestiarium € 42,50
❑ Hörisch, Jochen: Vorletzte Fragen € 39,90
❑ Hörisch, Jochen: Der Takt der Neuzeit € 14,95
❑ Große, Jürgen: Die Philosophen € 22,90
❑ Große, Jürgen: Durch Tag und Nacht € 23,90
❑ Zoglauer, Thomas: Tödliche Konflikte € 22,90
❑ Diebitz, Stefan: Glanz und Elend der Philosophie € 27,90
❑ Diebitz, Stefan: Spiel und Widerspiel € 28,90
❑ Schneider, Peter: Theorie an der Bar € 14,90
❑ Staberoh, Angela; Drewermann, Eugen: Freitod. Frauen, die Hand an sich legten € 19,95

Sekt für Freunde des Geistes

❑ Geschenkkarton mit 1 Flasche Sekt „Symposion“ € 15,90
❑ Geschenkkarton mit 3 Flaschen Sekt „Symposion“ € 43,90
❑ Geschenkkarton mit 2 Flaschen Sekt „Symposion“ und einer Flasche Weinbergpfirsichlikör „Symposion“ € 43,90

Alle Preise zuzüglich Versandkostenpauschale. Diese Bestellung kann innerhalb von 14 Tagen schriftlich widerrufen werden bei: der blaue reiter Verlag für Philosophie Siegfried Reusch e. K., Kroitzheider Weg 21, 52076 Aachen. Gerichtsstand und Erfüllungsort ist der Sitz des Verlags. Stand: 10/2011. Die Auslieferung für die Schweiz und Liechtenstein erfolgt durch: Buch- und Medienvertriebs AG, Hochstr. 357, CH-8200 Schaffhausen.

Der verbilligte Abonnementspreis (jeweils für zwei Ausgaben) gilt nur für den aktuellen Jahrgang bis zum Erscheinen der zweiten Ausgabe des Jahrgangs. Das Abonnement beginnt immer mit der ersten Ausgabe eines Jahrgangs (ungerade Nummer der fortlaufenden Zählung) und verlängert sich automatisch. Es ist kündbar bis sechs Wochen vor Jahresende für den folgenden Abonnementszeitraum.

Rechnungsadresse

Name, Vorname ____________________
Straße, Hausnr. ____________________
PLZ, Ort, Land ____________________
Telefon ____________________
E-Mail ____________________

Lieferadresse (bei Geschenkabonnement und Geschenkkarton)

Name, Vorname ____________________
Straße, Hausnr. ____________________
PLZ, Ort, Land ____________________
Telefon ____________________
E-Mail ____________________

Ich bitte um folgende Zahlungsweise ❑ gegen Rechnung ❑ per Lastschrift

Bank ____________________ BLZ ____________ Kontonr. ____________

Unterschrift ____________________ Datum ____________________